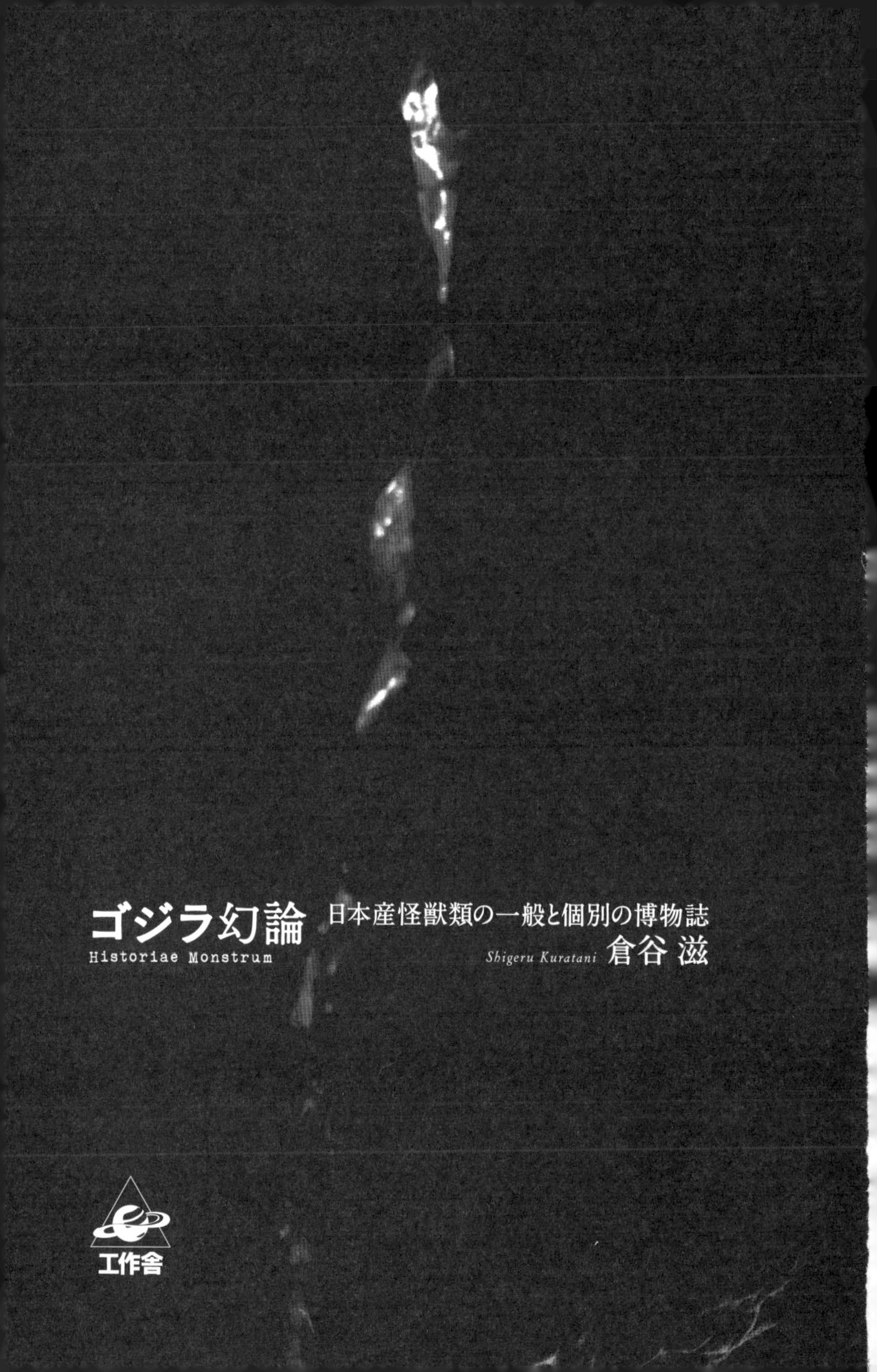

ゴジラ幻論

Historiae Monstrum

日本産怪獣類の一般と個別の博物誌

Shigeru Kuratani 倉谷 滋

工作舎

渓に

注記▼本書における第一章、ならびに第二章は、フィクションを科学的に考察する体裁で書かれている。その際、映画の中の登場人物に準ずる人間のレポートという形で論述が進められるため、全編にわたり虚実が入り交じるが、どれが「虚」であり、どれが「実」であるのかわかるようにはなっている。基本的に、動物形態学・解剖学・発生生物学・古生物学などに関する解説は、実際の科学に基づいて記述した。が、あくまで背景がフィクションと私の妄想であるため、文脈により誤解を招く可能性は常にあり、正確な知識や正式の語句の用法については、その都度適切な専門書に当たり、確認されることを是非お勧めしたい。さらに、論争が終結せず、定説が得られていない問題も多く残されている（版を重ねている有名な教科書の記述が、常に正確であるとは限らないとも聞く）。加えて、生物学、古生物学の最近の発展はめざましく、注意が必要である。明らかな誤謬や新知見の見落とし等に関しては、ひとえに責任は筆者にあるが、日々、情報が更新されているということもあわせてご了承願いたい。——著者

「……私は十五の年、栃木縣の石切場の人夫をしてゐて、ふと接觸變成岩のかけらの中に、緑いろに光るものを見つけたんだ。こつそりそれをポケットに入れて、村役場へ持つて行て鑑定してもらつた。村役場には知つたかぶりがゐて、そいつはエメラルドだと言ひ張つた。かへり道、私は夢のやうだつた。丁度村に祭りがあつて、縁日の賑やかな市が立ち、賣つている風車も金魚も電氣飴も鯛焼きも、寶石箱をぶちまけたように光つてゐた。そこを通るとき、私は思つたものだ。私が金持ちになつたら、かはいいわが娘の手を引いて、この縁日へ連れて來て、縁日ぐるみ買ひ取つてやらうとね、それが私の立志傳の最初のページのエピソードだよ……」岩瀬庄兵衛――江戸川乱歩原作・三島由紀夫脚本『戯曲・黒蜥蜴』より

昔、父方の祖母の妹にあたる「大叔母さま」と呼ばれる人物がいて、彼女は旧社会党の党首を教えたこともあるという、兵庫県のとある高等女学校で教鞭を執っていた女性で、定年退職後も何かと幼い私に遠慮なく説教するもので、正直なところ私は、時折須磨から豊中に尋ねてくるこの明治生まれの老婦人を滅法苦手に感じていた。一方、その姉、つまり祖母もまたなかなかのインテリで、料理は苦手でも文学には強く、やはりどこかで教師をした経歴があるらしく、私が何かを尋ねると決まって「我々ガ…

…、ノデアル」のような語調で喋るのを常としていた。いわば私は、いまはもう他界したこの両姉妹によってことあるごとに「綴り方」を調教され、それはいまでも影響しているとおぼしいノデアル。なぜ本書の冒頭にこの大叔母の話をするかといえば、私が幼い頃にこの大叔母からもらった「宿題」があったからだ。

他愛もない話である。ある時不用意に、自分が生まれて初めて観た映画が「モスラ対ゴジラ」であったと告げると、「では、そのことを作文にしなさい」とその大叔母はのたまった。そうきたか……。我ながら不覚であった。彼女はあらゆることを教材として使うのに長け、それはもう天賦の才といってよかった。迂闊と言えば迂闊。ならばこの機会に、かねてより懸案となっていた課題を片づけるという名目で、自らの「怪獣魂」、というか「怪獣を前提とした擬似的世界観+自然観」を分析し、書きたかったことをまとめて書いてしまおうと思い立ったわけである。

一九六四年四月封切りの東宝映画、「モスラ対ゴジラ」。当時五歳の幼稚園児であった私は母親に手を引かれ、近所の「ヒカリ劇場」とかいった東宝系の、いまはもう存在しない映画館までテクテク歩いて行った。当時の映画は大抵二本立てで、調べたところによると、併映は「蟻地獄作戦」とかいうものだったそうだが、そんな映画は金輪際聞いたこともない。ということは、母親の計らいか、私は目当ての映画だけを首尾よく見ることができたわけだ。当時の映画館は、金さえ払えば、好きな時に入って、好きな時に出て行ける、実にいい加減なものであった。暗い館内に入ってまず眼に入ったのは、派手なタイトルと嵐で荒れ狂う波……。そして私の記憶の中にいまでも鮮明に浮かび上がるのは、あれは確か、とてつもなく大きな光る目玉（＝複眼）を持った妙な昆虫が夜空に浮かぶ、何かメルヘンのような場面であったか……。その目玉に向かって宝田明と星由里子が、なんだかんだと興奮して喋っている。大人の話だからてんでわからない。

その昆虫（モスラの成虫）だが、差し渡し二メートルぐらいのサイズと感じたものだ。円谷プロには申し訳ないが、当時の私には「巨大なモスラの成虫が向こうの山頂に舞い降りたところ」を表現する特撮が、いまひとつ効いていなかった。怪獣映画など所詮「子供だまし」というが、その時の私の反応が証明するように、それは当たっていない。どんなに情けない特撮でも、愛と想像力によって映画に没入するからこそオモチャのビルも巨大に見える。したがってこの種の映画を楽しむには、「映像表現の文法」を理解する能力、要するに愛に満ちたそれなりの鑑賞眼を鍛錬する必要があり、それがまだ備わっていない子供には、特撮はむしろ効かないのだ。が、まぁよろしい。その次に覚えているシーンは、倉田浜の干拓地からゴジラが這い出してくる場面。これは確かに「大きかった」。干拓地の土が盛り上がったかと思うや、いきなり尻尾が土の中から飛び出す。続いて上半身を現した凶悪なゴジラの横顔。その目がゆっくりとこちらを向く。素晴らしい程に恐ろしい。

これには私はびっくりした。そして、痺れた。体長数十メートルぐらいの、何か底知れぬパワーを持った素敵なヤツが突如として私の人生に出現し、幼い心を鷲掴みにしたのである。一種の一目惚れである。というわけで、その映画は私にとって、ゴジラの出現だけを待ちわびるものとなった。ゴジラが出るたび、その巨大な体軀で町を蹂躙する「彼」に拍手を送った。一方で、モスラやその幼虫が出てくると、とたんに特撮効果が失せて閉口した。私の目にはどうしても、セットの中で這いずり回る、一メートル程のみすぼらしい芋虫のオモチャにしか見えないのであった。かくして、私にしてみれば、それは何とも不可解な物語で、母親が「ほら、モスラがゴジラをやっつけに行くよ」と言っても、「数十メートルのゴジラと、一メートル程の虫がなんで喧嘩できるものか」と思っていた。それでも最終的にゴジラは幼虫の吐き出す糸に絡め取られ、海の藻屑と消えるのであった。

始終怪獣が大きくなったり小さくなったりするもので、話の筋に関して何となく釈然としないまま家に帰った私だったが、それからというもの寝ても覚めても「ゴジラ、ゴジラ……」、紙と鉛筆があればゴジラの絵を描き、それがどんな風に動いていたか、どんな風に火を吐いたか、克明に再現しようと試みた。とりわけ、ゴジラが四日市コンビナートを破壊するシーンに私は痺れ、それを何とか紙の上に映し出そうと散々苦労した。参考のため、祖父からもらった動物図鑑の巻末についていた恐竜の絵と比べるうち、ゴジラの分類学的素性について突如、疑問が湧いた。

誰かが言っていた。「ゴジラは恐竜だ」と……。じゃぁ、何か。怪獣というのはすべて恐竜が生き返ってきたものなのか。恐竜はいわば爬虫類である。ちゃんとした動物である。だから火は吐かない。ゴジラは恐竜のようにも見えるが、火を吐くのだから、むしろサラマンドラとか龍とかドラゴンとか、童話や伝説に出てくる架空の動物のようでもある。あるいは恐竜もまた、火を吐いていたのか。一体どちらなのだ？　祖父に聞いてみた。「ねぇ、おじいちゃん。恐竜もゴジラみたいに口から火を出したの？」と……。すると祖父は、「おぅ、そうや。恐竜も口から火ィ吐いててんでェ」と、実に無責任なことを言う。横で寝転んでテレビ観ていた父親は「どうでも良い」といった風情。祖父にしてみれば、孫を精一杯楽しませてやろうとしていたのであろう。が、私は当時からしてカモノハシの分類に悩むレベルのいっぱしの動物学者であったから、全くもってあの祖母の亭主らしからぬ発言は信用できなかった。

一部始終を台所で聞いていた母親はおそらく、「大事な息子にこんないい加減なことを吹き込まれてはかなわん」とでも思ったのだろう、私が一年生になっていよいよ怪獣ブームが加熱し始めた頃、子供向けの古生物図鑑を買ってきてくれた。この本は、私の人生の中で一種、明治維新的役割を果たしてくれたもので、これのおかげで私は、架空の怪獣やウルトラマンの跳梁跋扈する空想科学世界と、本物の化石を相手にする古生物学を別のものとして、しかも同時に楽しむことができたのであった。私の世界観形成において、正統派の動物学を抽出するのに、極めてすんなりと成功したわけである。そして、「バルタン星人」や「ケムール人」や「ガラモン」といった名前と同時に、隣の別の抽斗《ひきだし》に、「アンモナイト」や「三葉虫」、「ベレムナイト」といった名称を次々に詰め込んでいった。無論、その中には私がのちに研究対象とすることになる「無顎類」もとっくに入っていた。げに恐ろしきは子供の好奇心。大人のトリックや戯言など、てんで相手にもされない。私も気をつけて息子には接している。

子供のためにありながら、しばしば怪獣映画は子供には手強すぎる。怪獣映画は特定の世界観なしにはあり得ず、それを楽しむのはある意味、自分の中で架空の世界観を作りつつ、現在の世界と摺り合わせを試みつつ、同時に科学と空想科学の界面を見極める経験ともなりうる。六〇年代に突如として訪れた「第一次怪獣ブーム」は、当時小学校の低学年であった筆者と同じ世代の人間にとって、そういった、一種高級な影響を及ぼしていた。我々の世代が怪獣映画のレベルに追いつき追い越したのは、おそらく「ゴジラの息子」あたりからではなかったか……。このころから急激に、怪獣映画は面白くなくなっていったのである。逆にそれ以前の映画は、我々にとってまさに「宝の山」であったことがわかる。おそらく、同じような感慨を江戸川乱歩の「少年探偵団」に見出して育った世代もあっただろうし、さらに紙芝居や、貸本マンガや、ラジオドラマが同じ機能を果たしていた時代もあったはずである。そのような魅力をどのように言葉にすればよいのか、私はいつも考えていた。

嘘っぱちというなら、大抵のドラマはみな嘘っぱち。横溝正史も、江戸川乱歩も、加えて松本清張だって、嘘っぱちの小説であることには変わりはない。怪獣映画はフィクションであるだけでなく、それを楽しむための独特の理解力を必要とし、その神髄は、いい歳コイた大人が語ってこそなんぼのモンなのだ。そして本書もまた、そんな、大人になり損ねた六〇年代の子供達に向けて書いたつもりである。しかし、新しいゴジラ映画でもって、私達の経験を繰り返した若い世代も同じ喜びを知っているはずだ。実際、執筆当初の動機はノスタルジーであったかもしれないが、書いているうちに中々面白いことが見えてきたりもした。時には博物学としてゴジラを見、時には生物学的に突っ込み、そして何より、怪獣を通して人々がこの世をどのように見ているのかが浮かび上がってきたような気もする。とはいえ、それによって思想めいた何かを社会に対して主張しようなどとは、到底考えてはいない。むしろ、本書は映画に没入するために書いたのである。

ちなみに、一九五八年生まれの私が子供の頃の原体験として映画館で観た東宝怪獣映画は、右に述べたように「モスラ対ゴジラ」（1964）を初めとし、同年の「三大怪獣地球最大の決戦」（1964）は見逃し、その翌年の、「怪獣大戦争」（1965）、「ゴジラ・エビラ・モスラ 南海の大決闘」（1966）、「怪獣島の決戦ゴジラの息子」（1967）、「怪獣総進撃」（1968）、「緯度0大作戦」（1969）である。そして第一次怪獣ブームは去り、しばらくゴジラを銀幕で見ることはなくなった。他の作品について知らなかったわけではなく、通学路の途中に貼ってあったポスターをしげしげと眺め、常に意識してはいた。リバイバル上映の「キングコング対ゴジラ」のポスターもよく覚えている（一九六二年、つまり私が三歳の頃に最初に上映された映画についてなぜ知っていたのか、私は永らく理解できなかったが……）。

当時の私にとって、劇場で怪獣を観るということは、何か身に余る高級な体験をしているようで、何か襟を糺していなければならないような気がしていたし、それだけに何か落ち着けず、したがって映画館に行くことにそれほど執着していたわけではなかったように思い出される（当時の劇場はいまとは違って、あまり快適な環境ではなく、暗くて狭くて何かと不便だったのだ）。加えて、見逃した映画も、そのうちテレビで観ることができるだろうという知識もあった。さらに白状すれば、怪獣映画のいくつかは、私にとっては少々「手強い」と感ずる程度に、怖かったのである。それが、「フランケンシュタイン」のシリーズであり、ポスターを観るだけでインパクトを感じていたものだ。とりわけ、見るからに禍々しい「フランケンシュタインの怪獣 サンダ対ガイラ」（1966）を親にねだるほどの根性は、私にはまだなかったように覚えている。そういえば、当時は怖いものがたくさんあった。『少年画報』や『少年キング』に掲載された絵物語の恐怖は凄まじかったし、夢に見て震え上がることもあった。子供は怖いもの、手強いもの、強く巨大なものを常に求め、それを目の当たりにしては恐怖におののいていたのである。それでも怪獣は、恐怖よりも、むしろ科学に近かった。私が耽溺していた、昆虫採集の先に見出されるべきものだったのだ。

いまとなっては、全ての怪獣映画を何度も観てしまっており、それらの時系列も詳細に把握している。しかし、ポスター、テレビや、劇場での視聴を通じた当時のリアルタイムの経験には、いまでは手の届かない同時代性の臭いがあり、それを受け止めていた私の感受性は、おそらくいまより格段に高かった。それを単なるノスタルジーと言ってしまうのは惜しい。懐かしいには違いないが、この国に特撮映画、怪獣映画が生まれ、それがブームとなり、私達の夢や成長を左右し、ひいては時代とともに移り変わる文化や科学技術に影響し、その上で現在の社会や自分があるのだと考えると、「たかが怪獣」などとは言っていられないのではあるまいか。ひとことで言えば、銀幕上の怪獣達は、形成途上の私の自然観や科学精神を確実に揺さぶっていたのだ。実際に、過去に巨大な恐竜が棲息していたという事実も、そこに荷担していた……怪獣映画は、私にとって「亜博物学」だったのである。

とはいえ、ゴジラについてはすでに山のように解説書が出ており、しかも、みな膨大な資料と調査をもとに書かれている。とても私などの出る幕はない。こうなっては、詳細は他書に譲り、主観と体験と想像力を前面に押し出すより他はなかろう。無論先にも書いたように、怪獣映画の観点から社会問題や思想を語ろうなどと、不遜なことも考えていないし、その資格もない。むしろ、自分と感じ方の近い読者と、怪獣をネタに「この世の生物」について話してみたいと思うだけである。昆虫少年少女の感覚で、楽しんで戴けたら幸いである。

二〇一六年九月　神戸・北野にて

著者

ゴジラ幻論　目次

第二章 個別の博物誌

ゴジラ生態圏をめぐる四つの報告書

第三章　怪獣多様化の時代をめぐる随想
一九六〇年代の「ワンダフル・ライフ」

第一章 巨大不明生物の起源

「ゴジラ生物学会特別紀要」より

基調講演

「シン・ゴジラ」に確認された新事象をめぐって　第一部

財団法人特殊生物研究所主任研究員・博士　山根恭太郎

「それは、ジュラ紀から白亜紀にかけて、極めて稀に棲息していた、海棲爬虫類から陸上獣類に進化しようとしていた中間型の生物でありまして……」山根恭平博士――「ゴジラ」(1954)より

(ハンケチで汗を拭きつつ登壇)えー、ただいまご紹介に与りました生物学の山根でございまして……、本日はこのような場にお招き戴き、誠に恭悦至極でございまして……、小生、確かに脊椎動物を専門とした比較形態学者の端くれなのでありますが、先般のあの巨大生物が、「生物学的にどれだけ現実的か」などという問題はですな、実はあまり関心のないことでありまして……、何を申したところでそこに見えてくるのはおそらく、製作者と観客の相互作用でありましょうし、それを棚上げにしては、話は全く進まないのであります。ましてや、巨大生物が現実に目の前にありながら、それを生物学的にとやかくいうのも、何というか、その……いかにもこう、無粋……と申しますか、性に合わないのでありまして、はい……。むしろ、現実世界に突如として、何らかの異形の生物が現れ、日常風景にいやというほどの非現実性を醸しておるからこそ、「怪獣映画は面白い」と、小生は言ってはばからないのであります。

何より現実と、現実を超越したものが同時に存在する、そこに醸し出される異様なコントラストが感動的なのであります。

例えばですな、昭和の町並みに突如、異星人操るところの巨大ロボットが現れてですな、のっしのっしと歩き始める……（「地球防衛軍」）。それだけで小生、至極満悦なのであります。で、いまは懐かしいタイル張りの風呂に入っておったあの白川由美がですな、窓越しにロボットを見て戦慄するのも、何といううかこう、たまりませんな。それを助けに参った佐原君が覗かないのもまたよろしい。あるいは、異星人の円盤がですな、電磁バリアでもってラドンとゴジラを吊り下げるところなどもなかなか……（「怪獣大戦争」）。これがもし、科学的常識的に正しいものばかりでできた話でありましたなら、あるいは巨大ロボットの機構が全て解明されたなら、もはやそれは自衛隊の広報番組とか、科学ドキュメンタリー番組と何ら変わらない。でありますから、怪獣映画は荒唐無稽であるからこそ興味深く、生物学的に巨大生物を考察する正しい方法といたしましては……、そうですな、小生もまた一種の、怪獣に準ずるところの登場人物になりきってですな、二〇一六年の東京におると仮定してですな[01]、その上でかの架空生物に、疑似科学的に肉薄することであろうと、そのように考える次第なのであります。

ゴジラの分類学的位置づけ

まず最初に断っておきますと、これまでに目撃されたすべてのゴジラが同種の動物だと仮定し、その素性を動物学的に位置づけようという試みは、おそらくことごとく破綻する運命にあると言わねばならん。といいますのも、今回の巨大生物が幼体、もしくは幼生として海から這い上がる一方で、以前は固い殻を持った卵から生まれ、その時点ですでに親と同じ格好をしておったことも事実なのであります。[02]つまり、以前の生物は変態を伴う「直接発生」を行い、今回の生物は「間接発生」をする。加えて背中や尻尾からも熱線を出すことなどからしますと、今回の生物はやはり破格であると、こう結論せねばならない。ちなみに、「卵から生まれる」ことをもって、ただちにかの生物が爬虫類であるということにもならない。といいますのも、カモノハシやハリモグラなどの単孔類は言うに及ばず、化石種まで含めますと、哺乳類の九〇%ほどは、本来卵を産む動物だったのであります。そこで、以前のゴジラが爬虫類なのか、あるいは哺乳類なのか、爬虫類だとするとどのグループに属するかという問題をまず考える必要がある。

ゴジラの正体に関し、過去二度ほど説明があったと記憶しております。一度目は、あれは一九五四年でしたか、東京在住の一古生物学者、他ならぬ小生の祖父によるものでして、[03]ゴジラは「いまから二〇〇万年ほど前のジュラ紀[04]、陸上獣類へ進化しようとしていた海棲爬虫類が水爆実験の放射能により棲息域を追われ、海から這い出してきたものである」とのこと。ちなみに、ゴジラが最初に発見されし大戸島での調査時、ゴジラの足跡からトリローバイトTrilobites、すなわち「三葉虫」なる古代生物が発見されておりますが、この節足動物[05]は、そのほとんどがデヴォン紀の後期、いわゆる「F/F境界絶滅事変」において絶滅し、残ったものもペルム紀の末までには、この世から完全に姿を消しておったものであります。

389 PALÉONTOLOGIE

PALÉONTOLOGIE. *Fossiles caractéristiques des principaux terrains :* SILURIEN : 1. Trilobite (cambrien) ; 2. Scorpion (gothlandien) ; 3. Trilobite (ordovicien) ; 4. Trilobite calymène; 5. Orthoceras (extérieur et coupe) ; 6. Nautilus (gothlandien) ; 7. Cyatocrine. — DÉVONIEN : 8. Cephalaspis (dévonien inférieur) ; 9. Ptérygote; 10. Botriolepis; 11. Holoptichius (dévonien supérieur) ; 12. Polypier (cyatophylle). — CARBONIFÈRE : 13. Sténoneure (orthoptère du houiller de Commentry) ; 14. Aspidosome; 15. Calamite; 16. Sigillaire; 17. Pécopteris; 18. Sphénopteris à larges feuilles. — PERMIEN : 19. Actinodon; 20. Branchiosaure salamandroïde. — TRIAS : 21. Mastodontosaure géant (crâne) ; 22. Paréiasaure théromorphe; 23. Pemphis (crustacé). — JURASSIQUE : 24. Ichtyosaure ténuirostre; 25. Iguanodon; 26. Plésiosaure; 27. Stégosaure; 28. Archéoptéryx; 29. Diplodocus; 30. Ptérodactyle; 31. Eurysternon; 32. Rhinobate; 33. Æger insignis. — CRÉTACÉ : 34. Ichtyornis; 35. Mosasaure; 36. Bélemnite; 37. Acanthoceras; 38. Prionotropis; 39. Ananchytes. — EOCÈNE : 40. Paléothérium; 41. Anoplothérium; 42. Cryptornis; 43. Platax; 44. Eucheliope; 45. Cérithe géant; 46. Sassafras. — OLIGOCÈNE : 47. Ptérodon; 48. Anas; 49. Grenouille. — MIOCÈNE : 50. Mésopithèque; 51. Mastodonte; 52. Dinothérium; 53. Hipparion; 54. Rhinocéros; 55. Halithérium. — PLIOCÈNE : 56. Machairodus; 57. Eléphant; 58. Hippopotame. — PLÉISTOCÈNE : 59. Ours des cavernes; 60. Glyptodon; 61. Mégathérium; 62. Scélidothérium; 63. Dinornis; 64. Homme pléistocène (crâne de La Chapelle-aux-Saints).

図1-1▶化石動物のいろいろ。19世紀の版画より。

したがいまして、上の古生物学的説明にかなりの矛盾が生じるのでありますが、それが意図的な計算上のことなのか、あるいは単なる誤謬であったのか、小生には一向に判断しかねる。さらにその翌年、一九五五年、大阪にて、古生物学者にして祖父の友人でもありました田所博士も、アンギラスとゴジラの棲息しておった時代を、およそ七〇〇〇万年前から一億五〇〇〇万年前とし、これは地質学的に正しく恐竜時代、すなわち中生代に相当するのであります。[06] したがって、ゴジラと同時代に棲息していた無脊椎動物というのであれば、それはむしろ、いわゆるところの「菊石」、つまりアンモン貝（アンモナイト）とされるべきであります（図1-3）。ちなみに、SF小説家、香山滋氏が上梓された関連報告においては、最初の出現時、かの生物は口に牛を咥え、[07] しかも同時に、うら若き乙女を狙っておった。ちなみに、この女性が小生の叔母、恵美子であったのかどうか、文面からはよくわからんのであります。

　ともかく、最初にゴジラと直に対面した女性の一人は間違いなく、その叔母でありまして、それがまた、当時は丸顔の愛らしい女性でありましてな。いわゆるその……、私好みの「テレサ・テン・タイプ」とでも申しますか、いわゆる親しみのある風貌でしてな、その彼女がゴジラに驚いて倒れた時に、あの尾形とかいう男が抜かりなく抱き上げるんですな。ところが、これがまたなかなかやり手の男でしてなぁ、何でも聞くところによると一〇〇発一〇〇中だとか……。当時を振り返りながら叔母の申すには、「あの時は、命が助かったのだから一応嬉しかったとはいえ、果たしてこれでよかったのだろうかと、ふと不安がよぎった」のだそうであります。おっと、話が逸れてしまいました。

　やはりその、六〇年前のゴジラは何かこう、「人食い熊」を思わせる、肉食大型哺乳類的印象を伴っ

図1-2▶左：層序と地質年代の区分。Gaskell（1908）より。
右：洞窟の中で化石を掘る19世紀の地質学者たち。Cuvier（1827）より。

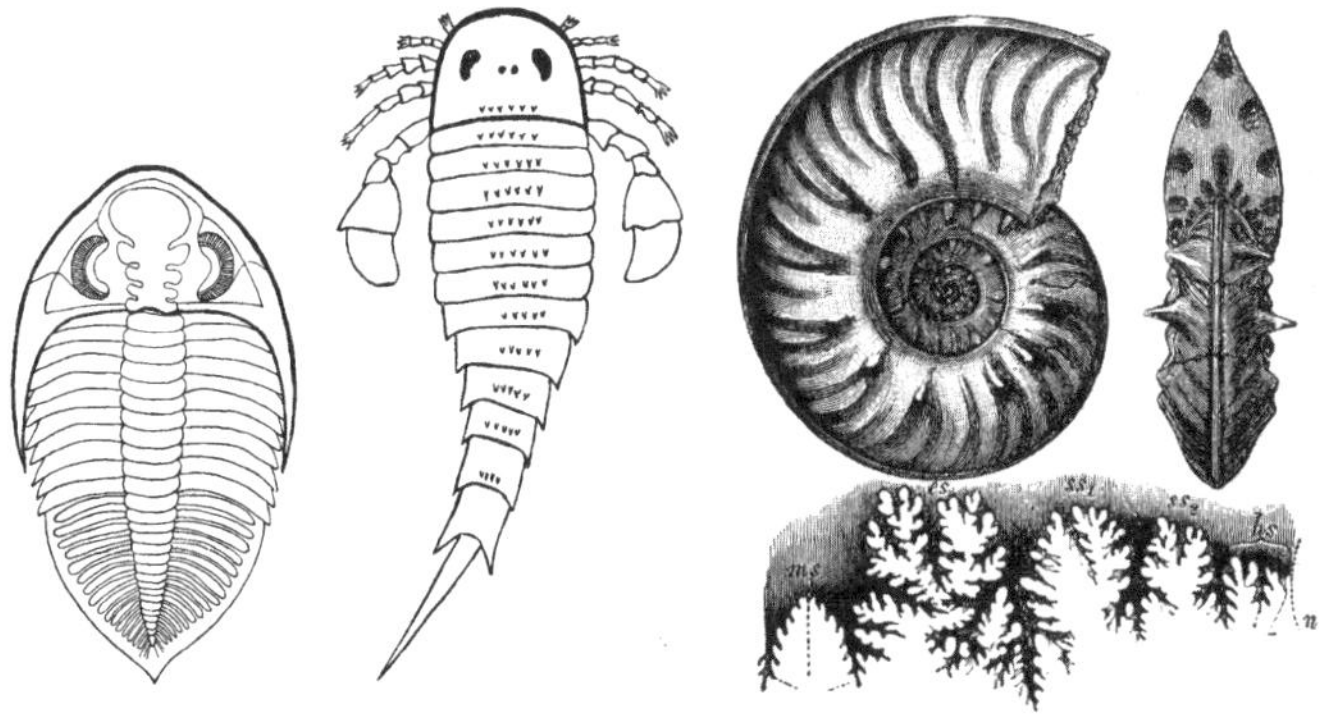

図1-3▶左：古生代の節足動物、三葉虫とウミサソリの仲間。Gaskell（1908）より。
右：アンモナイト。上は *Ammonites* (*Sonninia*) *sowerbyi*、下は、*Macroscaphites*に見る縫合線。Thompson（1917）より。

ていたと、そう申してよいかと思われるのであります。したがいまして、大戸島の長老が描写するところの伝説の人食い獣、「呉爾羅」なる怪物と、実際に登場した一生物としてのゴジラの印象は当初かなり近接しておったのである。と同時に、それをいわゆる「生きている化石」として見ることも、また可能なのであります。

エヘン……（博士、ネクタイの位置を直す）。時に、ゴジラが眼に金属光沢の「瞬膜（目の表面を守る膜）」を持つことが先般初めて示されたのでありますが、これは実は程度の差こそあれ、ほとんどすべての脊椎動物が持つものであり、したがって分類指標には使えないのであります。[08] つまり、いわゆる、原始形質というものに相当するわけですな。一方で、頭部に耳介、すなわちいわゆる「耳たぶ」を持つこと、とりわけ昨今多くのゴジラが表情を持つように見えること、[09] 瞼が上から下へ向けて閉じることなどからするに、どうもゴジラは哺乳類か、あるいはそれに準ずる動物（単弓類・後述）であると、こう結論せねばならないようなのであります。それは十数年前、三式機龍（いわゆるメカゴジラ）製作に使用せられた、初代ゴジラの骨格についても同様でありまして、下顎枝を持つ下顎骨の形状はどう見ても典型的な爬虫類のものではなく、むしろ哺乳類のそれに近く、[10] さらに、ゴジラのいくつかの個体では犬歯すら分化しておる。これまた、ワニ型類に見るわずかな例外を除き、爬虫類には本来存在しないものなのであります。加えて、頭骨全体を見ますに、骨性の外鼻孔が正中に単一の孔として開くこと、眼窩から側頭窓へ連続的に向かう窪みが、下方で頬骨弓によって縁取られていることなど、これは単弓類から哺乳類へ向から段階の中で、キノドン類 Cynodont に非常によく似た状態とも見受けられるのであります（図1-6）。

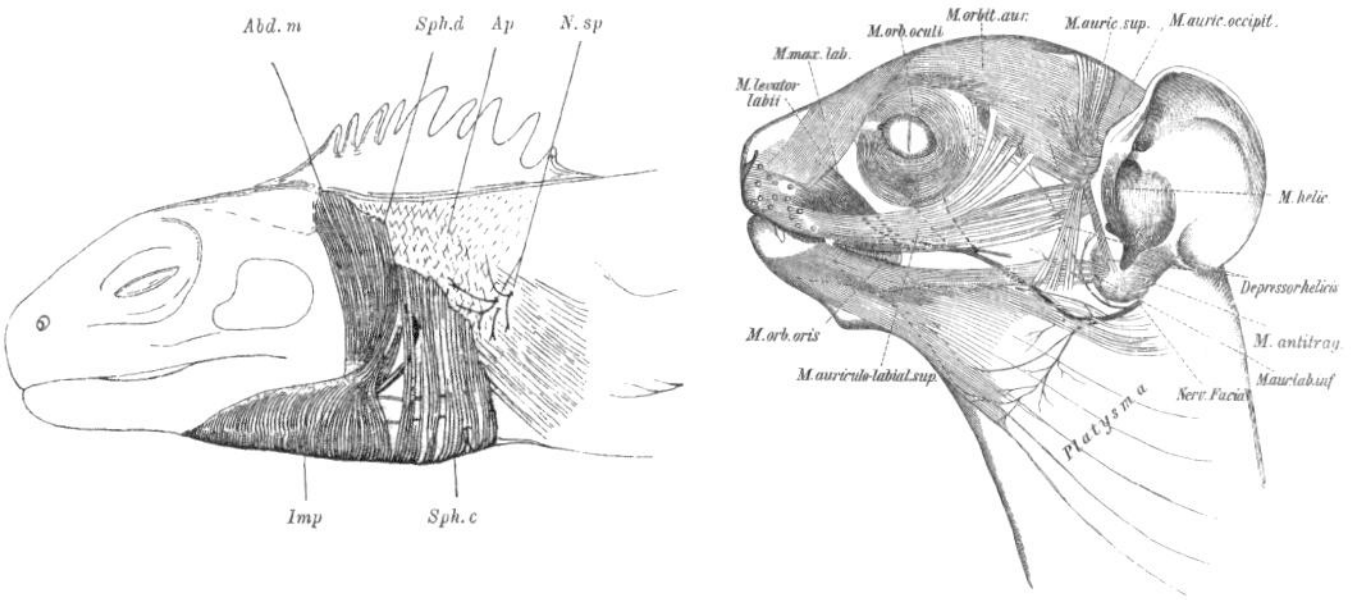

図1-4▶トカゲ類における浅頸筋（左: Gegenbaur, 1898より）が、哺乳類における表情筋（右: Wiedersheim, 1909より）全体に相当すると考えられている。ちなみに、哺乳類の表情筋はもともと鰓の筋であったと考えられている。

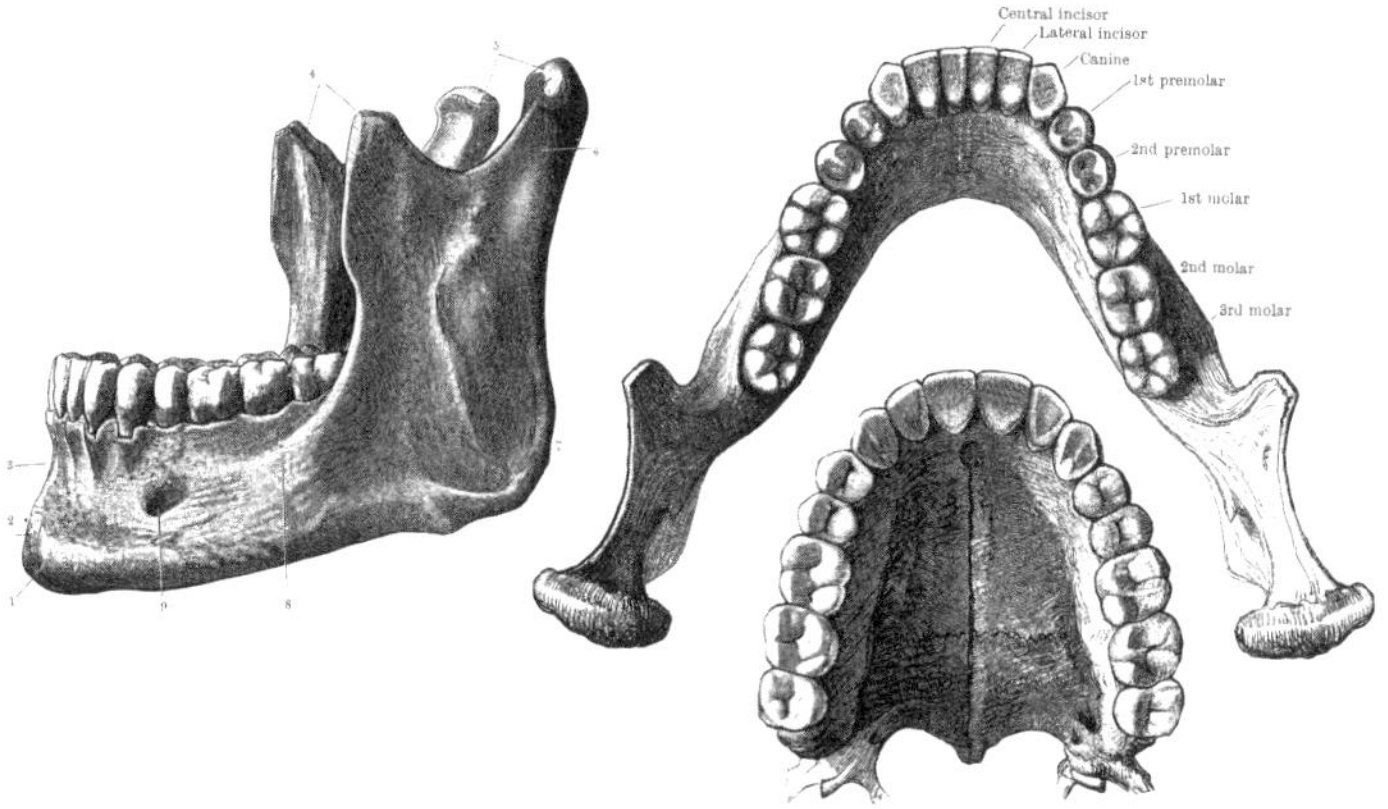

図1-5▶ヒトの歯牙系。哺乳類の歯は、基本的に生える場所によって異なった形を持っている。このような形態パターンを「異歯性」と呼ぶ。左図に見るように、下顎骨の後方は上方へ折れ曲がっており、この部分を下顎枝と呼ぶ。Harter（1991）より転載。

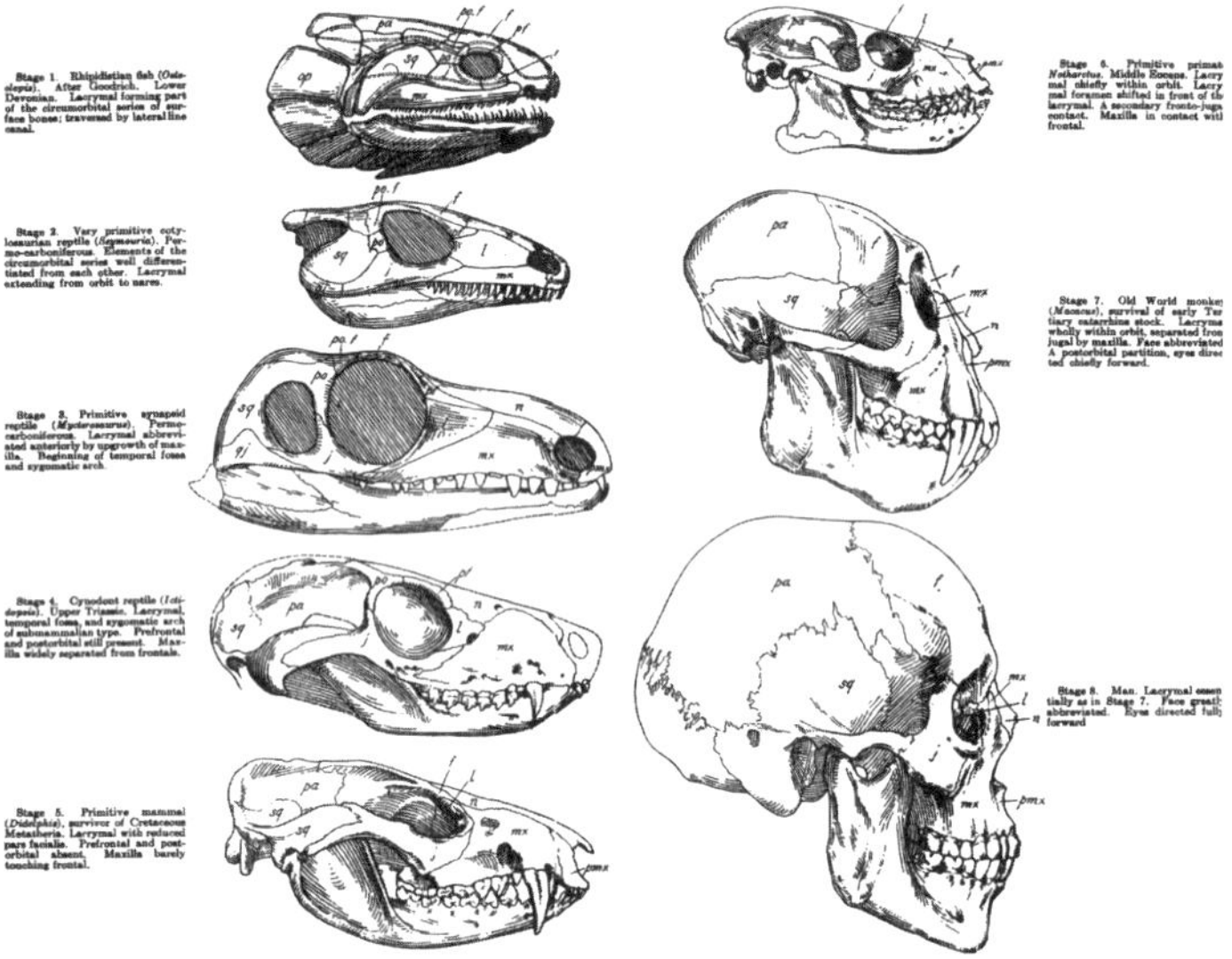

図1-6▶グレゴリーによって示された、原始的硬骨魚から有胎盤類に至る頭蓋の系列。これらは直接の祖先子孫関係を示すものではないが、哺乳類の進化の各段階を示唆するものとして有意義である。歯の形の変遷に注意。Gregory（1920）より転載。

いや、キノドン類でさえ骨性外鼻孔はまだかろうじて左右に分かれておりましたので、ゴジラはさらに哺乳類に近い状態に達していた可能性すらある。[11]

おそらくゴジラが哺乳類であろうと、そう信じる理由は他にも数えられ、例えば、半世紀前にモスラと相まみえたゴジラ[12]の相貌には濃厚に食肉類を思わせるものがあり、これと類縁性を持つといわれる六〇年代の怪獣ゴメスは[13]、明らかに「古代の哺乳類、ゴメテウスの生き残り」と、こう説明されておった。同様に、平成に入ってより出現した個体につきましても、犬猫のような顔は明らかでありまして、その印象は当時のメカゴジラのデザインにまで及んでおる。つまり、ゴジラの姿は哺乳類的に扱われる傾向著しく、動きも反応もあまねく哺乳類的なのであります。としますと、ゴジラは羊膜類の中で最初に成立した単弓類、とりわけ盤竜類や獣弓類と呼ばれる一群の子孫であるということになり[14]、その起源は一挙に古生代に遡り、その限りにおいて三葉虫と一緒におっても一向に構わない。ただし、ゴジラの足跡に発見された三葉虫の扁平な形状は、カンブリア紀からオルドビス紀初期にかけての地層から見つかるものを思わせるような、原始的な形態をしておるという報告があり、またもや古生物学者を困惑させるのであります。

また一方で、四半世紀前、ゴジラが「ゴジラザウルス *Gojirasaurus*」なる恐竜の生き残りであるということが明らかとなり[15]、確かにこれと同名の恐竜は中生代に棲息しておったのであります[16]。戦時中、南方の日本軍が遭遇したというこのゴジラザウルスでありますが、その外見から「(昔の復元画に描かれた)草食恐竜のイグアノドン *Iguanodon* に似る」[17]という説も、知り合いの研究者の間ではそこそこ広まっておる。しかし、小生の研究室に在籍の、恐竜学専門の平沢研究員によりますと、鳥盤類に伴うはずの頬が欠如していること、顎関節の位置、後肢の蹴爪、加えて前方を向いた恥骨等の特徴から、確かにこれは暴君竜(ティラノザウルス *Tyrannosaurus*)と同じく、肉食性の獣脚類に他ならないとのこと[18]。ただ、同研究員によりますと、前肢の指が五本ある場合があることが腑に落ちぬ、それが放射能による変異か否か不明であると、当惑気味にかように結論しておるのです。小生、これは、非常に重要な点ではなかろうかと考えておるのであります。加えてさらに、最近の説によりますと、恐竜の尻尾というものは、従来の復元に見るようにだらりと地面に垂れていたのではなく、むしろ、ピンと後方へ伸び、空中高く持ち上げられておったらしい。実は、恐竜の代謝は高く、尻尾を体とともに水平に保ち、後肢を軸にバランスをとっていたのであります。そうしてみますと、ゴジラの姿勢はあたかも従来の古典的なイメージの恐竜により近い。さらに加えて、獣脚類に属する恐竜のほとんどは羽毛を持ち、かなり鳥類に近い外観を持っておったはずが、ゴジラは一向に鳥のようには見えないのであります。これらもまた、ゴジラ恐竜説の矛盾ということになる。

　さらに混乱を招く事実として、かつて植物・動物のキメラ生物、ビオランテ出現の折[19]、分子生物学者の桐島博士が、「ゴジラの体温が低いためにバクテリアが繁殖できない」と、こう発言しておる。哺乳類になりかけていた巨大な動物なれば、おそらく温血性であろうし、一方で多くの大型恐竜もまた、鳥類同様、温血であったと考えられておる[20]。ならば件《くだん》の発言は、「ゴジラ恐竜説」と矛盾するばかりか、陸生獣類の祖先としてのゴジラの出自をも否定しかねない。ちなみに、「双弓類ではあるが、恐竜類ではない」という動物もまた多く、中生代の翼竜の類[21]、そして、海棲爬虫類のクビナガリュウの仲間やカメ類も、主竜類と近縁であった可能性があり[22]、さらにそのいくつかが現生のトカゲやカメのように変温動物であった可能性は、存外に大きいのであります。さらに、今回のゴジラは、熱線を吐く際に下顎を左右に分離させておりましたが、これはヘビに見られる特徴であります（図1-7）。これを根拠に、すべてのゴジラがトカゲ・ヘビの仲間、すなわち鱗竜類に近いという説まで出てくる始末……。ただし、哺乳類にもこのような特徴はあり、アリクイの仲間がやはり、下顎を分離することが知られておる。しかしいずれにしましても、このような芸当をする恐竜は、目下のところ発見されてはいないのであります。

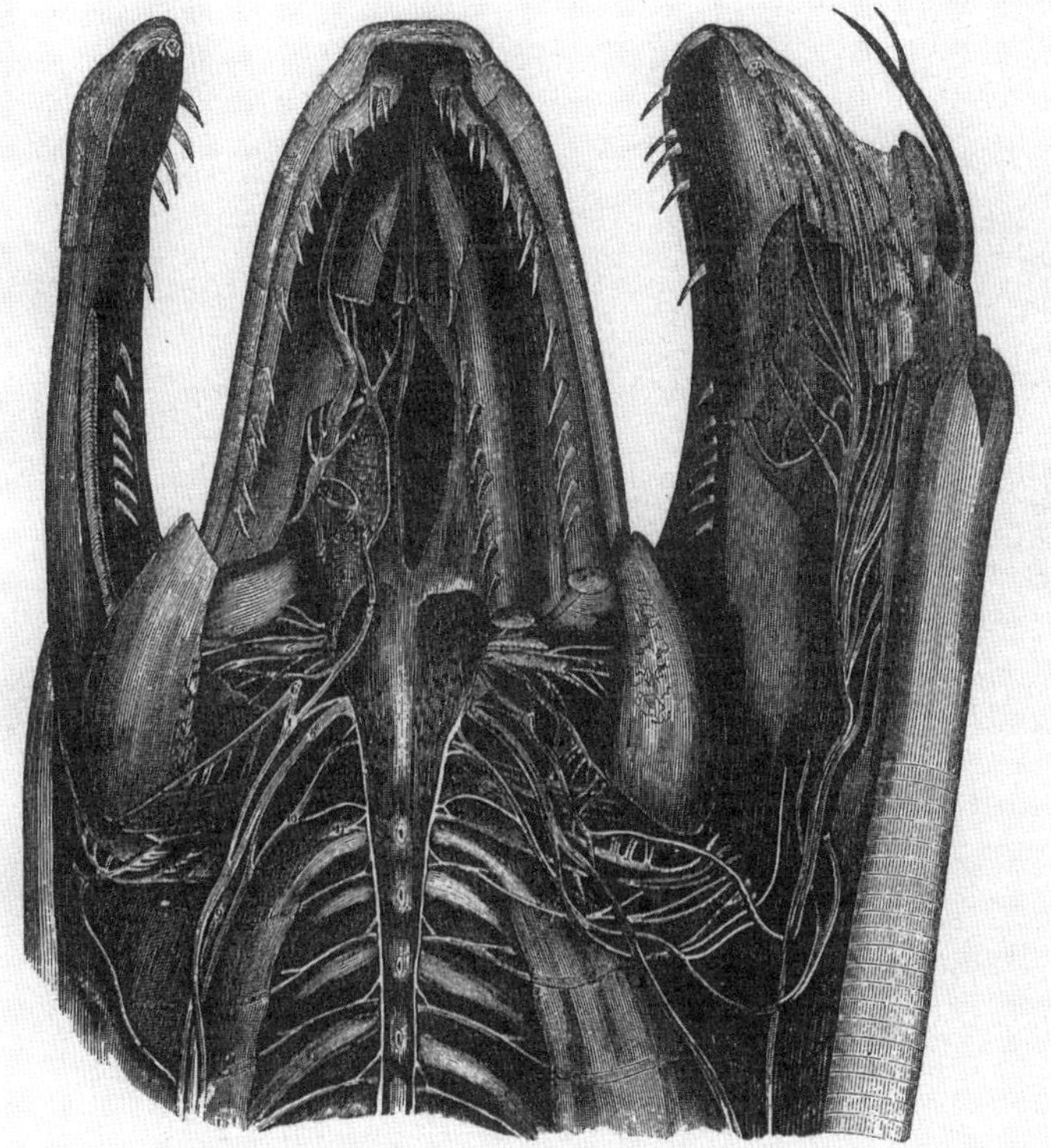

図1-7▶ニシキヘビの頭部の解剖。頭頸部末梢神経の分布を腹側から見る。このような剖出と観察が可能なのは、ヘビの下顎が正中で融合しておらず、簡単に左右に分離できるためである。比較解剖学におけるゴジラ的イメージ。Owen (1866) より転載。

爬虫類とは?

いわゆる「爬虫類」という呼称にはいささか問題があり、明確な定義が困難で、本来は陸上で卵を産むことのできる「羊膜類」と呼んだ方がよろしい。この羊膜類の中から哺乳類も鳥類も進化してきたので、その残りを便宜的に「爬虫類」と呼ぶのであります。しかし、両生類から最初に出てきた最初の羊膜類が、「爬虫形類」というグループであり、その中からのちに哺乳類に繋がる「単弓類」がまず発し、続いて、現生のヘビやトカゲからなる「鱗竜類」と、ワニ、カメや恐竜を含む仲間が別れた。この二つの仲間を「双弓類」といいますが、このように、動物の進化を「枝分かれの序列」として示すことも可能で、現在はそのように説明することの方が一般的なのであります(図1-8)。ここで、ワニと恐竜は特に「主竜類」と呼ばれるのでありますが、ご存じのように鳥類は恐竜の中より進化してきたのでありますから、主竜類は世間一般で言うところの爬虫類ばかりではなく、鳥までをも含むことになる。まこと爬虫類というのは、全くとらえどころのない分類群なのであります(図1-8)。

哺乳類は祖先的羊膜類の中から最初に派生した由来の古いグループであり、我々はその末裔なのであります。一方、恐竜や鳥は実のところ、我々の祖先よりずっと遅れて現れた新しい系統なのであります。その理由で、「哺乳類の祖先も、恐竜も、カメも、ワニも、みな似たようなものだろう」などというわけには決してゆかない。かくしてゴジラが正体不明であるということだけが明瞭となり、出現のたびにその生物学的イメージが複数の動物系統にまたがるこの怪物の出自について真剣に考えるのは、何かこ

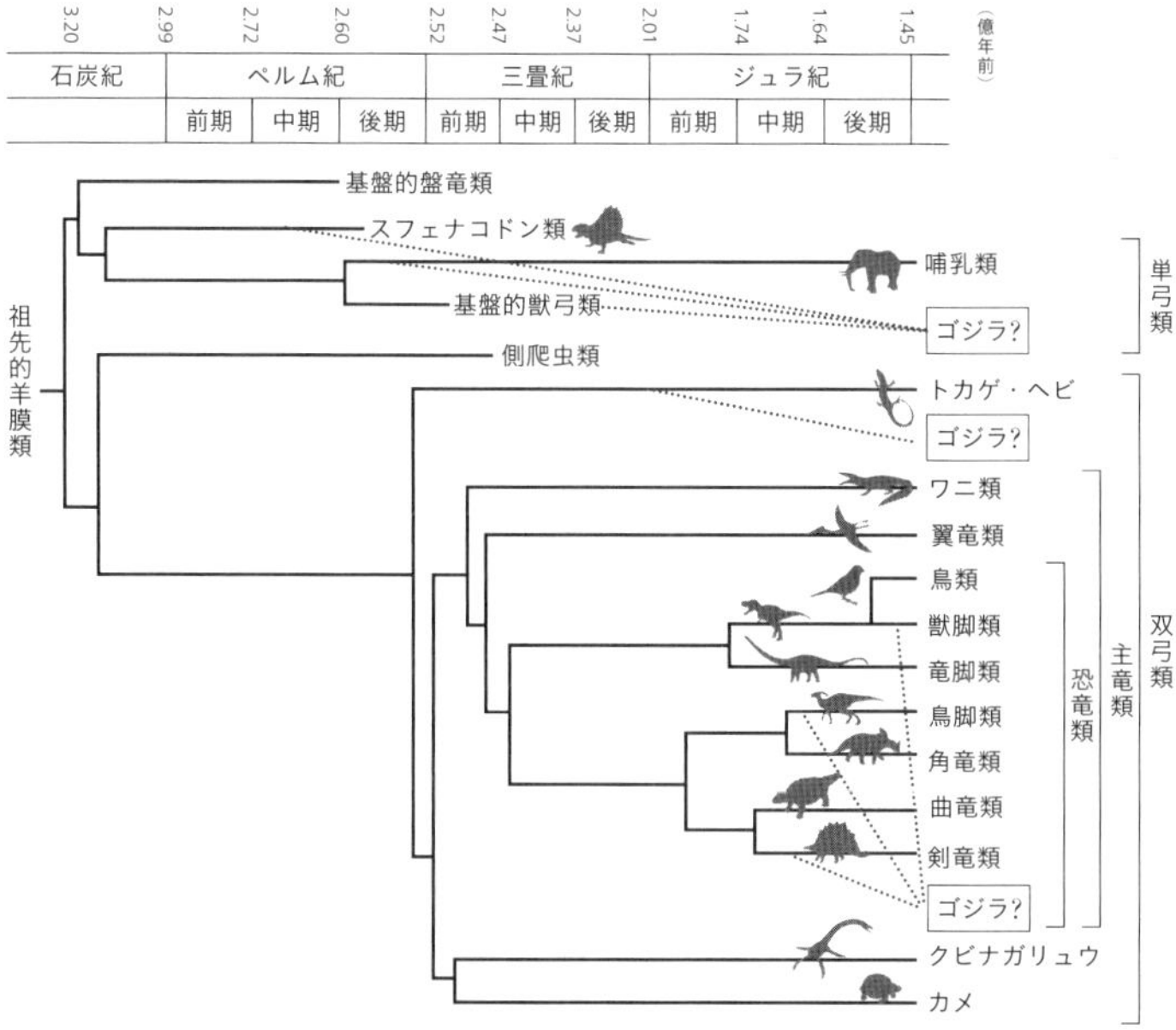

図1-8▶いわゆる「爬虫類」を含めた羊膜類の進化系統樹と、「2015年以前のゴジラ」の系統的位置。最新の化石資料、ならびに現生羊膜類の分子系統学的データを総合したものを根拠としている。これは系統の分岐の序列を示すものであり、系統の上下関係は、類縁性を示さない（例えば、トカゲやヘビとワニ類は、決して互いに近いわけではない。図に示されたように、両者の分岐はペルム紀後期にまで遡る）。本書の以降の部分においては、しばしばこの系統樹に言及することになるので、繰り返し参照されたい。ここに見るように、俗に「爬虫類」と言われる系統の起源は複数箇所にわたり、決して単一の起源を持つものではないことがわかる。過去においては、「羊膜類のうち、鳥類にも哺乳類にもならなかったもの」を、「爬虫類」と呼ぶ傾向が強かった（原始形質で括られた、側系統群としての「爬虫類」）。つまり、単弓類に属する動物には哺乳類が含まれ、恐竜の系統は骨盤の形態を異にする竜盤類（獣脚類＋竜脚類）と鳥盤類からなり、獣脚類は鳥類を含むのである。鳥盤類はさらに「鳥脚類＋角竜類」と「鎧竜類＋剣竜類」の2系統からなる。恐竜類は、ワニ類や翼竜とともに主竜類を構成し、さらに主竜類は、ヘビ・トカゲからなる鱗竜類、クビナガリュウ、カメ類とともに双弓類をなす。現在では、双弓類のうち鳥類を除いたものを爬虫類と呼ぶことが多いが、いずれにしても「爬虫類」という呼称には恣意性と誤解が入り込みやすく、正確なものとはなりえないので、進化系統的議論には決して適さない。2015年以前に目撃されたゴジラ（「ゴジラ？」で示す）については、これら諸系統のうち、単弓類内の3系統、双弓類内の4系統に出自をもつ可能性が示されている（点線）。現在、最も有力な仮説は、1954年の山根博士の見解のとおり、哺乳類のステムグループか、もしくは獣弓類のステムグループの生き残りであるという仮説であり、その場合ゴジラは、恐竜類（とりわけ獣脚類）と著しい収斂を示すことになる。2016年に現れた巨人生物に関しては、この系統樹に収まらない種々の形質が確認されている。本書第1章は、その考察のために割かれている。

う、小生のなすべき研究と違うのではないかと気づき、思考停止してしまうのであります。そして、どうやらこの怪獣が常に、哺乳類的凶暴性に加え、恐竜のような巨大さを兼ね備えた存在を指向し、昭和・平成の時代を通じ、いつしか独自の、その……いわば「ゴジラ性」とでも言うべきイコンを確立し、すなわち、我々の仮想的世界観の中にその姿が次第次第に熟成されてきたと、今更のように気づくのであります。そのようなゴジラのイメージが勝手に一人歩きし、実際の進化系統には収まらない、いわゆるところの「異形の存在」として、知覚されておるのであろうと……。しかし今回のゴジラは、そのような過去のゴジラ像とさえも、さらに一線を画しておる。どうもその牧悟郎博士とやらが、遺伝子工学的な何らかの方法でゴジラを作りおおせたか、あるいは彼自身がゴジラ、もしくはその一部になったという噂が巷でまことしやかに囁かれておるのであります。ゴジラが分類不可能なら、それは進化の帰結としてではなく、はじめからあの形で完成していたとしか思えない、と……。はて、このような生物は、確か他にいたような……。

えー、ここで、これまで小生が申したことをまとめてみると、ここにお示ししました図のようになるのであります（図1-8）。これはですな、動物の系統が進化の過程で分岐し、どのように多様化してきたかを示すものであります。まるで樹木のように枝が分かれて、繁茂しておりますな。ダーウィン以来、進化というものの本質はこのような「枝分かれ」に他ならないことがわかっておって、実際この図は「系統樹」と呼ばれておる。

気をつけなければならないのは、これらの枝、すなわち「系統」が分かれた瞬間に、動物が変化するということでは決してないということであります。例えば、右端に「カメ」が描かれており、それを左に辿ると、およそ二億五〇〇〇万年ほど前になりますが、その時カメが突然現在のような姿になったというのではなく、その時にクビナガリュウの仲間と分かれた、ということを示すにすぎないのでありま す。おそらくこの両者が分かれてよりしばらくの間は、どちらの動物も互いによく似た格好をしておったでありましょう。すなわち、扁平な胴体を持ち、すでに胸骨がなくなっておったはずであります。しかし、カメの甲羅ができるまでには、それからしばらく、時間がかかったはずであります。同じような理由で、みなさんの一人ひとりも、「系統的には」ですが、すでに御兄妹とは別系統の「動物群」になってしまっているという可能性がある。それがそもそも、系統分岐という現象の性質なのであります。

さて、この系統樹に、先程までの議論に従って、推測されるゴジラの分岐地点の可能性を書き込んでみますと、これだけの異なったシナリオが得られるのであります（図1-8）。単弓類に三か所、双弓類に四か所、ゴジラの起源があるわけですな。困ったもんです。もちろん、事実は一つであります。そして、これまで出現したゴジラがすべて別系統の動物である、すなわち七種の異なったゴジラがいたという可能性も否定しきれないのでありますが、仮に先般の巨大生物以外のもの、すなわち一九五四年から二〇一五年までに見られた生物のすべてが同一種のものであると仮定するならば、これらのうちからどれか一つを選び出さねばならないと、まぁ、こういうことになる。さて、どうしたものか。どの仮説を選んでも、何かしら矛盾が出てきてしまう……。どこかに無理が出てくるわけです。

通常、このような場合、「最節約法」と言いまして、「どの仮説が最も矛盾がないか」、という基準が用いられるのであります。つまり、動物の進化におきましては、同じ特徴が時折、異なった系統に独立に生ずることがある。例えば、翼竜類と鳥類はどちらも翼を持ちますが、これは共通祖先にもたらされたものではなく、独立に得られたものだということがわかっておる。確かによく見ると、同じ翼でも解剖学的成り立ちが大部異なっている。つまり、見かけだけの「他人のそら似」なのですな。でありますから、鳥類と翼竜類が翼を持ちながらも、別の起源を持つのだということがようやく納得できる。このような他人のそら似が、最も少なくなるようなシナリオを考えるわけです。

そのような方針で、小生がしこしことやってみた結果はですな、やはりゴジラは獣弓類の生き残りか、さもなければ、原始的な哺乳類が異様に進化したものと、こういう結論になるわけですな（会場どよめく）。もちろん、いわゆるところの爬虫類的特徴はゴジラに明らかなのでありますが、先程述べましたように「爬虫類的」というのは一種、「原始的」ということに他ならない。とはいえ、ゴジラが恐竜類、とりわけ獣脚類と、異様なまでの「他人のそら似」を示していることも認めざるをえない。というわけで、以上のようなことを、小生の当面の仮説としておきたいと、かように述べておきたいと、えー、こう思うのであります。

〈一〇分間休憩〉

［脚注］

01――『日経サイエンス』二〇一六年一二月号上での記事の内容に依拠すると、二〇二六年という可能性もありうるが、本書では二〇一六年にゴジラが来襲したという設定とした。

02――「ゴジラの息子」（1967 東宝）や「ゴジラ vs メカゴジラ」（1993 東宝）にそれを見ることができる。

03――一九五四年の第一作「ゴジラ」、ならびに一九五五年の「ゴジラの逆襲」に登場した山根恭平博士（古生物学者）。志村喬が演じた。

04――実際には一億五〇〇〇万年ぐらい前であり、それは香山滋が「小説・ゴジラ」を書いた頃には知られていた。

05――映画の中では「甲殻類」（エビやカニの仲間）と説明されているが、正確には現生節足動物の鋏角類、多足類、甲殻類、昆虫類のどれにも属さない、独立の絶滅した一グループ（三葉虫類）とされる。

06――「ゴジラの逆襲」（1955 東宝）。

07――のちに、ガッパ（「大巨獣ガッパ」1967 日活）のメスが、日本上陸時、大ダコを咥えていたのはその影響かもしれないが、未確認。たぶんそんなことはないだろう。

08――ただし、ラブカを含むカグラザメ目のサメの仲間には瞬膜はない。また、この仲間は六〜七対の鰓を持つことでも知られる。ちなみに、ゴジラのこの瞬膜の金属光沢が、深海に由来する硫化鉄によるものとの説があるが、それを分泌したのがゴジラの細胞なのか、何らかの共生細菌によるものなのか、いまだ不明である。とはいえ、変態の際に明らかに角質化と、硫化鉄の沈着が亢進しているので、後者の可能性が高いと思われる。

09――そもそも凶悪な「顔つき」というものは、顔面神経によって支配される表情筋群を持つ哺乳類独特のものであり、それを持たない爬虫類には本来表情もない（しかし図に見るように、哺乳類の広頸筋と同等の浅頸筋はあり、これを表情筋の前駆体と考えることはできる）。にもかかわらず、「平成 vs シリーズ」のゴジラは明瞭に表情を動かし、それは咆哮の際に唇をめくりあげていた八四年のゴジラやハリウッドの「イグアナゴジラ」とても同様であった。いわゆる爬虫類や鳥類に、そのような動きは不可能なのである。ゴジラの分類学的位置に関し、山根博士がなぜ哺乳類と爬虫類に限って特に考察しなければならないかといえば、ゴジラが人間と同じ「羊膜類（哺乳類、爬虫類、鳥類からなる、卵を水の中に産む必要のない動物）」の特徴をいくつか露わにし、かつ、爬虫類、哺乳類両者の特徴をあわせ持っているからに他ならない。今回の生物に関しても、生物学専門の間邦夫城北大学准教授が指摘していたように、「意思の疎通は無理」との印象が明らかであったが、上に述べたように、過去のゴジラについては明らかに表情筋に由来する顔の動きが観察されていたのである。

10――哺乳類の下顎を構成する骨格要素、すなわち下顎骨は、比較形態学的には歯骨とも呼ばれ、爬虫類の下顎における複数の要素骨のうち、最も先端に位置する単一の骨に相当する。その他の骨のいくつかは、哺乳類においては中耳に取り込まれ、音響伝達装置の一部となっている。ゴジラの中耳の構造に関しての報告はない。

11――比較骨学者小籔研究員のコメント「私もゴジラを単弓類に分類する仮説が最も無矛盾であると考える。異歯性（犬歯が他の歯に比べて発達）、頭部や背中の突起等の点で、ゴジラは、二億九〇〇〇万年前に生存していたディメトロドン *Dimetrodon* に類似するのである（四足歩行動物のディメトロドンが大型化し、二足歩行化したイメージ）。ディメトロドンが五本指であるのに対し、ゴジラは四本指だが、イヌやネコにおいて拇指が痕跡化しているのと類似の現象が生じているのかもしれない（ちなみに再放送版の「恐竜戦隊コセイドン」第一四話、「デストラン 超武装闘士との戦い」では、主人公のトキ・ゴウ隊員がディメトロドンと相撲をするシーンがある）。

12――「モスラ対ゴジラ」（1964 東宝）でのこと。

13――TBSのテレビ番組「ウルトラQ」（1966）の第一回、「ゴメスを倒せ！」に登場した怪獣ゴメスのこと。

14――有羊膜類ともいう。脊椎動物のうち、胚発生において羊膜ができるもの。哺乳類、爬虫類、鳥類を含む。

15――「ゴジラ vs キングギドラ」（1991 東宝）より。

16――学名は *Gojirasaurus quayi*。この一種のみ記載されている。三畳紀より知られる実際の竜盤類ではあるが、映画の中のゴジラザウルスとは無関係。原記載ならびに詳細は、Carpenter, K.（1997）A giant coelophysoid（Ceratosauria）theropod from the Upper

Triassic of New Mexico, USA. Neues Jahrbuch für Geologie und Paläontologie Abhandlungen 205（2）: 189-208を参照のこと。

17——最初に発見された恐竜の一つ。発見者はギデオン・マンテル。鳥脚類に属し、草食性。白亜紀に棲息。体全体のプロポーションがゴジラザウルスを思わせるという見解がある。

18——映画「ゴジラの逆襲」の中でも、ゴジラをティラノザウルスと関連づけたげな様子は垣間見えた。個人的には、平成シリーズのゴジラより、「キングコング対ゴジラ」（1962 東宝）に登場した、いわゆる「キンゴジ」か、あるいはミレニアム・ゴジラが、恐竜、もしくは爬虫類的イメージに近いと思う。言うまでもなく、「キングコング対ゴジラ」においてゴジラがいつになく爬虫類的に見えるのは、哺乳類であるキングコングと対照的な存在とするためであろう。

19——「ゴジラ vs ビオランテ」（1989 東宝）。

20——「恐竜温血説」、あるいは「恐竜恒温説」ともいう。一九七〇年代、オストロームをはじめとする何人かの米国の古生物学者により提唱された。

21——たぶん、その多くは温血性であったことだろう。

22——ついでに、モササウルス*Mosasaurus*は鱗竜類、つまりトカゲの仲間である。

補論

怪獣のリアル——現実と非現実の狭間

人が怪獣を受け入れるやり方は様々だ。世の中にはもちろん怪獣映画を全く受けつけない人がいて、そういう人には何を言ってもダメである。さらに、怪獣映画を受け入れる人の中にも、それを積極的に疑似体験として楽しむ術を知っている人もいれば、あるいは単に寓話として理解している人もいる。本書はどちらかといえば、疑似体験派に向けて書かれている。

人々が怪獣を認めるにせよ認めないにせよ、大抵は誰もみな怪獣などというものが存在しないことは共通の了解として知ってはいる。あたりまえのことである。しかし、その常識もまた危ういもので、昨日まで信じられていたことが今日覆されるというようなことは、いまでも時々起こるし、科学の世界でも新元素が発見され、新種の動植物が発見され、新しい天体が発見され、そういったものは間違いなくこれからも発見され続けるであろう。逆に、人類の歴史において初めて、地球における最大の動物、シロナガスクジラを目撃した人物は何を思っただろうか。それまでの人類にとって、世界にはそのようなサイズの動物はいないと常識的に信じられてきたのだ。「いままで知られていない不思議な動物」がいま初めて現れたなら、それは一応その時点においてまさしく「怪獣」であり、それを現実として受け入れた瞬間、大袈裟に言えば、世界は変貌するのである。人間にとっての世界が、それまでとは別の顔を持ちはじめるのだ。そのように、我々の世界観はこれまで様々に形を変え、形成されてきた。人間とその科学の歴史は、世界観や自然観の変貌と成長の歴史なのである。言い換えるなら、幻想やSFと現実・常識の境界は、つねに、潜在的に、あやふやな未知の領域を残している。

一九七七年、ニュージーランド沖で引き上げられたウバザメの死骸が、明らかにクビナガリュウの姿に似ていたもので、それは「ニューネッシー」と名づけられ、ひとしきり物議を醸したことがあった。その「鰭《ひれ》」のような部分からは繊維状の構造が採取され、それが主としてコラーゲンからできており、さらにその分子的性質が確かに現生のサメのものに近いなど、それを大型のサメだとすべき証拠が次々に挙がっていった。私も最初は期待したのだが、一応動物学者だから、そのサメとの類似性は否定すべくもなく、かなり早いうちにがっかりしたことを覚えている（さりとて、ウバザメは目撃例が極めて少ない動物の一つであり、大型であるだけでなく、その姿も異様なので、もし実際にそれに遭遇したら、私を含め、怪物だと思う人は多いだろう）。

重要なのは、それが結局サメであったということではなく、普段は「この世に恐竜など生き残っているわけがない」と、いかに常識的な振りを装っていても、いざそれらしきものが発見されるや、「ひょっとして自分が住んでいるこの世界は、いままで信じてきたよりずっと不思議に満ちているのかもしれない、いや、きっとそうに違いない。恐竜や中生代の大型爬虫類がどこかにいて欲しい」と考えてしまうような、潜在的な「夢見る大人」達が当時、かなりいたという事実なのである。おそらくいまでもそうだろう。現代人の世界観、自然観もその常識の裡にあるが、それは所詮、通念や、思い込みや、教養によって作られるに過ぎず、いつでも改変される可能性は残されている。「怪獣」はそこを突いて、現実世界に侵犯する可能性を常に有しているのである。

基調講演

「シン・ゴジラ」に確認された新事象をめぐって　第二部

財団法人特殊生物研究所主任研究員・博士　山根恭太郎

（汗を拭き拭き再登壇）えー、あらためまして山根でございます。

ところで、あれですな。昔はようございましたな。小生いまでも時折、あのX星人の波川女史のことを思い出さんでもないのでありますが、彼女も何と言いますか……、たまりませんな。あれほど別嬪さんの宇宙人は他におりませんでしたな、えぇ……。もし、彼女が統制官であったなら、果たしてあの戦いはどうなっておったでしょうな。地球は侵略されてしまったでありましょうか。彼女が統制官なら、こりゃもぉ侵略されても仕方ありませんな。それは、小生にとってまさしく、至福に満ちた「まだ見ぬ未来」となったでありましょうが、まさか、統制官以外の全ての女性が、塩沢「婦人代表」とかになってしまったりしたらなどと考えると……。いやしかし、あの方も昔はねぇ、東宝でこれがまたなかなか……。そういえば、あのムー帝国の皇帝陛下もよろしゅうございましたな。男だったら一生の間に一度は言われてみたいもんですな、「マンダの生け贄にせよ！」と……。小生、真っ先に飛び込みますな、マンダの口に。いやはや、これでは子供達には何の話かさっぱりわかりませんな。あ、小生としたことが、また話が逸れてしまいました。そうそう、ゴジラの進化の話でしたな……。

ゴジラの進化と発生

いまや「進化」という言葉が一人歩きし始めて久しく、それは最早、本来それが使われるべき範疇を大きく越境し、いまとなりましては、スマホもポケモンも「進化」する、要するに、進歩・改良・改訂したら「進化」、中でも生物か、それに準ずるものがどういう形であれバージョンアップしたら特に「進化」と呼ぶのが世の常ということだそうで……。いやはや……。本来言語というものは、その意味する概念が本来の概念を越境するものでありまして、もとよりこの恒常的傾向を押しとどめるのは至難の業なのではありますまいか。が、こと生物に対する用法につきましては、我々生物学者にも当然責任がある。ともかく、「進化」が一生物個体に用いられるという、由々しき誤謬を招いたそもそもその原因はと申しますと、それはおそらく三〇年ほど前、白神博士の、「ビオランテが進化している」なる台詞に求められるとされておるのでありまして……。

そもそも生物進化なる概念は、ダーウィン以来、「変化を伴う継代」を意味し、つまりは、生物集団が親から子へと世代交代するうち、遺伝子浮動や表現型に基づいた淘汰を経、対立遺伝子が集団の中で比率を変え、遺伝的に固定し、結果として徐々に変化が生ずることをいうのであります。したがって、進化は集団に生じ、個体の一生に生ずる変化は、「発生」、「成長」、「老化」、さもなければ「変態」などと言わねばならない。ならば、白神博士は正確には「ビオランテが変態しておる」と、こう言うべきところだったのではありますまいか、それがどうにも具合が悪いのがこの日本語の悲しいところと申しますか、何かこう、ビオランテとゴジラが芦ノ湖で妙な関係になっちゃったように聞こえて仕方がないのでありまして、博士の心中察するにあまりあると申しますか……。そしてまた今回、第二形態から第三形態へと「変態」するゴジラを目の当たりにされた矢口内閣官房副長官の、「すごい。まるで、進化だ」なる台詞が問題とされておるのであります。後に述べますようにこれは一種の「なぞらえ」とすべきであり、少なくとも「ゴジラが進化している」と断定はしていないのでありますから、白神博士の先の発言に比べますと、かなり穏当な表現であったと認めるべきである。より正確に言い換えるなら、「まるで、オタマジャクシの変態のようだ」の如く言うべきだったのでありますが（図1-9）、それこそ緊張感のかけらもない台詞でありまして、はぁ……。いずれにせよ、進化と発生との間に、何らかの類似性があるからこそ、発生過程が進化過程に読み替えられる。そもそもそれが、「個体発生は進化を繰り返す」と述べた、一九世紀ドイツの進化生物学者、エルンスト・ヘッケル博士の「反復説」だったのであります。どういうことかといいますとですな、動物の発生期、すなわち、母体や卵の中で成長する胚は、順次、祖先の姿を彷彿とさせるような姿となる。発生中に進化的序列が現れるということはすなわち、進化の過程で発生プログラムが徐々に変更されてきた経緯を物語っておるのであります。そしてその発生プログラムの進行する道筋が、系統進化の枝分かれと同じなのであると……。

脊椎動物の発生においては、「脊椎動物の最も基本なる形態パターン」がまず現れ、それが胚の形を一定の範囲に抑え込む。この段階では、どんな脊椎動物にも必要な器官形成のための遺伝子が働き、その遺伝子の組み合わせもまた動物間で類似するということを、以前私の研究室に在籍していた入江博士

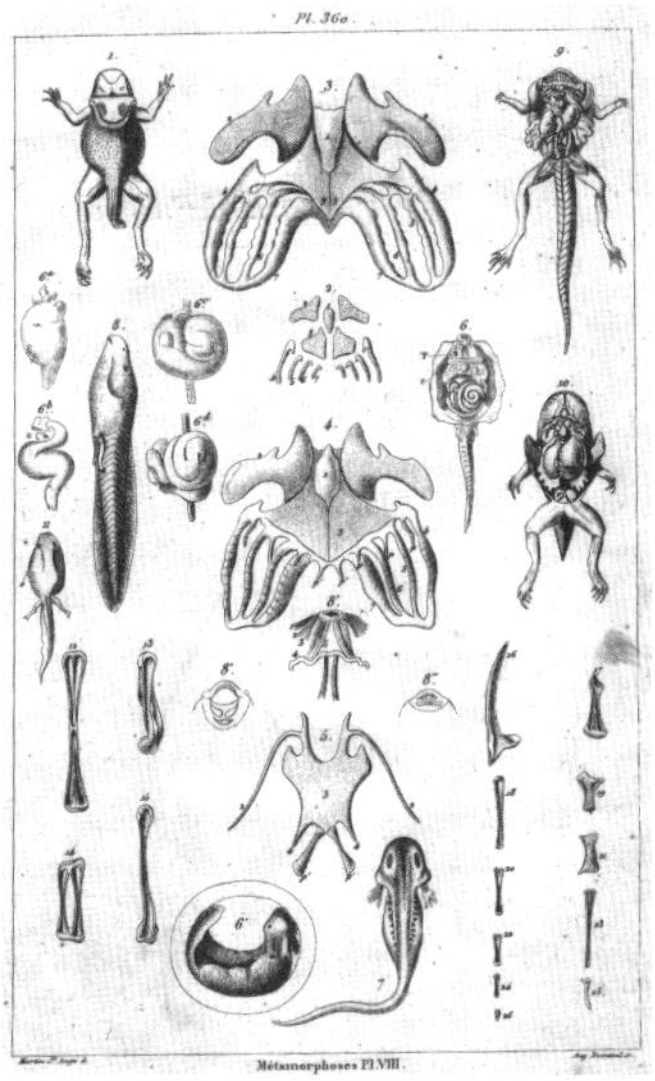

図1-9▶カエルの発生と解剖。カエルの仲間は、鰓を備えたオタマジャクシという幼生段階を経る。19世紀の版画より。

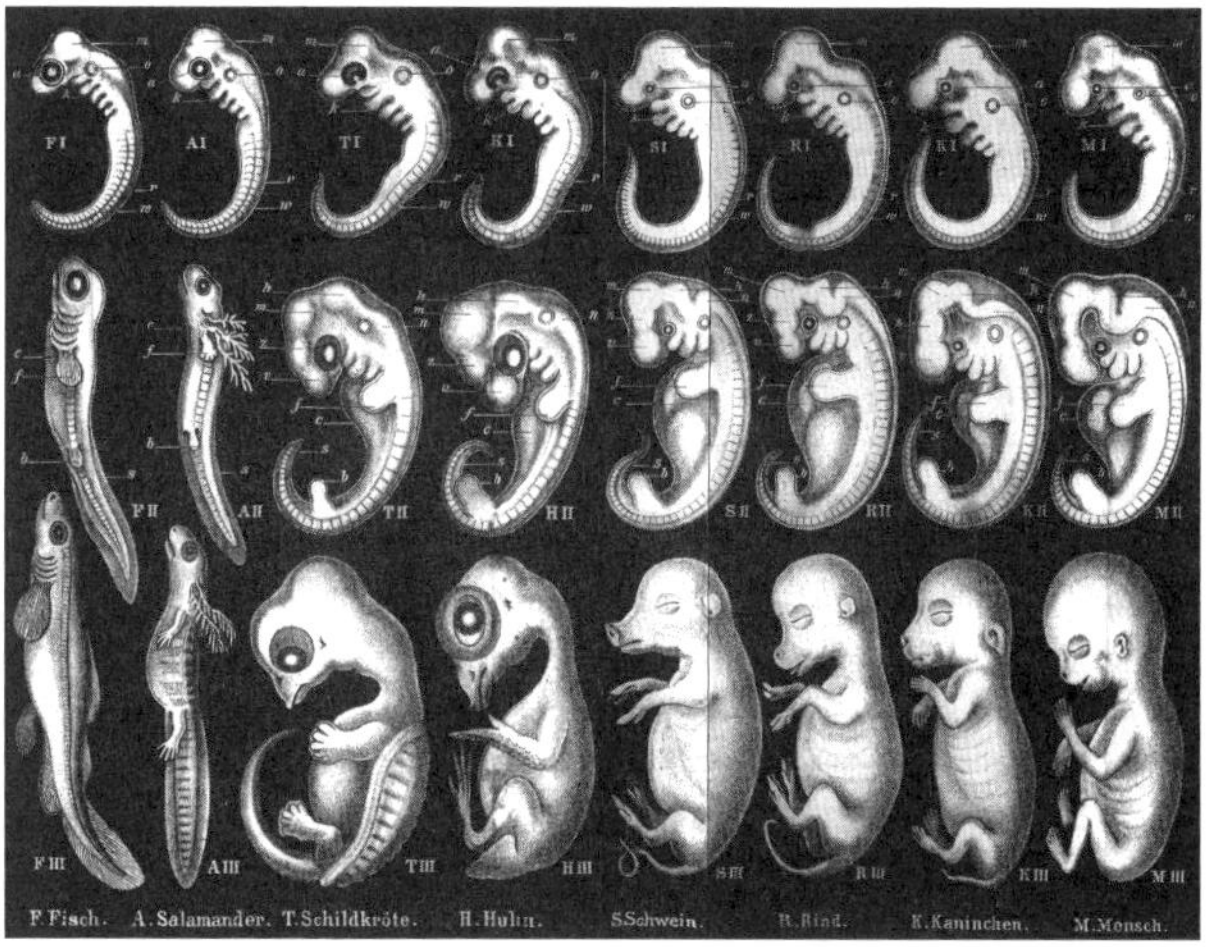

図1-10▶多くの異なった脊椎動物の発生過程において、最上段に示した初期咽頭胚のかたちが最もよく似るということを示したヘッケルによる図。ここには、かなりの誇張も含まれているが、そのメッセージの核心はいまでも受け入れられている。ただし、その指摘を最初に行ったのは、19世紀前半ドイツの比較発生学者、フォン=ベーアであった。左から、真骨魚、サンショウウオ、カメ、ニワトリ、ブタ、ウシ、ウサギ、ヒトを示す。Haeckel (1874) より転載。

は発見しておる。[23]このような発生段階を、「脊椎動物典型段階[24]」と呼ぶのであります（図1-10）。この時期に、脳とか、鰓《えら》とか、背骨のもととか、四肢のもとができ、脊椎動物の基本パターンが明らかとなる。ヒトの発生においても、この時期にはサカナの鰓のようなものが現れる。もっとも、その解釈が真に妥当かどうか、それは今後の問題でありますが、その後にようやく両生類や、爬虫類や、哺乳類に独特の胚段階が次々に現れるのだとヘッケル博士は考えた。つまり、それがまさに「個体発生は系統発生（＝進化）を繰り返す」なる言葉に込められた意味なのであります。

この「反復」なる現象は、動物が複雑な形を発生させる過程で、祖先から受け継いだ形態形成機構を、原始的なものから順次発動させることが多いという傾向を述べたに過ぎない。我々羊膜類もまた、かつて陸に上がる前は水中適応しておったため、発生の途中や幼若時においては、卵の中にあって魚類的状態を繰り返さなければならないらしい。それでも、発生の最中は自立することはできず、卵からかえるまで親の姿をまっすぐに目指して発生するようにも見える。これを「直接発生（direct development）」と呼ぶのであります。

しかるに、かの巨大生物は羊膜類の姿をしていながら、成体に至るまでに全くもって羊膜類らしからぬ幼生的段階を示し、その際、軟骨魚類や両生類、もしくは肺魚的な姿を見せ、しかも変態するのであります。これが、幼生を伴う「間接発生（indirect development）」と呼ばれる過程であります。このような特徴は、羊膜類としては全くもって破格のものと言わねばならん。しかし、現実にそのような過程があるなら、それを認めないわけにはゆかない。いやはや……。かくして、あの巨大生物も進化過程と平行

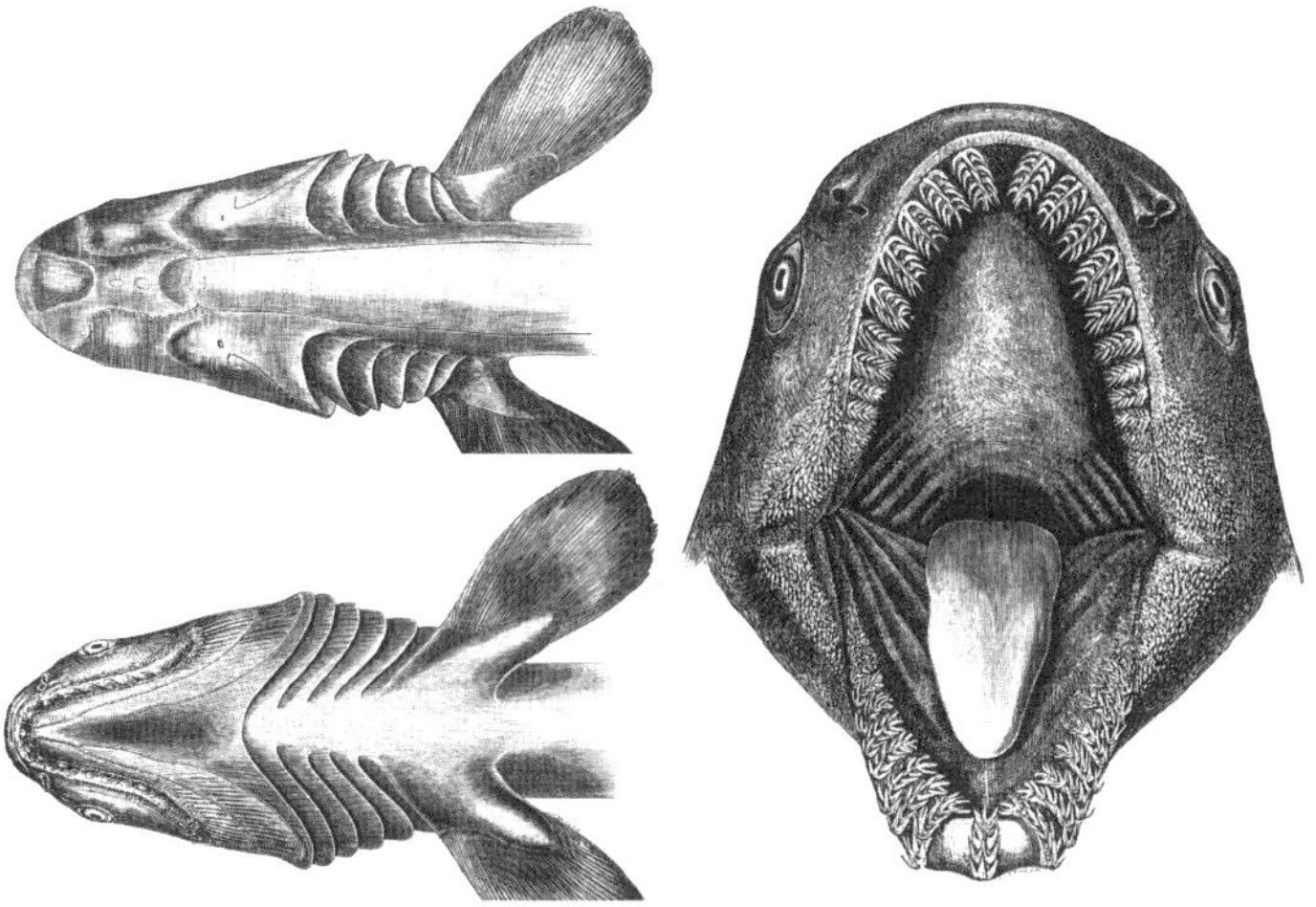

図1-11▶左上はラブカ頭部の背面観。左下は腹面観。右は、顔面を正面から見たところ。複雑な形態の歯列が見える。Garman（1885）より。

なやり方で、第一形態から第四形態へ、刻々と形と機能を変えるのでありましょう。うち、第一段階はいまのところ、海中から突き出した尻尾としてしか観察されておらず、その本体が果たしてどのような姿をしているのか、皆目見当もつかない。伝え聞くところによりますと、それはオタマジャクシのような格好をしていたであろうとのことでありますが、第二形態において後肢のみ生やしているところを見ますと、その説にはかなり信憑性があると言わねばならない。さらにその姿には、あたかも石炭紀に棲息していた巨大、かつ獰猛な両生類、クラッシギリヌス*Crassigyrinus*を思わせるものがある。では、それがカエルのような両生類かというと、必ずしもそうではない。と申しますのも、第二形態の頸部にはいわゆる鰓孔《えらあな》が十前後開き、その頭部の形態が両生類より、むしろ原始的な深海のサメ、ラブカ*Chlamydoselachus* *anguineus*の容貌をも思わせるのであります[25]（図1-11）。

いずれ、第三形態への変態過程において頸部にある鰓が消失し、咽頭より膨出した肺を用いる循環系の成立、各動脈弓の変形、不要となった各種器官の退縮等に伴う大量の出血を見るわけでありますが、このような変態プロセスを、「形態発生過程において、幼体が水中生活に必要な（魚類や両生類の証としての）鰓を捨て、いままさに前哺乳類的となる瞬間なのである」と、昔の比較発生学者なら表現したでありましょう。かの官房副長官はいうなれば、前肢を生やしながら体型を変え、重心を移動させながら立ち上がったゴジラの幼体を目の当たりにし、そこに祖先が上陸した進化過程を見るが如き思いを禁じえなかったのであろうと、小生そのように判断するのであります。かくしてこれが、充分に科学的な言明なのだということを、すでにここにおられる皆さんは納得されるでありましょう。

今回のゴジラは発生・成長の過程でいくつもの顔を持ち、棲息域と行動を変化させるたびに、まるで異なった脊椎動物グループに属するような印象を醸す。これはもはや、反復というようなレベルではなく、むしろまさに、過去の比較発生学者達が発生に幻視したこと、そのものが具現化しておったのであります。変化が集団に徐々に進行するのが進化であり、昔の動物学者は、一つの生物個体の発生過程にこの同じ進化プロセスを重ねて見ていたのであります。

ただし、先にも申しましたように、今回の生物は我々の知る羊膜類としては極めて破格であり、直接発生を行う羊膜類が幼生形態を経ることからして不可解であり、まるで「動物の型にはまる限りどのような中間生物も可能である」と論じた解剖学者、かのジョフロワ＝サンチレールの予言を体現しているような印象すらある。そのようなわけで、今回のゴジラの上陸過程に似た変化があるとすれば、それは以前、米国のとある物理学者が、実験上の事故ののち徐々にハエに変身していったケェスにも比すべきかと……。かくして、今回の生物についても、ゲノムの中に複数の脊椎動物種の遺伝情報が無理矢理同居しているような印象があると、このように判断するにやぶさかでないのであります。

尻尾の謎

その印象が確実になりますのが、血液凝固剤による凍結に際し、かの巨大生物の尾部に現れた、あたかも不完全なヒトを思わせる、しかもゴジラ的な背鰭《せびれ》の生えた、あの不気味な構造群なのであります。果たしてあれは何であったのか。

一つの可能性といたしましてはですな、ゴジラゲノムの裡なる「ヒト発生用遺伝子制御ネットワーク」が、特殊なストレス下においていわば「造反」したのではあるまいかと、小生そのように考えるわけであります。つまり、遺伝子発現プログラムに与えられた擾乱《じょうらん》ですな。そもそも尾部先端とは、最後の最後まで軸形成プログラムが進行する場所であり、しかも発生中、まかり間違えば尻尾ではなく頭部にすらなりかねない（そういうことは通常は起こらない）。つまり、体軸を形成する発生過程におきましてはですな、我々の頭部を作る遺伝子群と、尻尾を作るそれとは、もともとかなり近似しておるのであります。で、尻尾において独自に働いているこの遺伝子、えー、何と申しましたかな、「CD……」、いや、

「CJ…」、えー、「JF……」、とか何とか言いましたが、それをですな、たった一つ消し去るだけで、あ、イヤイヤ今回のゴジラの場合、「ゲノムが我々の八倍ある」ということでしたから、八種類の遺伝子機能を抑える必要がありますが……、ま、とにかくそれだけで、尻尾に頭部形成プログラムが部分的に走り出すことは可能であるらしい。しかし、その方法では頭の先端や口まではできないはずなのでありますが、尾の先端から熱線が放射されるからには、いわゆる「口」に類するものは恒常的に存在し、ひいては尾の先端を「前方」とするような発生の軸形成的位置価ができていたことが示唆されるのであります。実際、そこにはヒトの歯すら生えているとの報告もある、いやはや……。そういえば、あの「怪物」たちは、みな尻尾の先端へ頭を向けておりましたな。その方向性だけは、確かに辻褄があっておる、フムフム……。

かくして、何か異常な事態が生じ、ゴジラ遺伝子発現システムがパニックになった際、どこから不満が噴出するかと問うならば、おそらくその一つは尻尾であろうと小生は考えるのでありまして……、えー、何やらそんな寄生性の生物がいたとかいう話も最近どこかで聞いた覚えがございますが……、その問題の尻尾の遺伝子、えー、「JF……」、いや……、やはりこのぉ……、「JFOME」が正しい。で、この「JF……ぅー」の機能の欠失がぁ、現在、小生にとってぇ最も現実的な解釈なのでありぃ……。

——以下略——

［脚注］

23――入江直樹『胎児期に刻まれた進化の痕跡（遺伝子から探る生物進化２）』（慶應義塾大学出版会 2016）ならびに倉谷滋『岩波科学ライブラリー108 個体発生は進化をくりかえすのか』（岩波書店 2005）を参照。

24――「典型段階」は本稿執筆に際してあえて和訳した造語であり、正式には「ファイロティピック段階」と呼ばれている。

25――実際にこの第二形態は、ラブカを手本にしてデザインされたものらしい。

26――本稿執筆にあたっては、羊膜類の比較形態学的知見の多くを、小藪大輔博士、ならびに平沢達矢博士に頼った。

本稿初出――「ユリイカ特集号――『シン・ゴジラ』とはなにか」（青土社 2016）を大幅加筆訂正。

補論

リアリティのレベルに関する問題

映画「ジュラシック・パーク」(1993)には、それまで他の映画が決して真似できなかった、とんでもなく思い切ったシーンが一つある。それは、獲物(=人間)を狙ってじっとしているヴェロキラプトル *Velociraptor* の目の前を、ヘビがゆっくりと通り過ぎるという一カットであり、この時のヘビは生きている本物のヘビであり、いうまでもなくヴェロキラプトルは作り物である。したがって、場合によっては、このシーンの挿入によって「ジュラシック・パーク」の「作り物性」が暴露され、観客が我に返り、シラけてしまった可能性も充分にあったのである。しかし、そうはならなかった。それは単に、ヴェロキラプトルの造形が精巧であったというだけではない。そして演出や操演の巧みさだけでもない。このシーンに至るまでのシークエンスの全てが、観客に状況を充分納得させ、結果としてヴェロキラプトルに命が吹き込まれ、そしてそれを補うだけの造形が功を奏していたということなのであろう。これこそ面目躍如と言うべきか(もっとも、一九九二年の「ゴジラvsキングギドラ」において、牛の群れの背景を歩くゴジラも、「三大怪獣……」において、クジラを追いかけるゴジラも、なかなか様になっていたが……)。同時に、この映画の中では、ヘビと恐竜が現実の爬虫類として同レベルのリアリティを持って然るべき、そんな世界がまさに現出していたのである。この恐竜は、分子遺伝学的技術でもって再生されたものであったが、いうなれば、この映画の中で恐竜は文字通り「現実世界の中に、現実の生物として」連れてこられていたのである。「ジュラシック・パーク」を素直にSF映画に分類できない理由が、まさにそれである。現実世界における可能性と、徹底的に整合性を追求したこの映画は、内容的にはむしろ科学的疑似ドキュメンタリーに近い。

さて、話は変わるが、「海底軍艦」（1963）に登場した、ムー帝国の守護神である怪獣「マンダ」はいかにも東洋の「龍」の形態を持っている。これはつまり、この世ならぬ、そしてSFならぬ、神話の中の存在なのである。ここに、「ヤマトタケル」に連なる神話史観を感知するのはさして難しいことではない。これは、日本の神話体系の中に位置づけられた、帝国海軍の話なのである。よく知られるように、「海底軍艦」は明治のSF小説家、押川春浪による同名の原作を基にしているが、実際の映画にはいまから観ると、むしろ早すぎた和製スチーム・パンクのような味わいがある。興味深いのは、このマンダが一九六九年、近未来SFの体裁で作製された「怪獣総進撃」に再登場した時、龍のトレードマークである角や鬣が取り去られ、単なる「巨大な爬虫類」として描かれていたことである（実際それは、「キングコングの逆襲」（1967）に登場した大ウミヘビとあまり違いがなかった）。それはおそらく、物語の世界観を合わせ、他の怪獣と同じ土俵に置くためではなかっただろうか。あるいは、あの龍のままでは、あまりにも「吉良上野介」役のキングギドラと同じ顔になってしまうからなのだろうか。ならばそれも確かに功を奏していたように見える。

ただしその一方で、この映画を初めて観た私がどうしても納得いかなかったのは、むしろゴジラと（まぎれもない本物の恐竜という触れ込みの）ゴロザウルスが富士の裾野で同時に存在していたことだった。アンギラスがアンキロサウルスをモデルにし、ラドンがプテラノドンをモデルにしていたように、ゴジラも獣脚類恐竜か何かをモデルにし、みな等しくある程度の「東宝怪獣的デフォルメ」が施されていた(それを、本書では真面目に相手にしているのである)。ところが、ゴロザウルスはデフォルメのレベルが非常に低い、あるいはほとんどない、かなりリアルな恐竜そのものだった。ただし、実際には「ゴロザウルス」という名の恐竜はおらず、おそらくアロサウルス*Allosaurus*がモデルであると思われる。いずれにせよそれは、ちゃんとした獣脚類恐竜の格好をしているうえ、着ぐるみの造形があまりに優れているもので、中に入っている人間の体型を全く想像させないのである。であるから、ゴジラの横に、本物の獣脚類恐竜にしか見えないゴロザウルスを並べるというのは、「デフォルメした古生物怪獣シリーズ」のラインナップをどうしても不揃いにしてしまう。これによってリアリティのレベルが一挙にずれてしまったと感じたのは、おそらく私だけではなかったと思う。最近これを思い返す時、私はつい、「ジュラシック・パーク」の問題のシーンを連想してしまうのである。

緊急レポート

巨大不明生物への形態発生学的アプローチ

環境省自然環境局野生生物課長代理　尾頭ヒロミ

注記——以下の論考は、過去のゴジラが全て存在したという仮定の下に書かれているので、映画「シン・ゴジラ」の内容とは若干異なる。

緒言

二〇一六年一一月、東京を蹂躙した巨大不明生物、通称「ゴジラ」に関し、過去数か月間、この生物が通常動物の単に巨大化したものとは考えられないとする議論が、……（中略）……以下では、国立城北大学医学部解剖学教室、ならびに独立行政法人遺伝発生生物学研究所形態進化研究室の共同研究グループ、すなわち「形態発生班」による、ゴジラ頭頸部形態に関する比較解剖学的、比較発生学的、分子遺伝学的見地からの第一回中間報告を、オブザーバーの尾頭ヒロミがまとめる。なお、各論についての専門的詳細は、添付の論文を参照されたい。

頭頸部の比較解剖学的所見

先般現れた巨大生物（以下、公式に定められた呼称に従い「ゴジラ」とする）の詳細な分類学的位置に関しては、ゴジラゲノムの組成と相まって問題を多く残す。したがって、本稿ではまず留保し、考察において詳述する。このゴジラには、通常の羊膜類に見られない、極めて特異的な発生、解剖学上の特徴が認められる。これもまた、ゴジラの発生学的組成の解明に大きなヒントとなる可能性があり、以下にそれを報告する。

ゴジラ第四形態の頭頸部においては、明瞭に鰓孔《えらあな》の開口部が背側に移動し、通常の脊椎動物として解剖学的に不可能な位置に見出される。無論、ゴジラが陸上に上がって後には鰓が不要となり、それに伴い鰓孔も実際に閉塞するとおぼしく、その顕著な形態変化の過程は第二から第三形態への移行時において観察されているが、その際、鰓孔の位置が発生経過とともに大きく変化することが類推される。それは、以下に述べるような、頭頸部に見られる他の形態構造との相対的位置関係の不自然な変化によって窺い知ることができる。

第四形態に明らかなように、ゴジラには、哺乳類特異的な胸鎖乳突筋★を思わせる筋が存在し（それは第二形態においては不明瞭で、第三形態では明らかに存在する）、それは項《うなじ》に始まり、鎖骨—胸骨間の関節部に向かって伸び、記録映像より、それが頭部を下方に向けたり、頸部を旋回させる際に機能する様子が観察できた（ヒトにおいても同様の機能が示され、それは先般、山根博士がゴジラ哺乳類説を提出した根拠の一つとされ

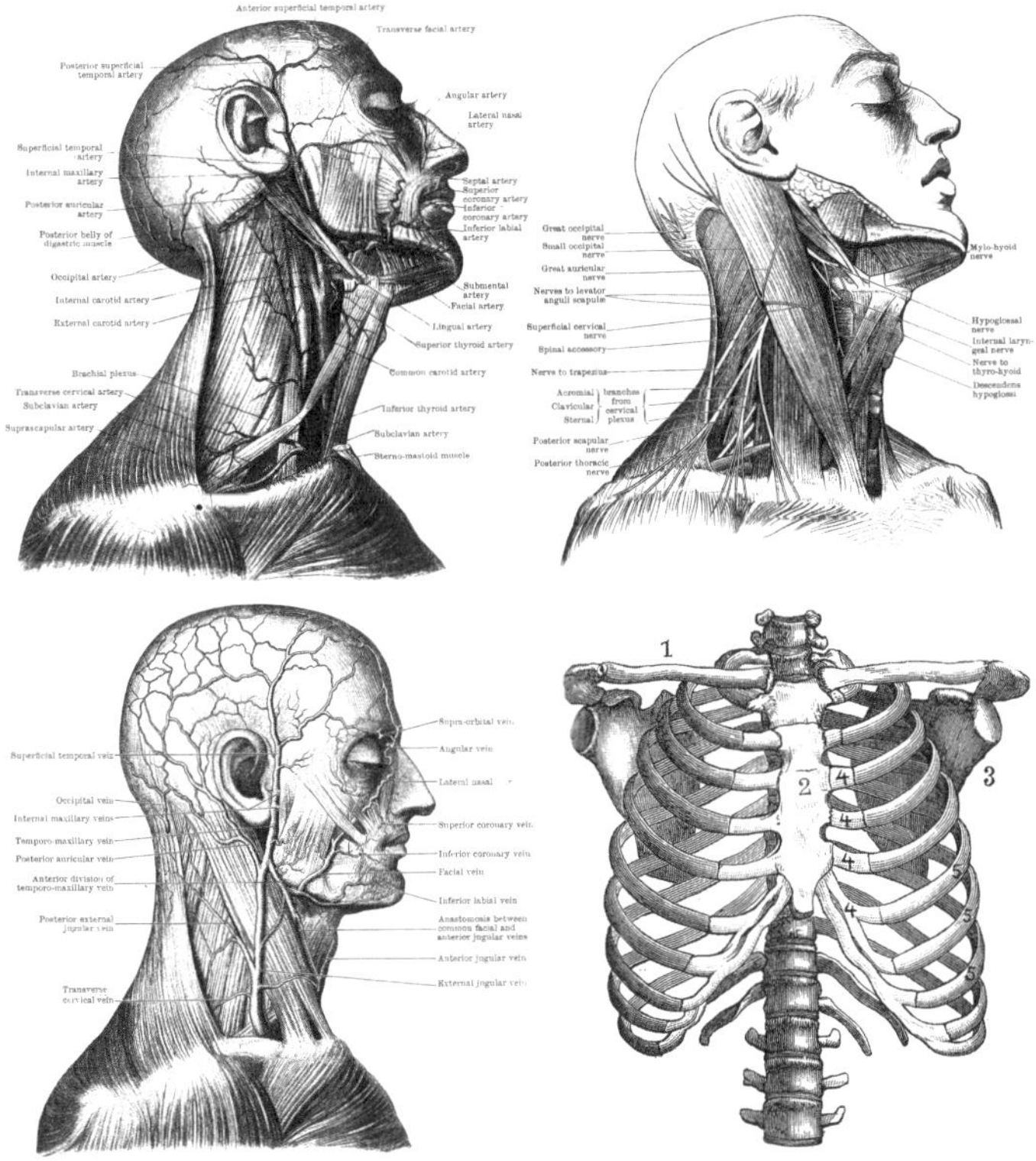

図2-1▶右：哺乳類における胸鎖乳突筋。耳のつけ根から胸にかけて斜めに伸びる筋がそれ。
右下：ヒトおける肩帯と胸郭を腹面から見たもの。胸鎖乳突筋が付着する骨格要素の1つ、鎖骨（1）を認める。2は胸骨、3は肩甲骨。恐竜や鳥類の鎖骨はV字型をしており、ゴジラに見るものとはかなり異なる。

ていた。図2-1）。過去に現れた個体と比較すると、この筋を明瞭に持つものは、おそらく今回のゴジラが初めてといってよく、そのため、とりわけ頸部筋から胸骨、そして肩にかけて、この生物の形態を極めて哺乳類的に見せている。これと関連し、一九六六年、某所弾丸道路の工事現場に出現したゴメテウス *Gometheus japonicus* の生き残り（通称ゴメス）を死後解剖した際にも、この筋の存在したことが記録されており、後者の生物が哺乳類の祖先型であったという、当時の古生物学的学説を裏づけている（したがって、一九六六年当時、専門家の間では、一九五四年に出現した最初のゴジラとゴメテウスの類縁関係が極めて近いと考えられていた）。

★——胸鎖乳突筋は、哺乳類の頸部筋の一つで、胸骨、鎖骨に起始し、頭蓋の乳様突起から後頭骨にかけて停止する。頸を曲げ、回転させる機能を持ち、副神経と頸神経によって支配される。僧帽筋もまた頸部筋の一つで、それは頭骨後頭部から胸椎レベルの脊柱に起始し、鎖骨、肩峰、肩甲棘に停止する。やはり、副神経によって運動支配される。

比較形態学的に胸鎖乳突筋は、いわゆる「僧帽筋群」と呼ばれるものの一つであり、哺乳類における胸鎖乳突筋と僧帽筋を合わせたものが、爬虫類その他の脊椎動物における単一の筋、「僧帽筋」と相同であるとされる。★（図2-1・2）つまり、哺乳類においてのみ、この筋は上下に分裂する。この分裂した二筋の間の空所を、特に人体解剖学では「後頸三角」と呼ぶ（図2-1）。爬虫類における僧帽筋は胸骨に伸びることはなく、それは肩峰に停止する。後者のような状態は、二一世紀になってから出現が記録されているゴジラ数個体に見る僧帽筋の位置と酷似しており、これらにおいては、頸部両側を前後に走る高まりの中に、この筋が位置し、今回の生物におけるのと同様の機能を果たすとおぼしい。

★――顎を持たない原始的な円口類（図2-3）には、僧帽筋が存在しない。僧帽筋（群）はそもそも、顎を持って間もない原始的な脊椎動物（デヴォン紀に棲息していた板皮類（図2-4））において、頭部の甲冑が前後に分離し、脳頭蓋に対して肩帯が可動性を持った際、頭蓋の下制筋として働いていた筋がその起源とされ（図2-4A・B）、サメのような動物（いわゆるサカナの類）では、それが頭部と体幹部、そして咽頭をつなぎ止める三角形の筋となり、さらに頸の伸長に伴い、羊膜類に至っては首

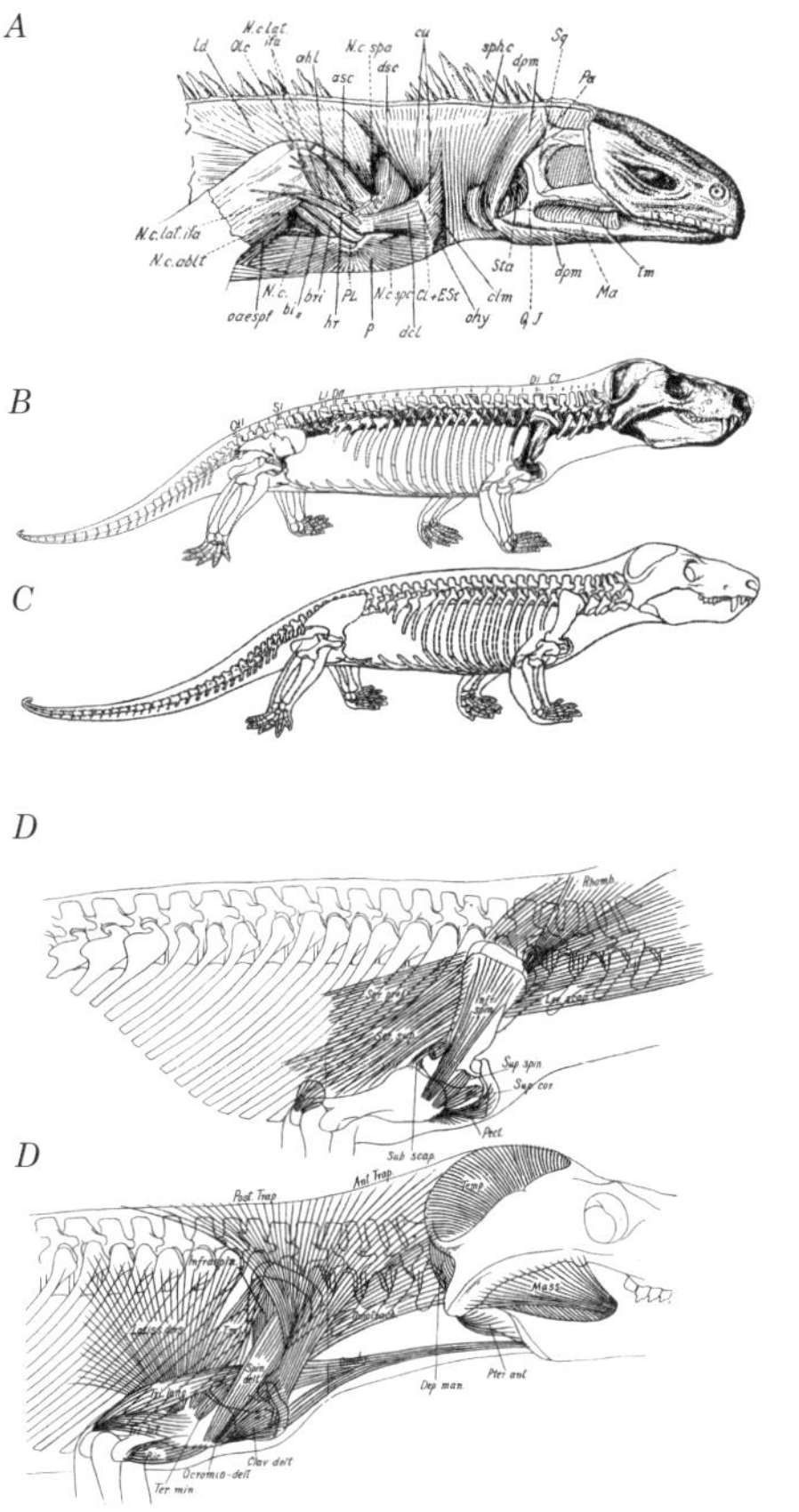

図2-2▶僧帽筋の進化を示す。
A：原始的な鱗竜類、ムカシトカゲ*Sphenodon*の解剖。僧帽筋が単体として存在し、その付着部は肩峰に終わる。
B、*C*：獣弓類に属するキノグナートゥス *Cynognathus*の全身骨格。
D、*E*：キノグナートゥスの肩の筋群。Eでは、僧帽筋が前部と後部に分かれ、前部が胸鎖乳突筋として分化し始めている。Gregory（1918）より。

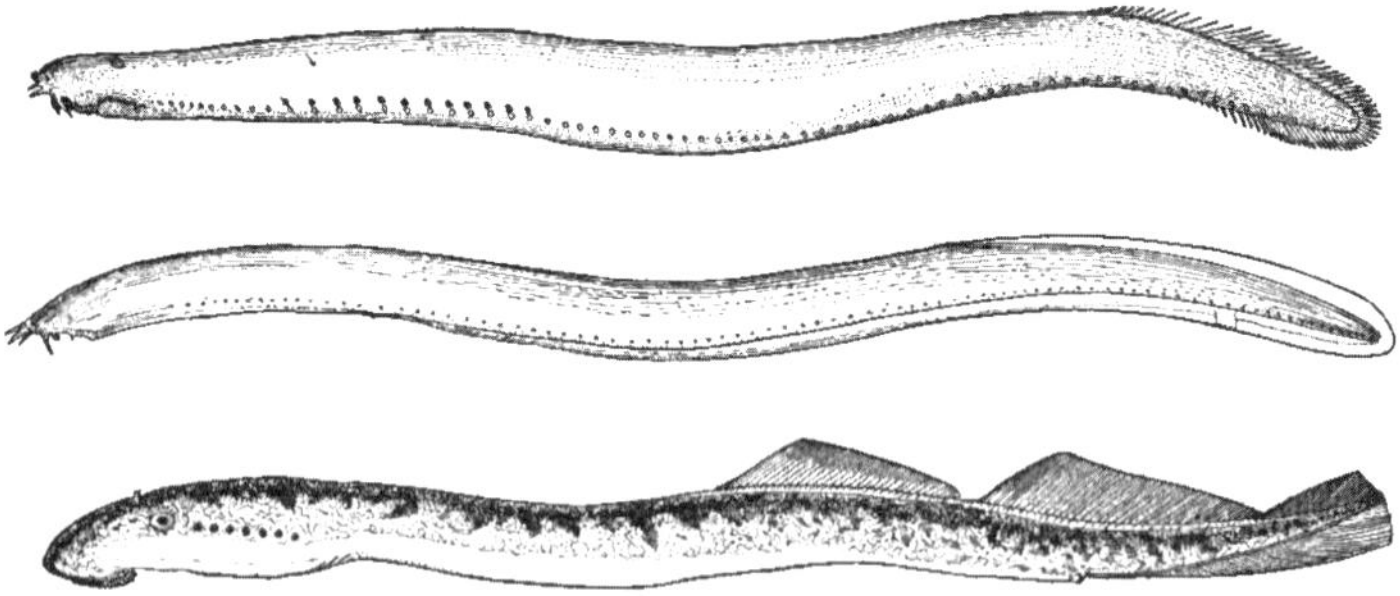

図2-3▶円口類。上の2段がヌタウナギ類、下はヤツメウナギ。脊椎動物の歴史の黎明に、最初に分岐した系統の1つと考えられている。他の脊椎動物とは異なり、これらの動物には顎がなく、頸を特徴づける僧帽筋も存在しない。Dean（1895）より転載。

や肩を動かす要の筋として機能するようになった。哺乳類における僧帽筋の分裂は、頸部の可動性をさらに高めるための適応であるとされる。

僧帽筋群は、あらゆる現生顎口類の胚において、咽頭、すなわち鰓《えら》を後方で取り囲み、その後方での分布限界は肩帯の発生位置に一致する（図2-4・5）。すなわちこの筋は常に鰓孔の背側後方に見出されなければならない。ところがゴジラでは、第二形態から第三形態への変形過程において、胸鎖乳突筋が僧帽筋から分離し、鰓孔を飛び越して大きく腹側へ移動するように見える。結果、ゴジラでは、かつて鰓孔が開いていた部分が後頸三角に見出されることになり、さらにそれが夜間明るく光る、首輪を思わせるあの特徴的なラインとなる。

ここに、あたかも人為的な操作に由来するとおぼしい、ある種の不自然さを感じる比較発生学者は多い。なぜなら、この後頸三角は本来、脊髄神経の皮枝である鎖骨上神経、なら

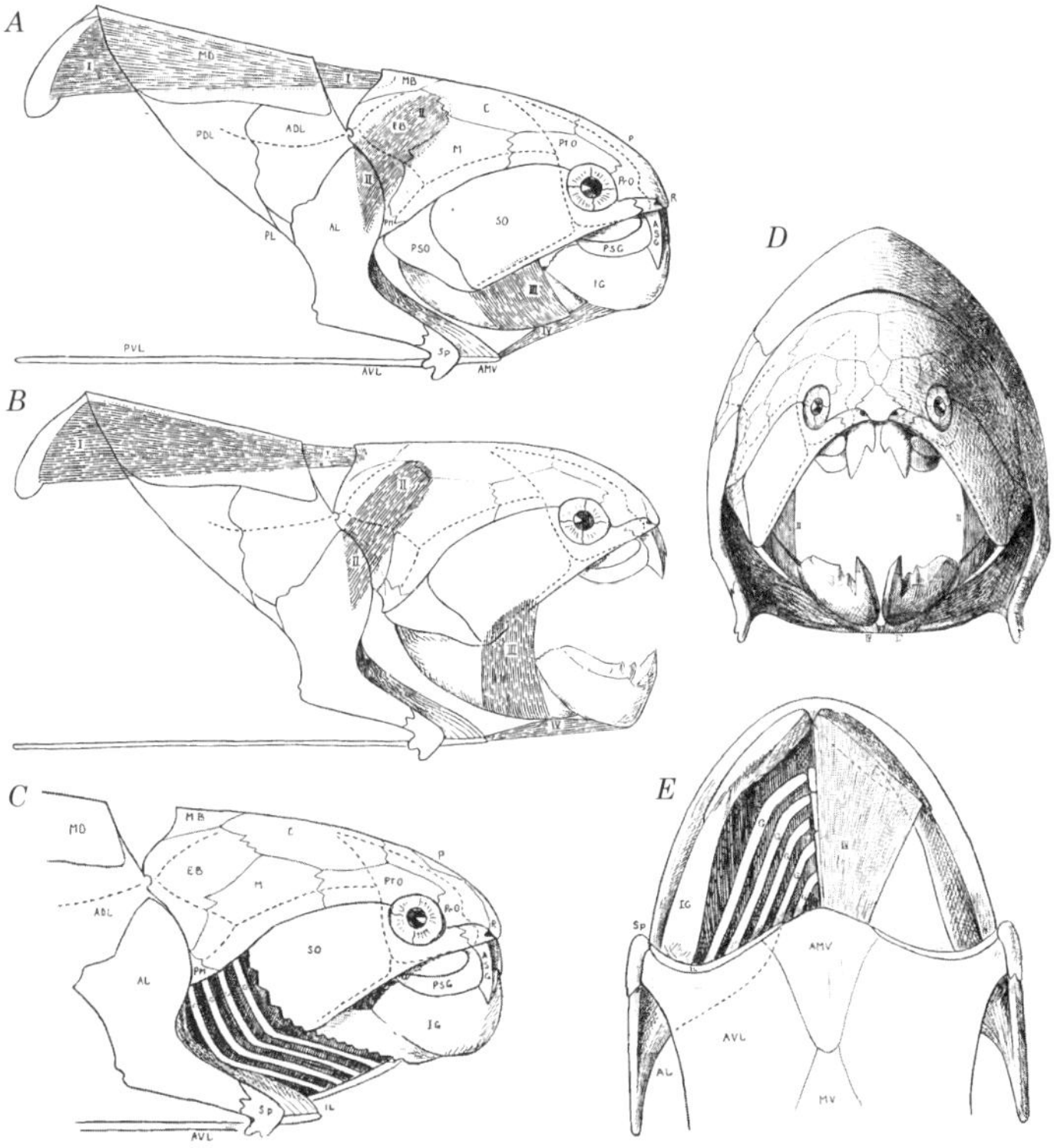

図2-4▶板皮類は顎を持った最初の脊椎動物のグループである。ここに示すダンクルオステウス*Dunkleosteus*（以前はディニクティス*Dinichthys*とも呼ばれた）は、板皮類の中でも比較的特殊化した節頸類の1つであり、体長は6～10mもあったと推定され、デヴォン紀の海において生態系の頂点にあった動物と考えられている。*A*、*B*に見るように、板皮類では頭部の甲冑が、肩帯のそれと関節し、2つの筋でもって両者が繋がり、その2筋のうち、腹側のもの（下制筋）が上顎ならびに神経頭蓋を下方へ動かしていた（つまり、咀嚼の補佐をしていた）ことがうかがえる。この筋が、現在、我々に見る僧帽筋＋胸鎖乳突筋の前駆体となったと考えられている。*C*と*E*は、ダンクルオステウスの頭蓋部皮骨の一部を除去し、内部にある鰓の位置を示す。前の図と比べ、下制筋が鰓の背側に位置していることに注意。*D*は正面からの図。Heintz（1932）より転載。

びに外頸静脈の通り道であると同時に、その内部に斜角筋や肩甲挙筋、腕神経叢などが位置し、哺乳類独特の形質と見なされているが（図2-1右上）、今回のゴジラにおいてはこれら構造群の一切が確認できず（もっぱら、先般の網羅的穿刺剖検に基づく）、しかもこの同じ場所が咽喉へと通ずるように見えるのである（第二形態においてここに鰓孔が開いていたことに注意。しかも、熱線を吐く際に「後頸三角」に相当する位置が光る）。すなわち、哺乳類と類似のゴジラ胸鎖乳突筋が、哺乳類における同名筋との収斂、すなわち単なる偶発的な「他人のそら似」を示す可能性は極めて高く、しかもゴジラには通常の羊膜類が本来持つべき器官構造のいくつかが退化、もしくは消失している様がうかがえるのである。後述するように、個体発生過程における形態変化も、この考えを裏づけるものである。

ゴジラの解剖学的形態には、他にも注目すべきいくつかの特徴が見出される。すなわち、体表に異常に高く盛り上がったその胸骨柄は、この動物に胸骨舌骨筋が存在しない可能性を強く示唆し、それは哺乳類との類似性を示唆する上記の報告とは裏腹に、むしろ鳥類（そして、おそらく恐竜類）を含む一群の主竜類の解剖学的パターンを彷彿とさせる（主竜類との類似性に関しては、添付資料1、山根恭太郎博士による講演原稿、ならびに別項参照）。これは、可動性の高い、長い頸部をもつ動物にしばしば見られる特徴である。一方で、上肢には四指のほか、痕跡的な第五指が見られるが、これは獣脚類恐竜の上肢指が常に退化的であることと大きく矛盾する。このように、ゴジラには哺乳類と主竜類において相反する特徴が同時に混在し、そればかりか、脊椎動物として甚だ矛盾した形態パターンも示唆される。

一つの可能性として、ゴジラの頸部構造が、大きな変形、もしくは単純化を経ており、結果として、通常予想される場所に予想される諸構造が見出されない状態にあると認めるよりない（前述のように、羊膜類に存在する標準的解剖形態要素が一部欠失している）。さらに、ゴジラが発生上の形態変化を経ながらも、つねに哺乳類や一部の恐竜類と共通する、ある程度の長さの頸部を常に明瞭に維持していることは強調されて然るべきである。すなわち、そのような特徴を持った動物は、現在地球上に存在しないのである。これらの点から、先の山根博士による、古典的反復説に依拠した説明は、少々表層的に過ぎるものであったと考えられる。

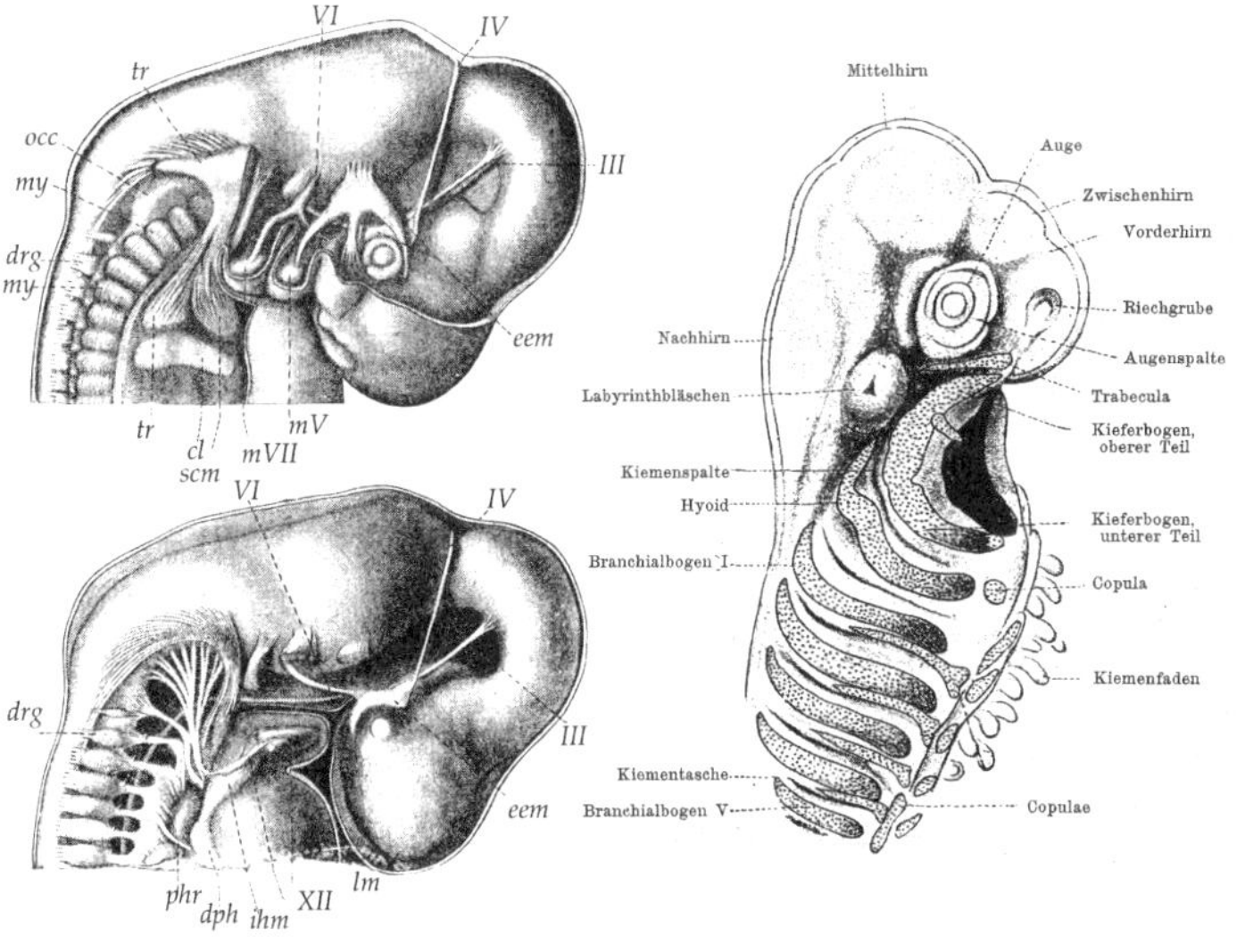

図2-5▶左：哺乳類の咽頭胚。僧帽筋（tr）と胸鎖乳突筋（scm）の原基が、互いに別れながら鎖骨（cl）の方向へ向かっていることに注意。ここでも、僧帽筋群は咽頭を背側後方から回り込んでおり、これらの筋の背側に鰓孔が開くことは不可能であることがわかる。板皮類に成立した形態パターンが、哺乳類においても保存されていることがわかる。Keibel & Mall（1910）より。
右：サメの咽頭胚。基本的に哺乳類と同じ形態パターンが保存されていることがわかる。が、哺乳類に比べ、サメにおける鰓弓系（鰓の並び）は、咽頭胚の頃からすでに大きく後方へ広がっている。Kollmann（1898）より。

皮膚と附属構造物についての比較形態学的考察

今回のゴジラの皮膚は、過去における類似生物の報告と同様、不規則な多角形の角質構造物★の集積よりなると思われるが、その詳細な分子的組成は現在、生化学班により解析中である。形態学的には、これまでの他の個体のそれに比し、繊維状の不定形の構造物が多く目立つ。それがいかにして銃弾やミサイルを跳ね返すのかについてまだ完璧には明らかにされていない。これに関し、いまからおよそ六〇年前、北上川上流において飛翔性怪獣バランを攻撃した際の説明として、「硬いことによってではなく、柔軟であるからこそ攻撃が効かない」という指摘があったが、今回も同様の見解が報告されたことを述べておく。

★——表皮細胞内に角質が集積し、死ぬことを角質化という。これが集合して角質構造物となり、それはとりわけ羊膜類において著しく、爪や毛、サイの角、爬虫類の鱗などをもたらす。

加えて、これまで行われた断片的スペクトル分析の結果では、ゴジラ角質構造物中に、かなりの量の硫化鉄が含まれ（インド洋産のある種の巻き貝★のように、この金属化合物を外皮に用いる生物はすでに知られている）、とりわけ瞬膜については、ほぼ純粋な硫化鉄により構成されている可能性が示唆されている。そのため、ゴジラの実際の体重は、推定をはるかに越える可能性が高い（これは、報告された市街地の被害状況からも示唆されている）。これは、ゴジラの本来の棲息域、すなわち、深海、熱水噴出孔付近に由来するものではないかとの見解が提出されている。ちなみに、皮膚に含有される硫化鉄が、ゴジラの細胞内に蓄積、あるいは分泌されたものか、もしくは、皮膚表面に寄生する何らかの微生物による作用であるのかまだ不明であり、それを明らかにすべく目下解析中である。

★——ウロコフネタマガイ *Chrysomallon squamiferum* と呼ばれる、インド洋の水深二五〇〇メートルにある熱水噴出孔近辺に棲息する巻き貝（腹足類）のこと。体表に硫化鉄からなる鱗を持ち、そのためにscaly footという英名を持つ。

また、先般の市街地での攻撃により、多くの角質層の断片が剥離したが、そのいくつかは真皮を伴い、時間とともに増殖・形態形成的活性が認められ、クローンが成長を始めていたと見える断片がわずかにあったという報告がある。この現象についても目下、分子細胞生物学班が解析中であり、真皮乳頭下層ならびに網状層に高頻度で、扁形動物プラナリアにおける新生芽細胞（ネオブラスト）に酷似する細胞が多数見出され、その分化万能性が疑われている。希に、断片からも、クローン形成の活性が認められたという不確かな実験報告があったが、それが胚芽層中のメラノサイト★（哺乳類のものに酷似）に由来する可能性につき、目下検証中である。

★——色素細胞の一つ、メラニン細胞ともいう。表皮内に存在するものを、特に「表皮メラノサイト」という。

ゴジラに関し、これまであまり言及されることのなかった特徴が、通常「背鰭」と呼ばれることの多い、背中を前後に走る数列の突起群である。おそらくこの突起は、単なる角質構造物ではなく、二〇〇二年に東京湾海中より引き上げられた骨格に見るように、骨質板を主体とする。このような構造は、通常、現実の獣脚類恐竜には存在しないが、多少とも似たものであれば、ペルム紀に棲息していた単弓類の仲間、ディメトロドン*Dimetrodon*やエダフォサウルス*Edaphosaurus*が、「帆」のような構造を背中に備えていたという（図2-6）。これらは、神経弓、すなわち内骨格要素としての椎骨の一部が背側へ伸長し、その間に皮膜が張ったものであり、通常、放熱のために機能していたのではないかと理解されている（類似の構造を持つ恐竜類として、スピノサウルス*Spinosaurus*やオウラノサウルス*Ouranosaurus*も知られる）。山根博士により最初に提示された、ゴジラが単弓類との類似性を示すという可能性の根拠は、ここにも求めることができる。

いま一つの可能性は、ジュラ紀に棲息していた剣竜、ステゴザウルス*Stegosaurus*の骨板がゴジラの背鰭《ひれ》に該当するというものである（この動物は、山根博士がとりわけ好んでいた恐竜でもあった）。形態的には、後者がよりゴジラの背側突起に似る。ちなみに、この鳥盤類恐竜は草食性であり、したがって、分類学的には獣脚類とは大きく離れ、むしろアンギラスの祖先であったとされる、白亜紀のアンキロサウルス*Ankylosaurus*により近縁であるということになる。いずれにせよ、装甲や突起、角のような構造は、哺乳類においてもそうであるように、本来草食動物がよく発達させるものであり、ゴジラの背鰭が真にこれに類したものかどうか、甚だ疑問であると言わねばならない。

ステゴサウルスの背中の突起もまた骨質からなり、そこに存在した血管網より体温調節に用いられていたと考えられている。しかしそれは、ディメトロドンの「帆」とは異なり、おそらく外骨格性の皮小骨片、いわゆる「オステオダーム」が異常に発達したものよりなるとおぼしい。興味深いのは、ステゴ

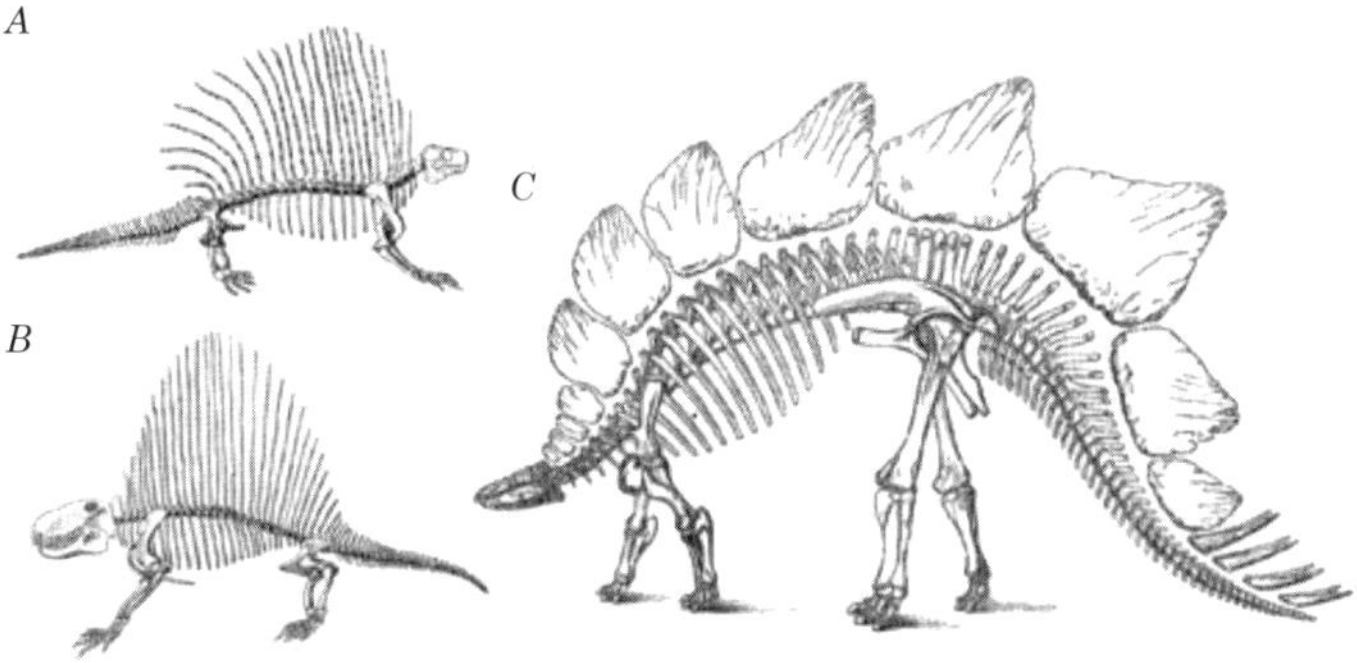

図2-6▶*A*：エダフォサウルス。Williston（1925）より。
B：ディメトロドン。Williston（1925）より。
C.：ステゴサウルス。Wiedersheim（1909）より。

サウルスの二列の骨板が左右対称ではなく、互い違いに出来ていたことであり、発生学的にはここに、何らかの物質のなす拡散波による誘導作用が働いていたことが強く示唆される。一方、ゴジラにおける背鰭は、個体により列数が異なるものの、常に中央に最も丈の高い列が出来、その外側に、中央のものと互い違いに丈の低いものが順次出来ている。このように、列の数が違うものの、その発生機構的基盤にはステゴサウルスの骨板に推測されるものと共通の分子基盤があったことをうかがわせる★。ここにはしたがって、成長因子の拡散をベースにした発生上の機構が想定されるが、それは必ずしも、ゴジラとステゴサウルスが近縁であることを意味しない。実際、オステオダームではなく、角質構造物としての爬虫類の鱗の発生には（多くのカメ類において示唆されているように）、これと同様の誘導因子の拡散と側方抑制によるパターン形成がすでにいくつかの動物種において報告されており、動物の形態形成においてしばしば、複数の系統で独立に用いられることの多い、汎用的な発生機構とするのがより妥当であろうと思われる。つまり、形態パターンの類似は、共通の祖先を示唆することもあれば、類縁性とは関係なく、共通の発生機構が広く用いられていることを示す場合もある。後者もまた、いわゆる相似、つまり「他人のそら似」と言うべき類似性をもたらすことになる。

★——独立行政法人遺伝発生生物学研究所研究員の平沢博士によると、概して主竜類の背側の附属構造物は有対性である傾向が強く、単一の構造が正中に出来ることは希であるという。無対性の構造はむしろ鱗竜類に特有のものであり、その典型をロンギスクアマ*Longisquama*やイグアナの「背鰭」に見ることができる。この観点からすると、ゴジラは鱗竜類にも似るのである。その考察については資料1を参照。

ゴジラの尾と背鰭に関する諸問題、ならびに気嚢の存在が疑われることについて

ゴジラの尾は、従来の恐竜の復元図に描かれたように、だらりと地面に垂れていることが多く、とりわけそれは、竜脚類のそれを彷彿とさせる形状を示す〔図2-7〕。それは、近年の恐竜復元において半ば常識とされるような、「ムチ」のように空中に持ち上げられ、後方に伸びる尾ではない。むしろゴジラの尾は柔軟で、可動性もあり、歩行時には体のバランスを取るためか、非常によく動く〔それはとりわけ、「キングコング対ゴジラ」における歩行時、「モスラ対ゴジラ」における倉田浜干拓地からの出現時において顕著である。このような尾には、あたかもネコ科哺乳類のものを思わせるものがある〕。特筆すべきは、ゴジラの頭胴部に比して、尾が異様に太く、また長いことであり、それは今回の個体において特に著しい。それに関し注

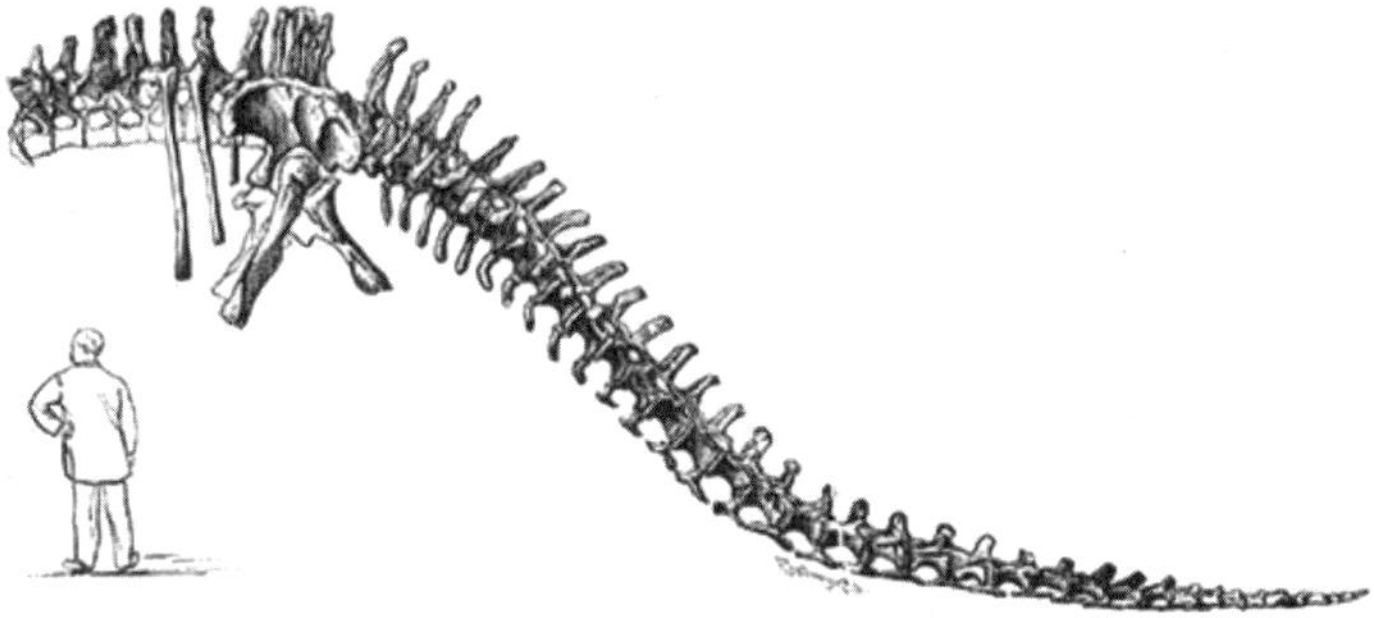

図2-7▶ブロントザウルス*Brontosaurus*（旧）の骨盤から尾部にかけての古典的復元。サイズの比較のために、人物が描かれている。実際の竜脚類においては、尾はこのように垂れ下がることはなく、むしろ高く空中に持ち上げられ、水平に伸び、体のバランスを取るために機能していたと考えられている。Wiedersheim（1909）より。

目すべきは、ゴジラが（しばしばオオトカゲに見られるように）他の巨大生物を打ち据えたり、建造物を破壊するためにこの尾を用いる傾向が顕著であることであり、その理由でこの尾は、本質的に二足歩行のためのバランサーとしてではなく、むしろ攻撃のための構造であると理解するのがより適切と考えられる。

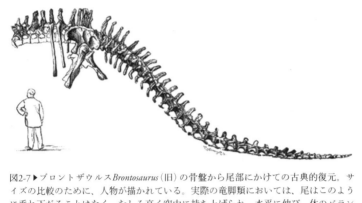

形態学的に不可解なのは、この尾が一見、分節繰り返し的パターンを持つ「節」の連なりから成ることである。このような形態を示す尾は、決して主竜類には現れない。一九九〇年代に出現した個体においては、背中の突起と同様の構造が、一つの尾分節に付き一つずつ生えていた。つまり、ゴジラの尾の分節は、突起とともに一つの「構造的単位（モジュール）」を構成しており、それが連続することで尾ができているように見えるのである。

ただし、今回現れた巨大生物においては、このようなモジュール性は必ずしも明瞭ではない。おそらく二次的に不明瞭になったものと思われる。いずれにせよ、この分節パターンは、尾の内部に存在しているであろう筋肉や椎骨の分節パターンとはおそらく対応するものではない（ゴジラの尾の内部にある中軸骨格は、おそらく恐竜類の尾に似たものであると推測される）。成体羊膜類の尾には、筋節が単純に繰り返すことはなく、固有背筋と同様、前後に伸びた長い筋が束となって中軸骨格を覆うのが普通なのである。あるいは、尾の中の筋が単純な分節パターンで並んでいたなら、あのような器用な動きはできなかったであろう。したがって、ゴジラの尾に見る分節モジュールは、体軸の分節的な発生パターンを反映するものでも、内部構造の分節的配列を示すものでもなく、むしろ表皮と真皮の一部、とりわけ角質層のパターンによって構成された、昆虫や甲殻類における外骨格性の関節に似たものと考える方がよい。つまり、このような「節」があることによって、ゴジラの尾は高度な可動性を持ちうるのであり、それは背側正中の突起が節と同じリズムを刻むことと機能的に整合的である（もし、節と突起が互い違いになっていたなら、尾の可動性が著しく損なわれたであろう）。したがって、この尾に見る疑似分節構造は、本来弾力性を伴った強固な鞭状構造として進化した大型四肢動物の尾に、二次的に柔軟性と可動性を与え、攻撃のための器官として用いるために特殊化した、ゴジラ独自の派生的形質ではないかと推測されるのである（ちなみに、ゴジラにおいて武器として用いられる尾の機能は、獣脚類恐竜というよりもむしろ、一部の草食性の恐竜や竜脚類のそれを思わせるものがある。これもまた、ゴジラの分類学的素性を不明瞭にする一因となっている）。

今回初めて、ゴジラの個体発生過程の一部に触れる機会を得たが、最初に目撃された、海中から突出した尾（いわゆる第一形態のものとされる）には、分節パターンの痕跡はなかった。その尾は先端が扁平で、鰭状の構造をわずかに認めたが、それが水平方向に扁平であったのか、それとも垂直方向であったのか、確認はされていない（それが垂直であったという復元が、しばしばなされている）。いずれにせよ、尾の分節パターンは、おそらく第二から第四形態への移行時の、いずれかの段階において得られたものと思われる。重要なことだが、背側正中の突起群の多くは、第二形態の時点ですでに形成されており、それが尾に形成される分節パターンのためのプレパターン、すなわち分節化に先立つ角質化中心として機能するという可能性はある。

ゴジラの尾に関する最も重要な点として、その先端から熱線を発射することがあげられる。無論、羊膜類の尾の先端には通常このような開口部が存在しないため、これもまた、今回の巨大生物独自の機構、すなわち固有派生形質であると思われる。必然的に、この尾の先端には消化管に通ずる管腔が開くはずだが、通常脊椎動物の尾、すなわち総排泄孔（肛門）より後方には、消化管を形成する内胚葉上皮や、それを包み込む体腔が存在しない★。が、脊椎動物の基本解剖学的構築からこれを導く可能性は、主として二つある。

一つは、ゴジラの個体発生における二次神経管形成（secondary neurulation）が、通常とは極めて異なった様式で進行するという可能性であり、結果、ホヤのオタマジャクシ幼生に見るように、内胚葉細胞よりなる索状構造が前後軸に沿って尾の先端にまで伸長し、それがゴジラにおいて管腔を形成するに至ったという解釈である。いま一つの可能性は、恐竜類（鳥類をも含む）に見るように、内胚葉上皮から膨出した「気嚢（air sac）」と呼ばれる袋状構造が肺に多数形成され、体各部に伸び出し、その多くが背側正中の背鰭構造に終わり、そしてさらに一本の管が尾の先端に向かったというものである。後者が尾部の脊柱に沿い、背面に近い位置を走っていると仮定すると、それは、熱線の放射に先立ち、放射光が徐々に尾に沿って漏れ出す現象を上手く説明する。さらにいうまでもなく、後者の仮説は、尾の先端だけではなく、東京の蹂躙と「ヤシオリ作戦」発動時に明らかとなったように、背鰭から熱線が発せられることをもよく説明する。

★――節足動物や環形動物と脊椎動物との間で最も異なるのが、「尾の有無」である。脊椎動物の形態学においては、尾は単に体の後方部分をいうのではなく、明瞭に肛門より後方の部分と定義されている。したがって、脊椎動物の腸管は、体の後端にまで伸びているわけではない。これに対し、節足動物では体後端に肛門が開く。その意味で、節足動物には脊椎動物におけるような尾は存在しない。ただ、脊椎動物の中にも、体の後端に肛門が開くものがいる。両生類のアシナシイモリの仲間がそうで、ヘビのような細長い体の後端に、彼らの肛門がみつかる。すなわち、形態学の定義から、(あれほど長い体をしているにもかかわらず)アシナシイモリには尾がない、ということになる。このようなことが、脊椎動物における尾の特殊性を物語る。いまから五億年前のカンブリア紀には、ハイクイクティス*Haikouichthys*という、魚のような形をした原始的な前脊椎動物的動物が棲息していたが、その動物においては、肛門の位置がかなり体の後端に近いところに見出される。一方で、同様の祖先的脊椎動物、メタスプリッギーナ*Metaspriggina*においては、肛門は体の途中に開いている。おそらくこの頃に、脊椎動物の基本形態が定まりつつあったと考えることができる。

加えて、ゴジラが酸素を用いないエネルギー代謝を行うことが、文科省ならびに環境省から正式に示された以上、進化の一般的傾向として、不要となったゴジラの肺が(一部のサンショウウオにおけるように)

退化してしている可能性も考えられる（これについても、先般の穿刺サンプリングの際にほぼ明らかとなった）。形態進化における一般的傾向として、機能的要請から解放された器官は速やかに消失するか、さもなければ全く異なった機能を果たすべく変化しているはずであり、これは上の仮説にさらに信憑性を与える。同時に、ゴジラに気嚢が実在すれば、その恐竜類との類縁性（先日、山根博士によって疑問が提示された「ゴジラ恐竜起源説」）にさらに傍証を与えることになろう。この問題は、ゴジラの熱線放出の原理や、生理機能とも深く関わるところであり、さらなる検討を要する。

系統的位置についての考察と結論

先月東京都に現れた巨大生物「ゴジラ」が、爬虫類であるのか、哺乳類であるのか、はたまた何らかの水棲脊椎動物が著しく変形したものであるのかについて、まだ考察の余地が残るとはいえ、基本的な解剖学的構築の点から、それが脊椎動物の範疇にあることについては問題がない。すなわち……

❶体前方に明瞭に発達した頭部と頭蓋　❷下向きの口と一対の眼　❸背腹の明瞭な分化

❹背側の中枢神経系　❺腹側の消化器系

❻消化器系の前部である前腸、すなわち咽頭には鰓孔が開くこと

などが、脊椎動物であることの基本要件である（脊椎動物を定義する共有派生形質）。これに加え、

❶一対の外鼻孔　❷脊柱　❸顎　❹二対を越える肢を持たないこと　❺瞬膜の存在

が、現生顎口類の要件として満たされている。

ただ、それより下位の分類群への帰属となると、種々の問題が生ずることについては、すでに別のレポートに記されているとおりである（山根博士による講演記録）。すなわち、それが哺乳類であるためには、毛衣を持つこと、中耳に三つの小骨を持つことなど、満たされねばならない要件が増える。進化の過程で生じた生物であれば、進化的変化系列が解剖学的構築に刻印され、かけ離れた系統の動物に独特の形質を同時に持つことはできないはずだが、ゴジラにはしばしばそのような矛盾した組み合わせの形質を認めることができる。

先般の山根博士による考察に加え、今回の検索より明らかにされた形質状態の分布を以下に要約する（以下は主要な形質状態についてのみ、述べたものであり、その詳細については、後続するレポートを参照されたい）。

過去のゴジラ複数個体に見られる哺乳類、もしくは単弓類の共通派生形質として

❶下顎における下顎枝の発達　❷犬歯の分化　❸耳介の存在

❹表情筋の存在（眼輪筋の存在により、瞼が上から下に閉じる）　❺単一の骨性外鼻孔

羊膜類における原始形質として

❶変温性　❷羊膜卵を産むこと　❸体表の角質構造物

❹胸鎖乳突筋の不在　❺毛衣の不在　❻広範な唇を持たないこと

恐竜類的派生形質として

❶ゴジラザウルスに確認された一連の獣脚類の派生形質群

有鱗類的派生形質として

❶背中正中の突起群

固有派生形質として

❶分節パターンを伴った尾　❷背中に発達した奇数本の棘列　❸体表を覆う不定形の角質構造物

が、認められる。

これらの形質状態の分布より、過去のゴジラは原始的な哺乳類、もしくは哺乳類へ進化する途中の単弓類の一種が、一連の変化を経ることにより獣脚類恐竜との驚くべき収斂を果たすと同時に、いくつかの点で先祖返りを起こしたように見受けられる（図1-8）。かくして、ゴジラは（哺乳類へ至る途中の）獣弓類から進化した、哺乳類に近い、それ自体独自の系統をなす動物である……それが、最も理にかなった仮説である。ちなみにそれはゴジラが、人為的操作や、ゲノムの一部や個々の遺伝子の水平伝播を想定しない、ごく自然な進化過程によって生まれ出たという仮説を前提とするものである。

しかし、上と同様の動物として今回のゴジラを理解できるかというと、それはおそらく不可能である。班内の分類学専門家によれば、「最節約法に従って特定の動物系統に当てはめることは手続き上可能だが、それではあまりに多くの二次的消失と平行進化を仮定することになるばかりか（つまり、ロバストネスが極端に低い）、そのような解析が過去のゴジラの分類学的位置までをも無効にしてしまう」とのことであった。すなわち、今回のゴジラを含めた場合、どの解析法を用いた系統樹も決して頑強とはならず、整合的な仮説へ行き着くことはできない。すなわち、今回のゴジラに関しては、以下に見る互いに矛盾した形質状態が多数同居しているのである。

無羊膜類的形質として

❶鰓を伴う幼生世代　❷幼生期において尾部先端に生じた正中鰭

羊膜類的原始形質として

❶同形歯性　❷表情筋の不在　❸前肢に五本の指を持つこと

有鱗類的派生形質として
❶背中正中の突起群　❷左右に分離可能な下顎

主竜類的派生形質として
❶気嚢の存在　❷一部の舌骨下筋群の欠如

哺乳類・単弓類的派生形質として
❶胸鎖乳突筋と後頸三角の存在　❷肩帯の形態パターン
❸ストレス下において尾の先端に生じた異所的軸形成パターン

固有派生形質として
❶尾の先端、ならびに背中突起群に至る気嚢　❷体表を覆う、繊維状の角質構造物

今回の生物と過去のゴジラの間には、ごく少数の表層的類似性が見つかるのみで、それは上のリストのうちの二項目に限られる。つまり、今回のゴジラが過去の同名の生物と同じ系統に属するものであるとの仮説は棄却され、むしろ互いに全く異なった生物であるという仮説がより強く支持される。さらに

今回のゴジラには、いくつかの異なった動物の発生プログラムを組み合わせたような、いわゆる怪物「鵺《ぬえ》」を思わせる「キメラ性」を見ないわけにはゆかない。すなわち、この生物が、何者かによって意図的にデザインせられた分子遺伝学的人工物であるという現在の仮説を、積極的に考慮すべきであり、それはこれまでに明らかとなっているゴジラ核ゲノムの組成とも、一見整合的である。具体的には、脊椎動物、とりわけ四肢動物の複合的形態形成プログラムを合わせ持つ、人為的に作出された生物であると仮定することが最も適切であると、この中間報告においては判断する。

以上より、今後、生物界において最も大量の情報を含むとされるゴジラゲノムの組成、それが発生過程を導くに当たっての遺伝子制御機構の成り立ちを、多角的に分析する必要があると考える。

分子遺伝学的背景

先日提出された、本プロジェクトにおける大規模遺伝子解析班よりの報告では、今回のゴジラ核ゲノムの膨大な塩基配列情報の中に、明らかに異なった動物種に特有のコドン使用傾向の共存が認められ、かつ、コーディング遺伝子のアミノ酸配列より、既知の複数の動物種のシグナチャーが検出されたとのことであった。それは部分的に以下の動物に由来することが判明している。

ラブカ *Chlamydoselachus anguineus*

ウシガエル *Rana catesbeiana*
オオサンショウウオ *Andrias japonicus*
ニワトリ *Gallus gallus*
ヒト *Homo sapiens*（おそらく男女二個体）

解析班の解釈によると、当初、ヒトのゲノムの八倍の情報量を持つとの報告は、サイズが大きいことで知られる両生類二種のゲノムが部分的に加えられているために、用いられた動物種が多く見積もられたことによるものであり、これ以外に他の動物の遺伝子が含まれている兆候はこれまでのところない。

染色体の構造、シンテニー比較や、遺伝子の重複、欠失、非コード領域の解析は、現在進行中とのこと。これに関し、遺伝子制御に関わるとおぼしき非コード領域には、これまで報告のない未知の配列が多数含まれていることも判明している（上記の動物群のゲノム解析、遺伝子のアノテーションについては、すべて完了しているが、そのいずれにも含まれず、データベースにも登録のない配列が「ゴジラゲノム」に多数認められた。解析班は、これを人為的な作出によるものと推測している）。ヒトゲノムの半分については、それが牧博士本人に由来する可能性が高いとの報告があったが（米国研究所に保管されていた、牧博士の血液サンプルに基づく）、いま一人の女性の身元については一切が不明との報告であった。

さらに興味深いこととして、ゴジラ撃滅の翌日に行われた網羅的穿刺剖検により得られた各組織片のトランスクリプトーム解析★の結果から、各種細胞型、あるいは組織型における明瞭な動物別遺伝子発現に目立った偏りはなく、むしろ臓器、器官単位、もしくは器官系のレベルで僅かながらモジュラリティー（動物種別の差異）が検出されたとの報告を先週解析班より受けた。これより、ゴジラは器官・臓器の単位での低レベルのキメリズム（つまり、心臓は多少ヒト的で、筋はニワトリ的といったように、各臓器における遺伝子発現がどの動物のものに偏っているかというレベルでの）を示す可能性が示唆されている。以上を受け、当班では、ゴジラを構成するための発生プログラム・エンジニアリングの主要なシナリオならびに、仮想的フローチャート★を目下作成中であるが、以下の結論は中途段階であり、今後より各班とのいっそうの密な連携に加え、情報交換が必要となることについては論をまたない。

★——組織や細胞に発現するすべての遺伝子をmRNAの形で読み出し、このデータをもって遺伝子制御のネットワークや細胞型、細胞の分化段階、細胞の病理などを推測するための道しるべとする方法のこと。

個体発生上の変化

上の課題に当たり、まず、比較発生学的見地からの基本的研究方針を述べる。明らかに、今回のゴジラの発生、成長過程におけるクライマックスは、第二から第三形態への移行にあるとみなすことができる。なぜなら、それが形態学的な意味で明瞭に大きな変化を示すのみならず、その変化過程で、異なったグループの動物を代表する形態の間を移行するように見え、抜本的な形態変化（上肢の出現、鰓の消失）もこの時に生じているためである（理想的には、この推移における遺伝子発現データがぜひとも必要となるところである)。そして、それもまたもっぱら、二足歩行を実現するための頸部形態の成立と深く関わる問題を提起する。

この変化において理解せねばならないのは、発生と変態を通じて保存されているであろう、ゴジラの解剖学的基本構築パターンである。すなわち、サメから両生類、両生類から爬虫類へという変化を思わせるこの変態過程において、おそらく幼若段階において頸椎であったものは、永続的に頸椎となるであろうし、同様に、頸の後端に相当するレベルに上肢が形成されるべく特異化されていなければならない。

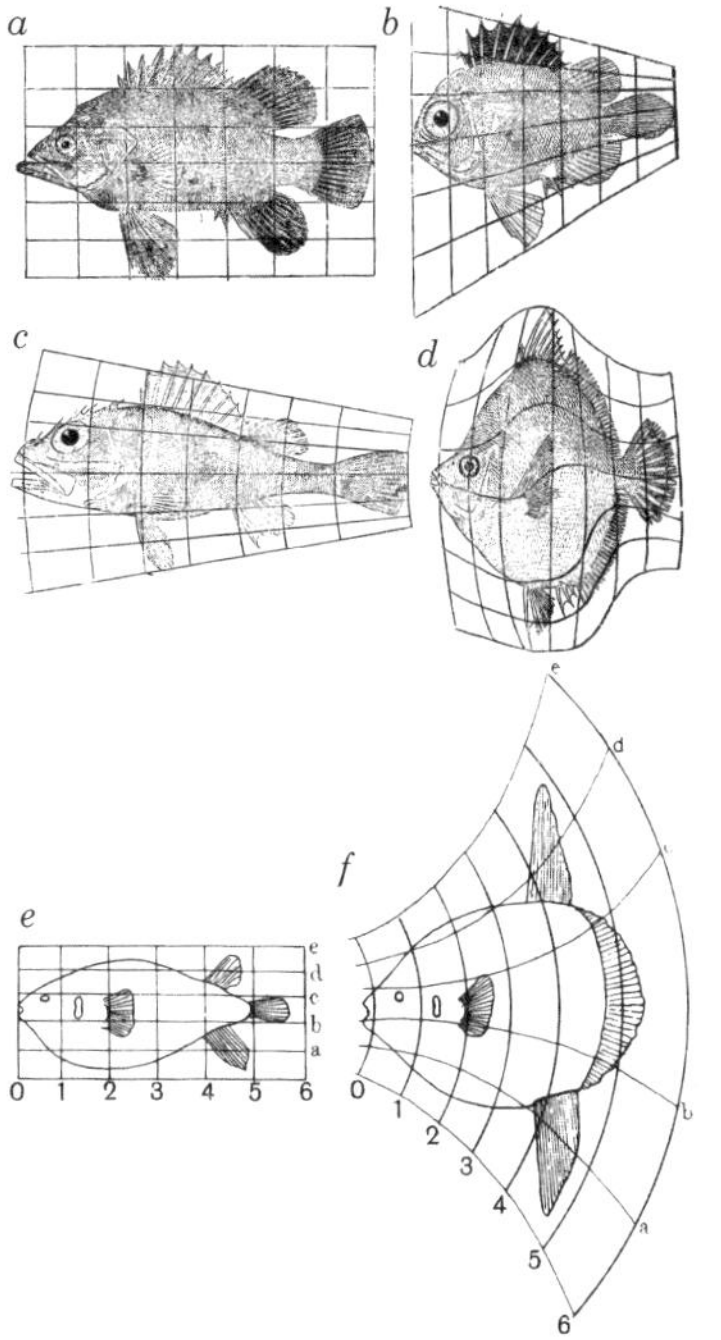

図2-8▶方眼格子をゆがめることにより、1つのサカナの形を、近縁な他の種に重ね合わせることができる。*a*:イシナギ*Polyprion*、*b*:クルマダイ*Pseudopriacanthus altus*、*c*:フサカサゴ*Scorpaena* sp.、*D*:ヒシダイ*Antigonia capros*、*e*:ハリセンボン*Diodon*、*f*:マンボウ*Orthagoriscus*。D'Arcy Thompson(1917)より。

つまり、ゴジラの形態変化の本質は、基本的には同一の繋がり方を維持した解剖学的形態要素の集合体が、単に比率を変えたり、一部消失したりする過程であったと予想される★（図2-8）。

★——脊椎動物に属する異なった動物群が共通のパターンをもち、そのために体の中の諸器官・諸構造が一定の繋がり方を示すという、ごく当たり前のことを最初に述べたのは、一九世紀フランスの解剖学者、ジョフロワ＝サンチレールであった。一方で、その共通性が、各動物群に独特のものであると述べたのはキュヴィエ男爵である。かくして、いきなり昆虫に鳥の翼が生えたり、ヒトデに爬虫類の目が出てくるようなことは決してなく、昆虫はそれが昆虫である限り、常に六本の歩脚を持つ。この傾向こそが、分類学を確固ならしめる。我が国に出現する怪獣が形態学的に現実的な存在たり得ているのは、以上のような比較形態学的ルールが怪獣の発生においても遵守されているからに他ならない。このように、進化の方向性には常に制限、もしくは拘束がかかっており、特に進化生物学的文脈においてはそれを「発生拘束」と呼ぶが、この拘束が系統特異的な方法で働いているからこそ、各動物の分類学的素性が明らかとなる。この理由で、ゴジラはともかくも羊膜類であると結論づけることができるのである。そして、形のルールが徐々に増加してゆくのが、まさに進化過程なのである。形のルールにしばられた形態進化については、二〇世紀の初頭、ダーシー・トムソンが、方眼モデルを用いて説明した（図2-8）。つまり、体の各部を伸び縮みさせることにより、極端に形の違った動物の多様化も、同じ基本形の比率の変化として説明できる。また、一九世紀においては、比較解剖学者のリチャード・オーウェンが、非進化的文脈において、あらゆる脊椎動物を同じパターンの下に包含する試みを行っている（後述）。これら両者に通ずるのは、動物体の基本的構成単位の種類と数については変化せず、個々の要素の量的な変化が全てを説明しうるという思考なのである。

確かに、山根恭太郎博士が先日の講演において述べたとおり、変態過程のそれぞれの段階においてゴジラが見せる形態には一見、サメや両生類など、非羊膜類を彷彿とさせるものがあり、結果としてその

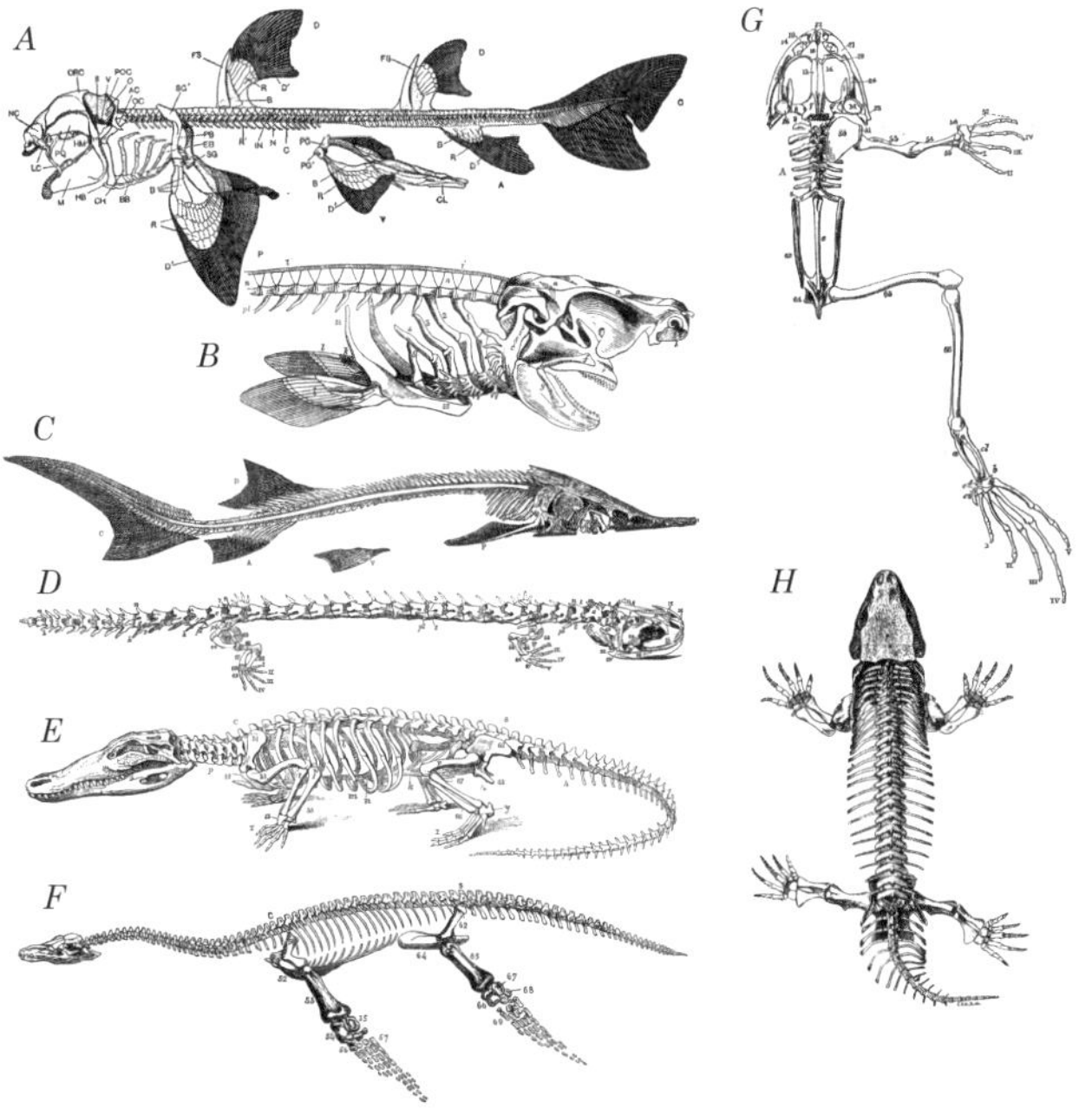

図2-9▶左列上から、*A*：ギンザメ*Chimaera*（軟骨魚類全頭類、Dean, 1895より）、*B*：サメ*Acanthias*（軟骨魚類板鰓類、Owen, 1866より）、*C*：チョウザメ*Acipenser*（原始的な硬骨魚条鰭類、Owen, 1866より）、*D*：オオサンショウウオ*Andrias*（両生類、Owen, 1866より）、*E*：ワニ（主竜類、Owen, 1866より）、*F*：クビナガリュウ（双弓類、Owen, 1866より）の骨格を示す。いわゆる「魚類」においては、胸鰭は咽頭の後ろに続き、軟骨魚類においては頭部と肩帯が遊離している。結果として、羊膜類の頸部に似た領域が出来ることになる。硬骨魚では、肩帯と頭蓋が鎖骨帯（鎖骨、間鎖骨＝胸骨柄とおそらく相同）を介して関節するが（軟骨魚類では鎖骨帯が二次的に失われている）、この状態は鰓が下顎へ向かって大きく前方にシフトしているために可能となっており、この点でより板皮類の状態に似る（図2-4を見よ）。四肢動物は硬骨魚類に含められるが、頭蓋と肩帯が遊離しているのは二次的状態であり、その傾向は双弓類にいたって顕著となる。
右列、*G*：無尾両生類（カエル）、Owen（1866）より。*H*：羊膜類の段階に最も近づいていたと目される化石両生類（迷歯類）のセイムリア*Seymouria*。これらの動物では、ほとんど頸がない。平沢研究員によると、セイムリア形類は幼生期に外鰓を持っていたために、その支持を担う骨である鎖骨帯が頭骨から離れられなかったと考えられる。羊膜類になって幼生期を捨て、鰓を失ったことにより、頸を伸ばすことが可能になったとも考えられる。Williston（1925）より。

変化プロセスには、いかにも進化過程を反復しているかの如き印象がある（図2-10）。ところが、実際の進化的系列においては、しばしばボディプランそれ自体が、形態パターンの質的変化を示し、それが発生過程で反復されることはない。つまり、ゴジラの変形過程において、進化の中間的段階になぞらえられた実際の動物（前肢を欠く無尾両生類の幼生＝オタマジャクシ）は、必ずしも完成体ゴジラに見るべき、羊膜類の基本的構成と同じものではないのである。換言すれば、発生過程においてボディプランレベルの変化（幼生において頸椎であったものが、成体における胸椎となるような）が起こることは不可能であり、いかなる動物の個体発生過程もそのような抜本的変更を示すことは知られていない★（図2-10）。すなわち、一種の動物が発生後期過程で見せる形態変化は、基本的に体各部の比率の変化のみによる。

★――頸や胸部の各領域に見出される椎骨数は、動物群によりまちまちであり、頸椎数は哺乳類でおおよそ七に固定されているが、そのことは、全ての哺乳類が、形態的に比較可能な同じ位置に上肢を生やしていることを意味する（頸の終わるところに上肢が生ずる。図2-12）。しかし、それは哺乳類だけに通用するルールであり、七つの頸椎を伴うこの状態は、実際の進化の系列では、板皮類から原始的硬骨魚類を経て、両生類段階に至り、さらに原始的羊膜類から哺乳類が成立する過程で徐々に数を増やしてきたものらしい（図2-9）。ちなみに、恐竜の頸椎は六〜一七の間にあり、哺乳類よりも遥かに緩やかに制限されていることがうかがえる。この範囲の中に哺乳類の頸椎数は収まっており、言い換えるなら、哺乳類の椎骨特異化プラン（すなわち、椎式）でもって、恐竜らしい頸部の形を作り出すことは充分可能なのである。

ゴジラの頸部から肩帯にかけての構造が哺乳類的であることについては上述の通りであり、おそらく頸椎数も一〇を大きく越えることはないと推定される。しかし、第二形態の頸部には多数の鰓があり、

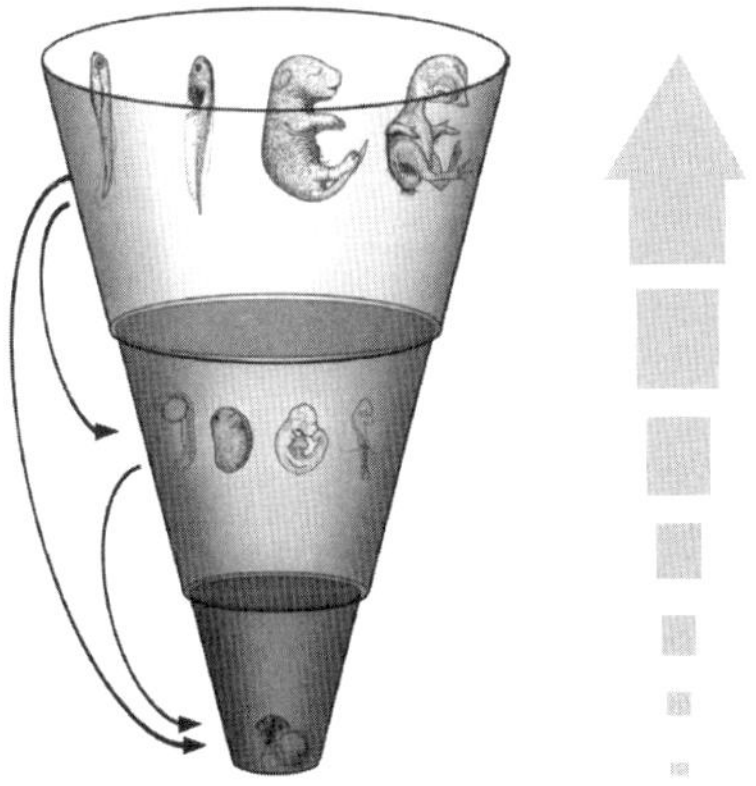
発生は常に、
それに先立つ胚段階に依存。
したがって、発生は
系統分岐に
似た方法で特殊化。
結果として進化を繰り返す？

漏斗型モデル

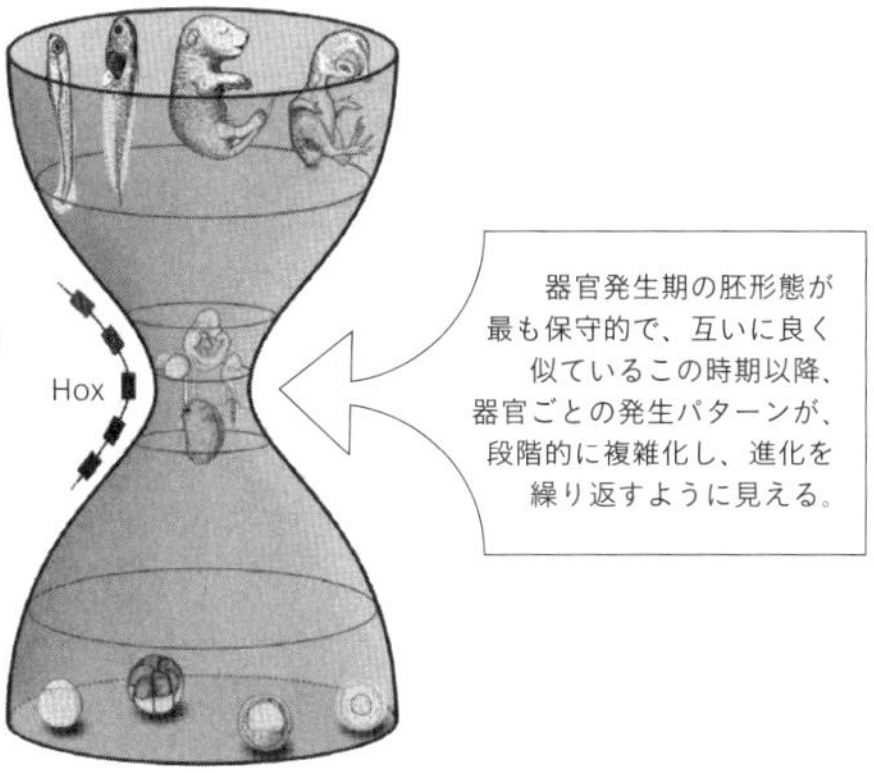
あるいは、
胚形態は、この時本当に似ているのか？
（外見的には似ていても、
Hox 遺伝子発現を介した
位置的特異化の
状況はすでに異なっている）
Hox コードの成立以降、
解剖学的形態プランが固定し、
発生は進化を繰り返すことができない．

砂時計モデル

図2-10▶発生と進化の関係についての、2つの異なったヴィジョン。上は、発生が進化的変化を繰り返すと述べたヘッケル的モデル。下は、現代の見解や、19世紀初頭に考えられた並行関係、そして19世紀前半のベーアによるモデル。器官発生期（発生中期）における胚の形態が、どの動物のものもよく似るとされた。ゴジラの作製においては、下の砂時計モデルが援用されたとおぼしい。胚のかたちは確かに、器官発生期において保守的となるが、これは頸椎や胸椎の数を定めるHox遺伝子群が発現する時期でもあり、ここから先、胚に現れる解剖学的基本形態パターンは進化を繰り返すことはない。入江直樹博士の作図に基づく。

それは現生のラブカに見られる「六」よりも多い、一〇もの鰓孔を伴う。この数は、現生顎口類（脊椎動物のうち、顎を持たない円口類を除いたもの）に見ることはできず、かろうじて円口類のうちのヌタウナギ類にそれに匹敵する鰓を見るのみである（図2-11）。つまり、ゴジラの第二形態は、見かけ上の印象だけではなく、ボディプランもラブカに似るが、それと同時に、鰓の数については現実の動物を上回り、人為的に増加せられたものと考えるのが、目下のところ最も理にかなう。★しかも、この段階においてはまだ上肢ができていないとはいえ、すでに鎖骨が関節しているとおぼしい胸骨柄の高まりを、鰓の直後に見ることができ、鰓（もしくは咽頭）と上肢の位置関係については、脊椎動物の基本パターンを守っている。無論、上肢の生えるべき位置も、この第二形態の時点ですでに決定されている（確かに、今回のゴジラでは、第二形態ですでに肢芽のようなものが確認できる）。

★——ラブカとゴジラ第二形態の類似性が強調される背景には、いくつかの明瞭な理由がある。吻部が発達し、そのために外鼻孔が吻の腹側に開く典型的なサメの顔面とは異なり、原始的な板鰓類であるラブカが外鼻孔を顔面の前方に持つこと、そしてラブカが他のサメより多い鰓孔を持つことである。このような第二形態の幼体が変態に伴って上顎を前方へ突出させれば、外鼻孔は顎の背方に開くことになり、ゴジラの顔面が完成する。通常のサメの形態からこのような形に変形することは難しい。これには、板鰓類の上顎骨格の組成が、他の顎口類と異なるという特殊な状況も関わっている。

ここで問題となるのが、頸に含まれる椎骨原基の数であり、第二形態での頸の長さは、相対的に第四形態のそれよりも長い。しかし前述の通り、脊椎動物の基本的ボディプラン（より正確には、動物グループ特異的なバウプランというべき）は、ホメオボックス遺伝子★の発現を介し、器官形成期に定まるため、第二から第四形態にかけての変化過程において、頸部の椎骨数（中胚葉分節の数）それ自体が変化することは考えられない（図2-10・12）。すなわち、上述の理由で、すでに骨化した組織の「再特異化（re-specification）」の如き現象が生じたとは極めて考えにくい。したがって、おそらくゴジラの変形の過程にあっては、椎骨数ではなく、各椎骨原基の長さが、この時相対的に減少したのであろうと推測される。

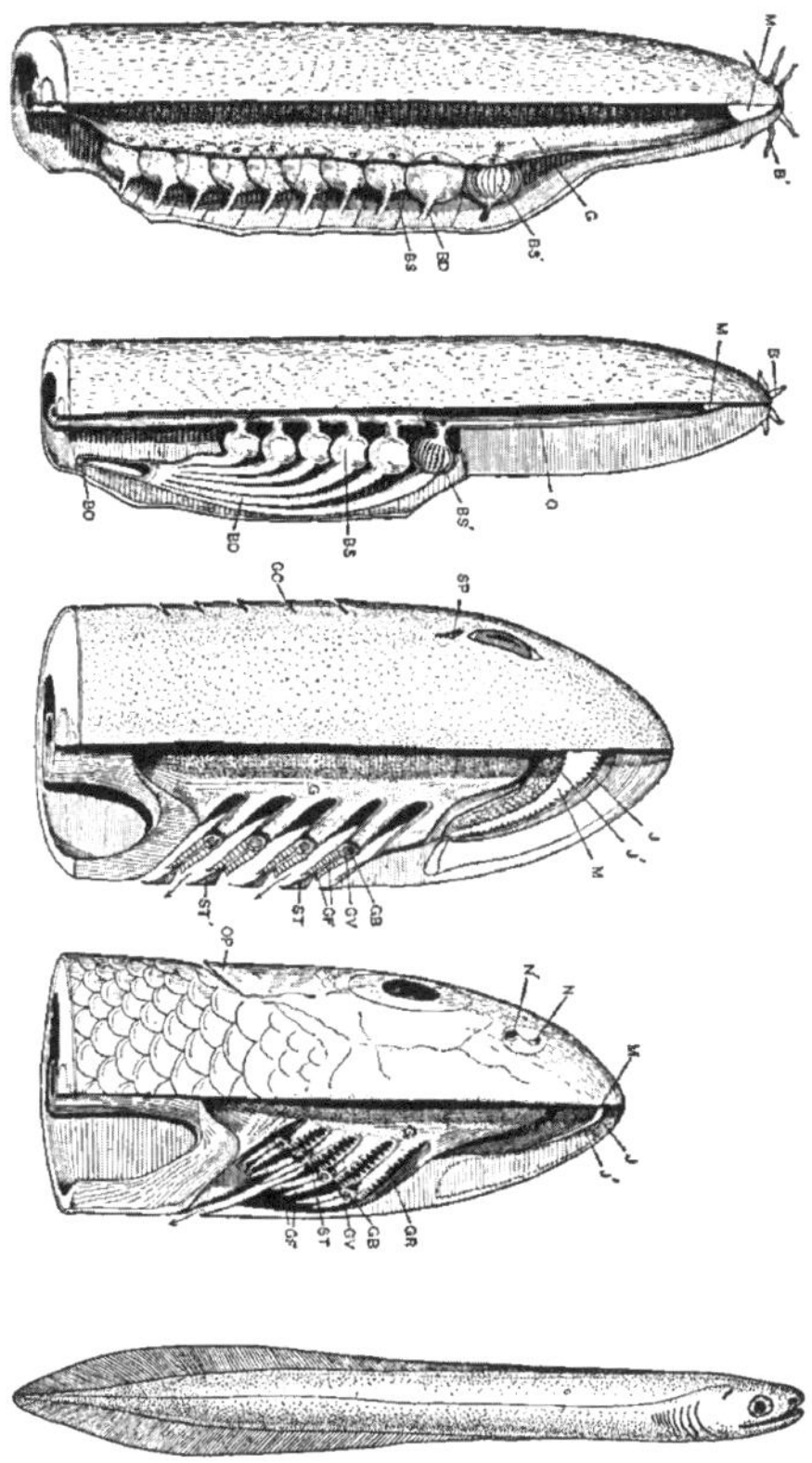

図2-11▶脊椎動物における鰓。上の2つはヌタウナギ類に属する2属。ヌタウナギ類には、鰓孔がそれぞれ独立に開く種類と、単一の集合管に開くものの2グループがある。続いて板鰓類（一般に5つの鰓孔を持つ）、そして真骨魚類（鰓の数は板鰓類と同様だが、鰓蓋、つまり「えらぶた」が鰓全体を覆うために独立した鰓孔が見えない）。最下段は、ディーンによって推測された祖先的顎口類の姿。鰭のないラブカのような形として推測されている。Dean（1895）より転載。

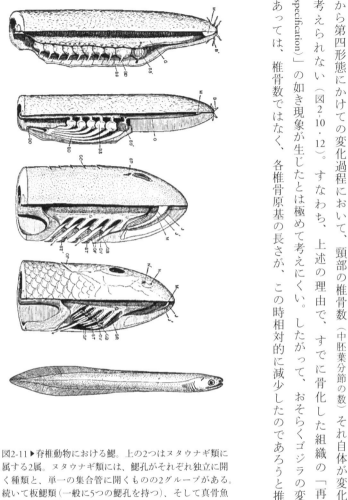

ならばそれは、ゴジラ独特のアロメトリー（相対成長）の結果と考えることができる（つまり、トムソン的変形、あるいはスケーリング過程である。図2-8）。それでもゴジラの頭蓋と肩帯の間には一〇内外（可能性としては、哺乳類と同じ「七」）の頸椎が存在すると考えられるのである。かくして、山根博士は先日、ゴジラの形態変化を進化になぞらえたが、それは必ずしも正確な表現ではなく、ゴジラの形態形成過程における頭蓋、肩帯、上肢、鰓の相対的位置関係は、最初から一貫して羊膜類のそれに近く（鰓の存在によって二次的に板鰓類的な印象が付与されるのみであり）、決して頭蓋の直後に肩帯が発生する両生類や原始的羊膜類の形態プランに比することはできないのである。

★――正確には、椎式を特異化するHox遺伝子群のこと。ゴジラゲノムにおけるHox遺伝子クラスターの数については未確認だが、これまで確認・同定されたゴジラHox遺伝子は、ラブカとヒトのものに限ると報告されている。

ゴジラの変形過程を、進化的反復とみなすことができないもう一つの根拠は、板皮類から原始的な硬骨魚へと至る進化段階に相当する過程が、ゴジラの発生プログラムに挿入できないという不可能性にある。上述の通り、原始的な硬骨魚においては、頭蓋直後に肩帯が位置し、その結果として頸椎に相当する構造物を多数作り出すことは不可能であり、その同じ状況は両生類を経て、羊膜類の黎明にまで維持された（図2-9）。つまり、進化の歴史において「頸」の獲得は極めて遅いが、発生上頸部は最初から決めておかねばならないという、「反―反復的なジレンマ」がここに生ずる。

ならば、水中で鰓を用いる段階として選びうる動物は、羊膜類の直接の祖先ではない、別の脊椎動物

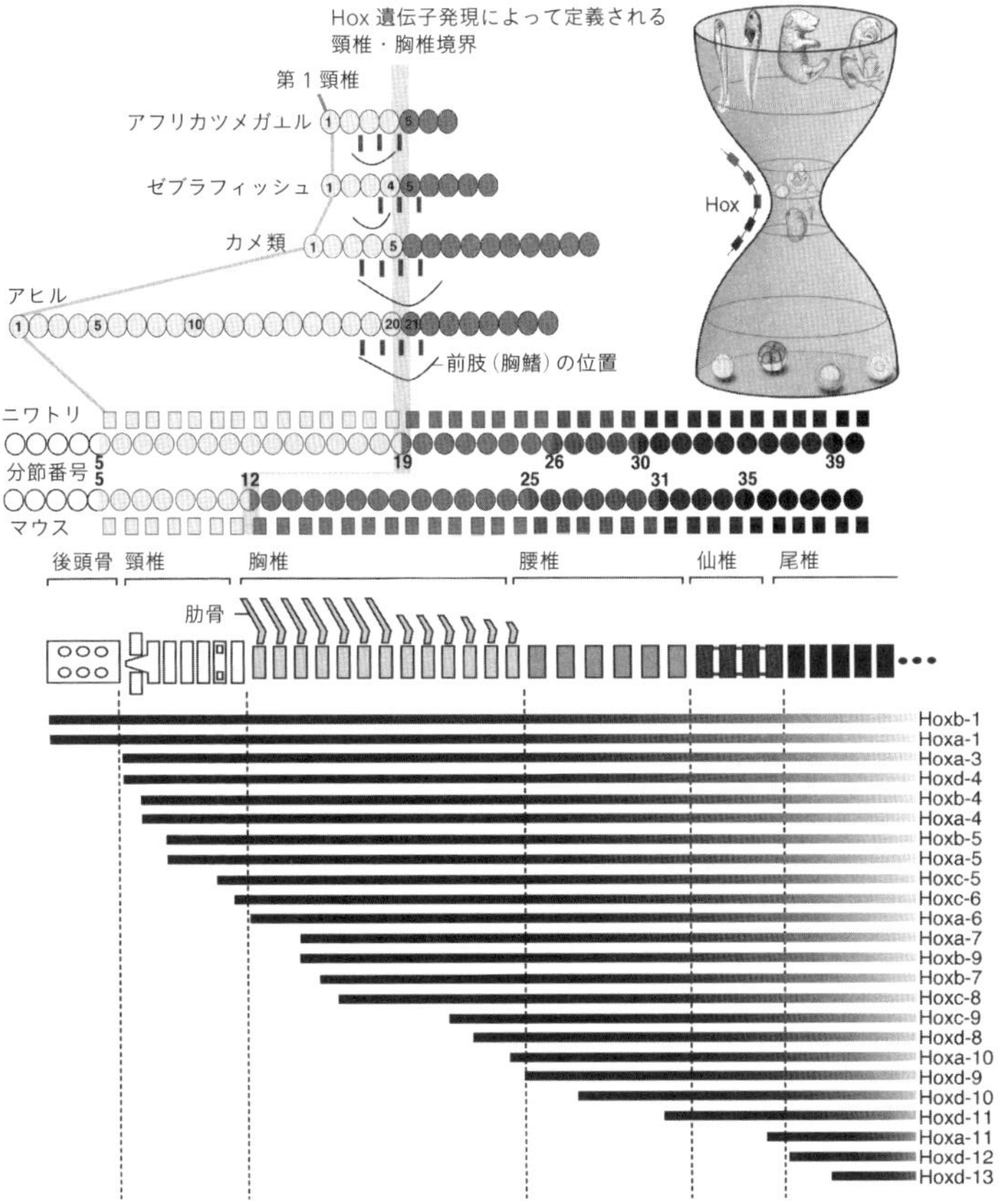

図2-12▶頸椎や胸椎の数を定める基本解剖学的構築は動物ごとに異なり、それはHox遺伝子の発現ドメインの差に帰着される。頸となる領域は薄い灰色で着色した。HoxC6遺伝子の発現するレベルより後方が胸椎のドメイン（濃い灰色）となる。ゴジラのように、ある程度の長さの頸を持った生物を組み立てようとする場合、幼生の頃からすでに同じ数の頸椎を持っていなければならず、そこに両生類や真骨魚類の発生プログラムを使うことはできないのである。下には、マウスの椎骨を特異化するHox遺伝子の発現範囲を示した。

の系統に求めるべきであり、進化の初期から頭蓋と肩帯を遊離させた板鰓類はこの目的にかなう。つまり、羊膜類の発生プログラムが進化した結果として幼生に似た段階が挿入されたのではなく、それが人為的作出であったと認めるならば、自然な反復的発生では回避できない「頸の成立問題」、すなわち形態形成プログラムの矛盾と競合、をクリアするため、あえて祖先系列の外に位置する動物のパターンを用いる必要があったのではないかと当班は推測する。

人為的発生プログラムの構築に関する仮説

上の考察より導かれる、ゴジラ発生プログラムの構築についての形態発生班の結論を以下に述べる。これは、本来幼生世代を持ちえない、羊膜類型の発生タイムテーブルに、人為的に「幼生段階」を挿入するという、未曾有の形態発生学的、遺伝学的操作であったと予想される。まず、

❶現実の進化経路においては、板皮類のグループの内部から、軟骨魚類と硬骨魚類が独立に派生した。言うまでもなく、我々もゴジラも硬骨魚の系統に属する。

❷しかし、硬骨魚の進化過程においては、板皮類においてそうであったように、鰓弓列が前方に押し詰められ、それによって頭蓋と肩帯が最初は連続し、それが徐々に分離するに従っていわゆる「頸」ができる（つまり、我々の直接祖先には、頸がなかった）。そのため、幼生形態の人為的作出に当たって、直接

祖先の発生プログラムをそのまま用いることができず、しかも、器官発生期に椎骨の特異化（どの椎骨を頸椎にするかという決定の過程）が成されるため、ゴジラの発生上、原始的な硬骨魚の段階を経るわけにはゆかなかった。

❸そこで、器官発生期から幼生にかけての時期、軟骨魚類（ラブカ）のように頭蓋と肩帯が分離している動物の発生プログラムを用い、将来的な「頸」と呼吸用の「鰓」を同時に作り出すと同時に、肩帯の位置を後方へシフトさせ、尾の先端に正中鰭を作ることをも可能にした。

❹右のような板鰓類的パターンを持った幼生は、羊膜類の後期発生プログラムにとって読み取り可能な境界条件をかろうじて満足し、これを足がかりに滞りなく第四形態への変態を完了することができた。

❺しかし、哺乳類型の骨格筋と肩帯の形態のために、一部比率の合わないところが生じ、それが見かけ上の「後頭三角」を作り出すに至ったのではないか（つまり、形態形成上プログラム上の一種のバグではないか）。

以上が、予想される頭頸部発生プログラム設計思想の骨子である。おそらく、ここに考察した頸部問題だけではなく、解剖学的破綻を回避しつつ、ボディプランの齟齬を解消する要《かなめ》は、ゴジラのボディプランに複数箇所あり得、上と同様の辻褄合わせを行うために、異なったボディプランを持つ異なった動物の発生プログラムを適宜挿入する必要が生じ、それによって初めて羊膜類的ゴジラの発生過程に幼生期を挿入することが可能となったと同時に、その副産物として器官単位での遺伝子発現プロファイルレベルでのキメリズムが生じたと考えられる。

★――これに関し、古典的な反復説が解剖学的構築に関するものではなく、個々の器官の類似性についての言明であったことを指摘しておく。器官の発生は進化をなぞるように見えるが、基本ボディプランの発生が進化を反復することはない。

脊椎動物の発生は、胞胚、原腸胚、咽頭胚と進行し、咽頭胚においては基本的な脊椎動物の器官系が出揃う。多くの形態形成関連遺伝子が機能するのもこの時期である。脊椎動物の発生にとって最もクリティカルなのがこの「典型段階（phylotypic stage）」であり、それがどの動物グループであろうと、また、そこに人為的にどのような遺伝的改変を加えようが、典型段階を作り出すことのできない胚は個体発生を全うできない。逆にこのパターンを全うできたからこそ、それがどのように変わっても、脊椎動物の共通形態を示さざるをえない。ゴジラが脊椎動物である限り、その発生においては受精後一定時間ののちに、通常の咽頭胚とよく似た形と大きさの状態が具現化していたはずであり、それはおそらくニワトリやカメの胚と、あまり見分けがつかなかったものであろう（親が巨大だからといって、胚まで一様に大きくなるわけではない）。ならば、発生途中までは、そして典型段階を成就できる限りは、（原理的には）羊膜類の胚でなくとも遺伝子発現の基礎となる発生の形態学的境界条件が構成できるはずである。サメのような形の胚や幼生を一直線に目指したとしても、器官形成期までは胚形態を羊膜類的パターン形成のための遺伝子発現装置として用いることができるのであろう。

動物系統ごとに変化するパターンの一部が現れるのも器官発生期であり、そこでは鰭《ひれ》、もしくは四肢の位置決定において各動物の胚に明瞭な差が明らかとなり、それはこの発生時期にとりわけ明瞭となるＨｏｘクラスターの遺伝子群のコリニアー発現とカップリング★（結合）している。こればかりは、最初から成体の形に合わせ、最初から特異化されていなければならない。ここに、ゴジラの母体となったであろう動物の直接祖先、すなわち原始的硬骨魚や両生類の発生プログラムではなく、別系統の脊椎動物の発生プログラムが用いられている意義を見るべきなのであり、そこには明らかに何らかの人為的な設計思想が感ぜられる。

すなわち、直接発生を行うべく安定化された羊膜類のゲノムと発生プログラムに、鰓を持つ幼生段階を挿入しようとすれば、それを遂行できるのは最初から明瞭な頸部を伴った胚を作ることのできる発生プログラムでなければならず、ここに硬骨魚の遺伝子制御機構を用いると、第三形態への移行時にボディプランのミスマッチを引き起こすか、もしくはその時点での体軸の再特異化が不可能となってしまうのである。胚形態のミスマッチによる弊害は、本来出会うべきではない細胞組織が出会い、それに伴う予想外のシグナリングの異時的、異所的な発動を引き起こし、これによって発生プログラムが再び瓦解する可能性を孕《はら》む（典型段階以降の危機（post-phylotypic crisis）＝一九九〇年代の研究における牧博士による造語）。

ならば最初から、体軸特異化の点で羊膜類と似たパターンを持つ、サメの特異化機構でもって幼生形態をデザインし、それに合わせた後期発生機構を設計した方がよい。それに引き続くべきは、多くの脊椎動物の変態過程に見る、鰓の消失、骨化の亢進と、筋骨格系の結合の再編成など、すでによく知られた細胞生物学的過程である。先般、第二形態における鰓消失過程に見られた大量の出血は、組織再編成に伴う種々の細胞死（ネクローシス）と組織の壊死と脱落に伴うものと推定されるが、再びここには進化的に安定化された、エネルギーロスの少ないプログラムではなく、いかにも人工的につなぎ合わせたプログラムという感が否めない（その後の独立行政法人遺伝発生生物学研究所の報告によれば、この時の腐敗組織から完全なゲノム情報が比較的速やかに解読できたのは、それがプログラムされ、エンドヌクレアーゼが活性化したアポトーシスではなく、むしろネクローシスであったためと言われる。ただし、そのDNAには、どうやら鰓に共生していたとおぼしき硫黄細菌のそれも検出されたという）。最終的に第三形態以降は、羊膜類的ゲノムに依存した後期発生機構が発動する。

上と同じタイプの設計思想が推測できるのが、幼生期後期に至るまでの鰭／四肢の発生の抑制である。最終的にゴジラが発生させるべきは、五本指を持つ羊膜類の四肢である。これは、発生過程においては「肢芽」と呼ばれる原基に始まるが、この不定形の突起の中には発生早期からのちの四肢が持つべきパターンが特異化される。すなわち、この構造は、組織学的には外胚葉上皮に覆われる間葉としか見えないが、外胚葉頂堤より分泌される成長因子により、成長と同時に位置的特異化、すなわち、柱脚、軛脚《やっきゃく》、自脚の各部域が特異化されてしまう。同様に、これと似た誘導作用は肢芽の形成とともに開始するため、幼生期にサメ型ゲノムの遺伝子制御機構を働かせると、原基が自動的に鰭として分化することになり、永遠に四肢動物の四肢を持つことができなくなってしまう。おそらく、第一形態までは、鰭／四肢発生プログラムは抑制され、上陸時に後肢の抑制が解除され、第三形態への変態時に前肢のそれが解除されたと推定される。それは最初から一直線に腕を目指して発生したのであり、決してサメの鰭のような段階を経由したわけではない。ちなみにこの抑制とその解除を、発生のタイムテーブルのシフト（ヘテロクロニー＝異時性）と呼ぶべきなのか、あるいはむしろ、両生類に見る四肢の再生過程に似た現象であるのか、それを見極めるためにはさらなる検討を要する。

★――進化と発生におけるカップリングとは、それぞれが他方とは独立に変化できない状態にあることを指す。原始的硬骨魚のパターンでＨｏｘ遺伝子発現を成立させてしまったが最後、四肢の位置決めは同時に完了し、これを二次的にシフトさせることは不可能となる。逆に、結合が解き放たれることを「デカップリング」、もしくは「アンカップリング」と呼び、これは発生と進化におけるモジュールの分解（パーゼレーション）をもたらす。発生におけるこのカップリングとデカップリングの状態変化が、胚のパターンを変化させ、大規模な形態進化を可能にすると考えられている。

結語

ゴジラ発生プログラムは、複数の動物の発生モジュールのヘテロトピカル（異所的）、ならびにヘテロクロニカル（異時的）な発生イベントのシフト、結合と乖離によって編成されているとおぼしい。それらモジュールは、発生・成長の段階に依存してスイッチすると考えられ、特定の発生モジュール（例えば、内胚葉上皮の形態形成機構としての気嚢の発生）は、ある程度、後期咽頭胚から幼生期にかけて進行し始めている必要がある。さもなければ、組織構築レベルでの解剖学的統合があまりに高まり、もはや正常な気嚢形成が行えなくなる。おそらく、様々な動物におけるいくつかのモジュールを取り外し、時期を変えて適宜発動させることにより、個体発生プログラムを再統合したとも考えられる。

以上が、ゴジラ発生機構が設計された際の基本方針であったと推測され、以降の研究は当面、これを検証することによって続行される予定である。上述のエンジニアリング方針に関しては、解析班において、遺伝子制御ネットワークの経時的変更がどのように可能となっているのかという視点のもとに、先に報告のあった、ゴジラゲノムにおける未知の非コード領域の機能解析が行われている。同時に、予想されるゴジラの胚形態を境界条件として、細胞組織間相互作用などの空間的パラメータを変数として組み込み、どのような発生モジュールがゲノムから読み出し可能なのか、それを見極めるべく目下、モデル化、ならびに、大型計算機を用いてのシミュレーションによる検証が進行中である。

補論

キングギドラのポジション

最初に謝っておかなければならないが、キングギドラを生物学的に扱うのは非常に面倒臭いので（ガメラもそうだが）、擬似科学的記述のラインアップから省いてある。だから、精々補論で扱うことにした。すいません。

キングギドラを初めて目にしたのは、近所の民家の塀に貼ってあった大きなポスターの中であった。頸が三つもある巨大な怪獣の前に、ゴジラ、ラドン、モスラが写っている。私は瞬時に興奮し、引き込まれながらも、それをどう納得してよいかわからず、しばし立ちすくんでしまったように覚えている。

妙に「絵になっている」。素晴らしく幻想的でありながら、紛れもなく東洋的、日本的な雰囲気がそこにある。一方で、これまでの怪獣映画と違って、多少SF感は薄まったか……。そのような印象の起源が、キングギドラとヤマタノオロチの類似性にあったことは間違いない。それまで、龍の登場するスペクタクルは、ヤマタノオロチぐらいしか知らなかったのだから。実際その前年、一九六三年にはヤマタノオロチを題材にした東映アニメ「わんぱく王子の大蛇退治」が封切られており、私だけでなく、私と同年代の多くの子供が親に連れられて観に行ったはずである（しかもその音楽担当は、東宝特撮映画常連の伊福部昭であった）。まぁ、子供だからそこまで考えはしなかっただろうが、キングギドラの参入によって、ゴジラの住む世界の何かが決定的に変わってしまったことだけはわかった。

それからしばらくの間、毎朝そのポスターを眺めることになったわけだが、そのたびに「キングギドラ」という名の怪獣にまつわる不思議さ、不可解さが増幅していったのだった。それがまた、キングギドラの底知れぬ魅力となっていったのではある。まるでヤマタノオロチのような、神話的禍々しさ、荘厳さ……。博物学と幻想のイメージが渾然一体となった、それまで見たこともないような、不思議な世界がポスターの向こう側に広がっているように思えたものであった。キングギドラは、はたしてどうした経緯で生まれた、どういう怪獣なのだろうか？いわゆる「ゴジラ映画」に独特の世界観を与えているのがこの怪獣であるにもかかわらず、ゴジラのようなわかりやすい出自を持たない。それが最初に銀幕上に現れたのは、一九六四年一二月封切りの「三大怪獣地球最大の決戦」でのこと（私はその翌年から小学校へ行くことになっていた。ちなみにこの年の四月、幼稚園の年長組に進んだ直後に、私は「モスラ対ゴジラ」を見ていた）。「三大怪獣」の中で、キングギドラが金星あたりから来たことは説明され、しかもそれが、金星の文明を破壊した相当ヤバそうな怪獣であることも語られている。それはともかくとして、なぜいまいきなり、こんな奴が出てこなければならなかったのか、そして、キングギドラが出てくるようなこの世界観は、一体どのようなものなのか。それが、私には不思議でならなかったのである。

以前、拙著に書いたことがあるが、昔の博物学は、いまで言う「幻獣」に相当する架空の生物をその守備範囲としていた。それは、洋の東西を問わない。ただし、多くの場合それは確信犯ではなく、義務としてそうせざるをえなかったのだと思う。つまり、キリンやゴリラの話だけを聞き、実際に見たことがなくとも、それを記述しなければ「博物学」にはならない。そのため、伝承や不確かな説話に登場する架空の動物までもが、昔の博物書には記載されることになったのである。日本の本草百科である『和漢三才図絵』の中にも「鳳凰」の記述があり、それは実在の鳥である「孔雀」の隣に記述されている。ここに、『火の鳥』において手塚治虫も踏襲した、正統派の動物分類学や比較形態学のセンスを見るべきである。現代の我々からすればとんでもないことのようだが、当時、どちらも見たことのない人間にとっては、孔雀も鳳凰も等しく不思議で派手な鳥であったに違いない。むしろ、初めて異国から渡来した孔雀を前に、「鳳凰が本当にいた」と考えてしまった日本人はそこそこ多かったのではないかと思う。このように博物学は、実際の生物学と架空の物語をつなぐ架け橋となり得、それによって人間の自然観・世界観を規定する。人間の想像の世界と、現実の自然との間に明瞭な境界線など本来引くことはできなかったはずで、それが最も未分化だった時代、個々人の自然観が形となって現れたのが、博物学以前の好事家たちによる私設博物館、「ヴンダーカンマー（驚異の部屋）」と呼ばれるものであったとおぼしい。

しかし、博物学が科学に変貌すると、いよいよ実際の自然と、神話やファンタジーの世界に明瞭な一線が引かれることになる。それとともに、ドラゴンと恐竜がともに棲息していた（いる）とかつて考えられていた宗教的自然観は、人間の想像の領域（ファンタジー）として、科学的事実のみからなる領域から分離されることとなった。前者のうち、ファンタジーは、国や時代、文化の違いによって、さらに細分されることになったであろう。宗教も科学も認めつつ、この二つの領域を簡単に越境してはならないというのが、現在の人間の持つ世界観なのである。

要するに、「月にウサギがいる」と想像したいならしてもよいが、その時は、一九六九年アポロ11号が月に着陸した事実を忘れたふりをしなければならない。いわば現代人は、文明の進歩の結果として互いに相矛盾する異なった世界観を認め、しばしば一個の人間が矛盾する複数の自然観を同時に信じることがあるという、実に不思議な時代に生きることになった。さてでは、怪獣はこれら二つの領域のどちらに属するものなのか。

八岐大蛇《やまたのおろち》が生まれた頃の日本では、それが神話であると同時に亜現実であり、しかも実際に宙にわだかまる龍など見たことがなかったであろう大多数の人々にとっては、ある種SFであった。それを実際にSF仕立てで描いたのが東宝の「ヤマトタケル」(1994)であり、豊田有恒の小説『火の国のヤマトタケル』である。しかし、話が現代か未来に設定されると、その時代では科学的自然観と神話的世界観が乖離しているのである。結果、空想科学小説が実際の科学の領域を模倣したものである限り、それはファンタジーと神話の世界には背を向けることを余儀なくされる。ゴジラが古生物の生き残りであり、ウルトラマンが異星人であると説明された時点で、それらはともにSFなのである。したがって、ゴジラとウルトラマンが戦うことはぎりぎりのところで容認できる(実際それは、襟巻き怪獣ジラースの襟巻きが切り取られた瞬間、ある意味、実現したともいえる(「ウルトラマン」第一〇話「謎の恐竜基地」)。ちなみに、ゴジラ的怪獣が普通の戦いで死ぬシーンは、後にも先にもこれだけである)。

一方、八岐大蛇やドラゴンに似た姿形を持つキングギドラは、神話的世界に片足を突っ込んでいる。これがそのままSF的ゴジラ世界に出てくるとなると、マーベル映画の「アベンジャーズ」におけるように、複数の異なった世界観のごった煮状態を呼び込むことになる。これはどうにも都合が悪い。ならばいっそ、金子修介監督の「ゴジラ・モスラ・キングギドラ大怪獣総攻撃」(2001)のように、「日本神話的世界観の中に棲息していた精神的・霊的怪獣」という設定にし、ゴジラ本人も戦争で死んだ日本兵達の英霊の化身とするか、さもなければ、初回登場時のようにキングギドラが宇宙怪獣であるということにするよりない。かくして、「宇宙」という出自は、あからさまに神話・ファンタジー系の姿をまとうキングギドラが、どうにかしてSFの体裁を繕い、ゴジラと戦うための一種の免罪符なのだ。どこか地球の動物を思わせる顔をしていながら、体のつくりは常軌を逸している。つまり、このような生物が、古生物としてのちゃんとした出自を持つゴジラやラドンと戦うためには、どうしても「宇宙怪獣」というレッテルが必要だったのである。

ゴジラ問題調査委員会中間報告書

牧悟郎博士の日記

取扱注意――㊙

本提出書類について

本報告書は、二〇一六年一一月四日、牧悟郎博士が米国より帰国してのち東京湾上で謎の失踪を遂げるまでの七日間に逗留していたことが判明している、鎌倉逗子の「ホテル潮騒」205号室に残されていた、博士自筆と思われる「日記」の全内容、および、博士が失踪直前まで乗船していたと思われる、プレジャーボート、「グローリー丸」から発見されたヴォイス・レコーダ内の消去ファイルを復元したものを、時系列に沿って整理したものである。「日記」は、主として博士が米国マサチューセッツ州、ミスカトニック大学付属発生遺伝学研究所を辞してのち、杳《よう》として行方不明となった謎の一年あまりの期間にわたって行われたという、何らかの研究記録であると推測されている（その後の捜査により、博士は辞職後名前を変え、同州に留まっていたことが判明）。この日記はノートに鉛筆書きされたもので、そのほぼ全てが英語筆記体で書かれ、部分的に独語、時に仏語の専門用語、さらに日本語（もっぱらメモ）が用いられている。翻訳は、調

CONFIDENTIAL

査委員会の生物学専門家により分担して行われた。同様に、レコーダの録音内容も、ほとんどが口語的米語となっている。

記述に関しては、走り書きが多かったものの、判読不明な箇所、もしくは暗号を思わせる箇所はなかった（現時点における判断）。ただし、所々筆（墨汁）で塗りつぶされているところ、カッターのようなもので切り取られた部分、ならびに破り捨てられた部分があり、鑑識結果によれば、そのような「二次的改変」の多くは、ホテル滞在中に博士自身の手によってなされたものと断定されている（もっぱら、ノート紙面上に残された指紋の照合に基づく）。破り捨てられた部分については目下捜査中であるが、現在に至るまでその行方は判明しておらず、博士自身の手によってホテル敷地内にて焼却された可能性が濃厚である。

墨汁で塗りつぶされた部分についてはは判読可能であり、目下、同調査委員らによる追加の翻訳作業が進行中である。これまでに推測されている限りでは、この遺留品それ自体が、関係者に読ませることを意図したものであった可能性が非常に高いというのが、現場の一致した印象である。なお、この文書の内容が真実であるとすれば、それは先般の巨大不明生物、通称「ゴジラ」の作製記録であることがほぼ明らかであり、したがってその解読を通じ、ゴジラの生物学的正体の理解、作製の技術に関し早期に光明が得られる可能性が高いとして、すでに生物学者チームは解析と、部分的な追試を計画中であるが、現在に至るまで関係各省庁において法整備が追いついていない状況を鑑み、調査委員会と関係者には守秘義務を確認の上、節度をもって今後の作業に当たるべく通達済みである。

牧博士は、プロジェクトの核心に繋がる部分を意図的に削除しているとおぼしく、コンピュータ解析、実験手技などの手法に関わる生物学的解読の作業は、難航を極めている。とはいえ、現代生物学の根幹を揺るがしかねない発見の糸口がすでにいくつか発見されているとの報告も受けている。
以下の記述において、「培養」とは、何らかの胚発生実験を示すものと思われる。墨汁等による判読不能部分については、〈中断〉、〈判読不能〉等と適宜記した。なお、牧博士が遺棄した携帯電話のデーター復元も行われたが、通信記録は皆無で、若干の写真が残されているのみであった。

翻訳文

〈以下の記述の前に、破り捨てられた四ページ分あり。最初の翻訳文はホテルの灰皿に残った一枚の焼け跡から可能な限り復元〉

……と、私は幾度となく陳情を試みたのだが、にもかかわらず……〈焼失のため判読不能〉……そのような私が、悔やんでも悔やみきれないのは……〈焼失のため判読不能〉……かくして私は……〈以下、ページ損壊〉

〈以下、一四ページ分紛失〉

•二〇一五年二月一四日

終日快晴。だが、私の心は沈み込んでいた。私のコンピュータが「no」と言い続けていたのだ。幾度も幾度も「no」と……。全く、この私を馬鹿にしているつもりなのか、この役立たず！　無論、間違っているのは私の方なのだ。わかっている。機械ごときに怒っても仕方ない。そんなことはわかっている。憤慨しても始まらない。今日も一日、プログラムの書き換えに終始するだけのことだと、朝食の時から覚悟はしていたが、それは見事に的中してしまった。そういうことだけは必ず当たるのだ。これと同じような日が、これから幾日続くことになるのか……。気を取り直して何度も挑戦せねばならない。これを片づけなければ、私の計画はその第一歩から頓挫してしまう。いずれ、私一人の手計算では間に合わない。この仕事ができるのは忌々しいこの機械だけなのだ。今後のことを考えれば、いまは気を落ち着かせ、問題点を整理するのが賢明だろう。はてさて、どこで間違えてしまったのか。

さして大仰なプログラムではなかったはずだ。最も簡単なモデルを選び、多くの変数を削除し、パラメータを削減し、現象を単純化した上で、考えられる限り、最も単純な動物のボディプランを帰結させようとしただけのはずだったのだが……。一体、何が悪かったのか……。いや、何が足りなかったのか……。全ての細胞系譜の増殖、分化経路、そして考えられるあらゆる必要な相互作用（それとて、現実の胚の中で起こっているそれに比べれば、ものの数ではないはずだ）を想定したうえで、幾度やってみても、発生プロセスが途中で瓦解してしまう。いかん、こんな調子では……。

子供でもわかりそうな素っ裸のプログラムの、一体どこに欠陥があるのか。その理由がわからずとも、それが失敗していることだけは明瞭にモニタ上に示されている。皮肉なものだ。しかも、それは私が当初予測していた解剖学的崩壊などではない。それよりはるかに手前の段階で瓦解してしまうのだ。見よ。私をせせら笑うかのように、行き場を失った無数の細胞が好き勝手に浮遊し、モニタ上を乱舞しているではないか、忌々しいほどに……。何処にも形がなく、どこにも「場所」がない。決定的な、何か、途轍もなく初歩的な何かが欠けている。それが何かがわからないのだ！

〈中断〉

●二〇一五年三月一四日

終日ベクター調整。朝から終日雨。

ヤケに冷え込んだ一日だった。朝食後、合成ＤＮＡを届けに来た郵便配達人が、私の顔を見て驚いていた。気がつかぬうちに、それほど顔色が悪くなっていたのか。どうも働きすぎらしい。鏡を見ると、確かに目が落ちくぼみ、我ながらぎょっとした。「なんだ、この怪物は」と……。いまから自分が怪物になってどうする。

このところ、コンピュータとの会話で一日が過ぎてゆく。頭がおかしくなりそうだ。いや、もう、とうの昔にそうなっているに違いない。話し相手としては最悪の友人だ、この機械は……。それだけは間違いない。この忌々しい機械はまるで、人を滅入らせる機能しか持ち合わせていないかのようだ。少なくとも、その点に関してのみ言えば、この機械は世界一優秀だ。時々、コイツを破壊してやりたい衝動に駆られるが、かろうじてそれだけは踏みとどまっている。

〈中断〉

……確かにそれが、コンピュータの予測だった。それを称して私が「楽観的にすぎる」などというのはいささか滑稽だろうか。が、しかし、位置的特異化と形態学的プロポーションの決定以前に臓器特異化プロセスを優先させれば、細胞型の決定と組織構築は必然的に安定化すると、それが、我々のまだ知らない制御ネットワークの本来の「かたち」、そう言って悪ければ、一種の「癖」なのだと……。コンピュータがそう予測したのなら仕方がない。その通りにやってみるだけだ。本当にそうなるか、ひとつじっくりと見てやろうではないか。そもそも一体、この私に反論するだけの根拠があるわけが……

〈判読不能〉

……問題はＤＮＡ導入のタイミングなのか、はたまた、導入後の染色体再構成が必要とでもいうのだろうか……。そうかもしれぬ。あるいは、私の質問の仕方が間違っておったのか……。要するに、ランクの異なる諸現象が、発生パターン、もしくはプロセスと、ゲノムコーディングの中で、一体どのようにリンクしあっているのかという、あの伝統的な問題が未解決なのだ。私は、ネットワークの形のありようを問うているのだ。現実には、やたらと複雑な一種の多次元マトリックスを扱っているのではあるが、実のところそこから帰結する内容は、すでに認識論にも近いその性格を露わにしておる。しかもそれは、最初から何かの哲学か、さもなければ禅問答めいてさえいる。喩えるなら、カンブリア紀の怪物、アノマロカリス*Anomalocaris*の如くに節足動物然とした外見の生物が、果たして脊椎動物のように中枢神経系を背側に持つことが可能か否かというような、いたって単純な問題をいま目の前にしているのだ。機能形態学を熟知すると言ってはばからぬ私は「それができる」と躊躇なく答える。なぜなら、そのような構造を私が実際にいま、この頭の中で想像でき、しかもその同じ想像の上で、その生物を解剖することさえできるからだ。まさに、私自身のこの手で……。ところが、あの馬鹿コンピュータはあくまでそれを「無理だ」と言い張る。何を偉そうに、この愚か者が……。聞きわけのないのは、果たしてどちらなのだ？　それは、機械に想像力がないということか。……と、そこまで考えた瞬間、私は笑ってしまった。機械の想像力だと？　私は一体、何を言っているのか。

〈中断〉

●二〇一五年三月一九日

今日は酷く寒かった。明け方、尿意を催し、幾度も目が覚めた。もう歳なのだろうなどと考えるうち、不意に昔のことが蘇ってきた。若い頃、確か……、あれは留学先のドイツの大学であったか、書庫で見つけた古びたノートのことを思い出したのだ。その持ち主の書く奇矯な文章がやけに面妖だったもので、覚えたてのドイツ語を試そうと、最初は冗談半分に拾い読みしているうちに、我知らず読みふけってしまったのだ。

そのノートの持ち主は、いまから二〇〇年ほど前の、いわゆる「マッド・サイエンティスト」として名が残る、例の学者の弟子筋に当たる人物であり、一方で言語学者としてもそこそこ知られておったようで、例に漏れず、危険な実験をやらかしたかどで大学追放の憂き目にあったらしい。まるで、出来の悪い「魔法使いの弟子」のような人物と言えばよいか……。いずれにせよ、そのノートは、ある奇矯な生物学思想を熟成せんと一気呵成に書かれたもので、その勢いに呑まれたか、あるいは若さゆえか、私は小説を読むようにしばし没入してしまったのだ。要するにそれは、遺伝情報をどのように操作すれば、目的の表現型を得ることができるかという問いに答えようとした、一種の妄想のようなものであった。が、現在ではそのような問題意識は決して妄想などとは呼ばれぬ。いまにして思えば、大した先見の明といったところか……。それをいましがた思い出したのだ。

何でも彼によれば、現象的に「ジェネティック、エピジェネティック★」と区別・形容されるものの間に本来あるべき境界は（つまりは、まさに私が目下奮闘しているブラックボックス、あの忌々しいネットワークの形のことだ）、一種の進化的階層をなし、いずれ進化的変遷とともに表現型レベルの高みへと至るであろうというのだ。そして、表現型進化とは畢竟、予想されたエピジェネティックシフトを帰結するための、環境による絶えざるジェネティックな操作と、淘汰により固定・安定化されたDNA配列の変化系列に他ならぬ……。前世紀、細胞生物学者のウィルソンが述べたごとくに、単細胞生物においては、細胞核中のロジックのみがジェネティックなのであり、細胞質中の分子間相互作用（それもまた、遺伝情報のリードアウトではある）は、核内DNAのあずかり知らぬ（すなわち予想不可能な）、複雑怪奇なエピジェネティック・ロジックと認識するよりない。が、この相互作用の変化を通じ、細胞の表現型と遺伝情報の間の関係が次第に安定化するや（遺伝子座と表現型の間の遺伝発生学的な距離が次第に縮まり）、細胞の表現型が「予想可能な」かたちに帰結する。端的に表現すれば、内なるロジックと外なるロジックの間に「因果の糸」が引かれる。そしてそれもまた、ひとえに進化による安定化を通じてのことなのだと……。誰もそのように「デザイン」などしなかったのだと……。若かった私は、そのノートの無謀な仮説に引きずり込まれながらも、最初はこの不遜な輩の誇大妄想を嘲る気持ちの方が強かったものだ。何しろ当時は、遺伝子改変など考えられることすらなかったのだ。そのような時代に、目的論的ロジックが細胞の中にあるように見えることそれ自体を誤謬と言い切るとは……。あたかも予想可能な形で組み上げられた仕組み、すなわち、生物にみるありとあらゆる適応的論理を作り出す発生機構のすべてがしつらえられているように見える、まさにそのことが、実のところ一から十まで淘汰の結果に過ぎないなどと言いのけてしまうとは……(つまり、この魔法使いの弟子は、「神でもない者が、ヘタにデザインなどしようとするな」と言っていたのだ)。私が昨日まで陥っていたのは、あのいわゆる超越論的還元というやつだ。実験を行う者が誰でも罹《かか》る病気だ。これと同じ勘違いは、多細胞体性の生物における器

（写真提供：東山大毅）

官形成やボディ・デザイニングにもつきまとう。多細胞のかたちを統べる制御領域などというものは、単細胞生物のDNAにかつてあった試しなどない。そんなものを探そうというのは、それこそ「木に竹継ぐ」ようなもの、むしろ求めねばならないのは、淘汰を通じて新しく構成された新しい「因果の糸」なのだ。それを作り出し、強化するのが、まさに淘汰の作用に他ならないのだと、この男はそう言っていたのだ。

★訳注――ジェネティックとは、DNA塩基配列が、機械論的、因果論的に遺伝子発現や表現型の違いを導くという関係性を指し、対してエピジェネティックとは、塩基配列の変化を伴わず、細胞分裂後も継承される遺伝子発現あるいは表現型の変化を指す、と一般には説明される。ここでは、遺伝子の発現や作用が、直接ゲノムに特定的に書かれていないという意味での、拡大解釈としての「エピジェネティック」の概念が用いられている。

〈中断〉

●二〇一五年四月四日……初回試行（パイロット実験）

どうやら、忌々しいコンピュータ予測の方が正しかったらしい。そして、あの「魔法使いの弟子」が言っていたことも……。「それ」は確かに無事に卵割期のトラブルをやり過ごし、軸形成期に入っている。

つまるところ、先週までの私は、甚だしく見当違いの問題に悩んでいたのだ。それまで私は、「怪物」の解剖学的構成が見せるネットワークと、ゲノムの中から紡ぎ出される分子ネットワークのなすであろう形を、何とか重ね合わせようと、全く無駄な努力をし続けていたのだ。それもこれも、天使の翼がまかり間違って肩甲骨と関節しないようにするために、だ。血管や神経や、筋線維の走行に、私は何らかの「繫がり」を見ようと虚しく四苦八苦していたが、結局この世にそんなものはなかった。

それは、この私自身を含めた愚かな人間達の作り出した、形而上学的妄想にすぎぬ（して見れば、人体解剖学と形態学の歴史とは、一体何であったか？）。むしろ真の解答は、彼の言う「因果の糸」とは、「時間の中で刻々と変化する配置」の中にこそあったのだ。それに気がついた時、コンピュータの賢さに私は心底から脱帽するよりなかった。全く馬鹿馬鹿しいことと知りながら、私はこの忍耐強い「友人」に抱きつかんばかりに感謝していた。あぁ、人間とはかくも愚かな存在であったか……。

あの時、私の頭脳から忌々しいノイズは消え去り、まさに思考が晴れ渡った。そこに広がっていたのは、先刻までの土砂降りの大雨が、瞬時にして止んでしまったような、急に陽射しが戻ったかのような、神々しいまでに美しい光景だった。私は知らず知らずのうち哄笑していた。間違いなく、その時の私は、生命を見据える知の頂点に立っていた。そして下界を見下ろし、拳をあげて己が勝利を叫んでいたのだ。

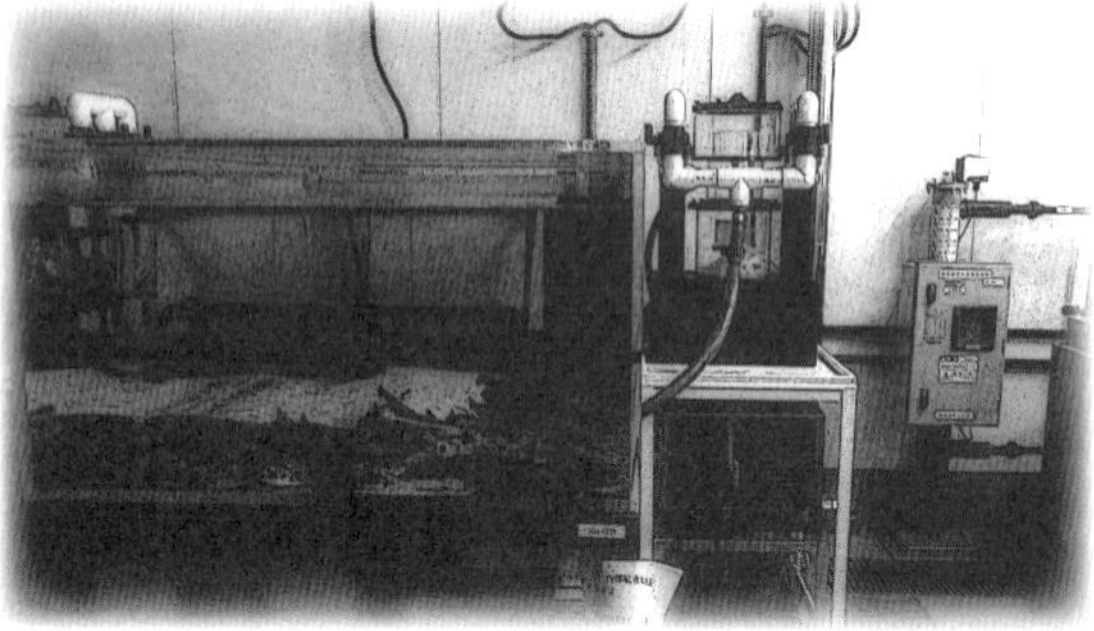

人間は常に静的なイメージとして、動かぬ形として、動的現象を理解しようと努める。そこが全ての間違いの始まりなのだ。全ての鍵は時間軸にあったのだ。時間の中で臓器は形をなし、互いに繋がり合う。それこそが本質、他の全てはそれに追随するものでしかない。

組み替えられたそれら諸概念に、一体どのような名辞を当てはめてよいのか、私はいまでもわからない。「時間軸の中で徐々に形をなしてゆくモジュール」としか言いようのない単位、それが本来読み取るべき要素、機能単位だった。私にはいま、それが確かに見えている。おそらく、当初の計画は根本のレベルでは間違ってはおらん。目的とする「怪物」を作り出すためにどうしても必要なものは、それを持つ他の動物から借りてくるよりない。そうだ、文字通りの「キメラ」だ。問題は、どのように発生プログラムを安定化・収束させ、予想可能な発生プログラムを構築すればよいのか、ということだ。どのように時間制御し、なおかつ細胞の状態を安定化させるべきなのか。どのように因果を紡ぎ出すべきか。それが機械のように恒久的なものである必要などない。ならば、エンジニアリング思想を根こそぎ捨て去ることこそ、いままさに私の採るべき道であるに違いなかろう。生命が形をなすためには、分子ダイナミズムの系の中で、ほんの少し安定化したパタンが現れればそれで充分なのだ。偶発的に生じたアトラクタを、要領よく捕まえるのだ。安定化状態を計算づくで作る必要はなく、それを設えようとする必要もない。形ある生命は永遠ではない。その本質は、分子ダイナミズムの中の、ホンのたまさかの「凪《なぎ》」でしかない……。

〈二ページ分欠損〉

●二〇一五年四月八日……第二回培養三日目

ついいまし方、自分の分身達を皆殺しにしたところだ。そして、洗面所に駆け込み、咳き込んで吐いた。胃の中が空っぽになってもなお、吐き気は収まらなかった。

それは確かに生きておった。生きてはいたのだが、そいつらはどれもこれも私の望んだ怪物たちではなかった。そいつらは、時に何本もの足を生やし、時に頭が二つあり、かと思うと顎がなく、あるいは頭に無数の眼ができておった。少し触っただけで、そこに眼を作ってしまう怪物もいた。しかも、それがじっと私を見つめておったのだ。たかが一センチメートルに満たないこの白い寄生虫のような連中が、私の敗北をせせら笑っておった。私は思わず水槽を床に叩きつけた。その弾みで、私はしたたかに床で腰を打ち、そのうえ手のひらを硝子の破片で切った。これもまた、人間の愚かさか。そうだ。私はまだ、間違いなく人間なのだ。かろうじて、人間であり続けている。そうだろう。もはや、笑うしかなかろう。

あの機械の言いたいことはわかった。どうせここからは、私がやるべき「粘土細工」だと言うのだろう。「もはや自分には手伝えない」と言っておるのだ。そうだとも。手を汚すのは、いつも私の仕事だ。それくらいのことはわかっている。

〈中断〉

●二〇一五年七月三日……第七回培養二日目

終日剖検。

今朝もまた、洗面所で吐いた。あの悪夢のような「事件」からこのかた、毎朝吐く癖がついてしまったかのようだ。私の体など、呪われるだけ呪われればよいのだ。


人との接触を断ってもう半年以上になる。レトロウィルス・ベクターに組み込んだ私オリジナルのトランスポゾンは、人体にとってそれほど有害だったのか、このところ視野狭窄、偏頭痛、吐き気、湿疹などに悩まされておる。体温も高い。手足には、潰瘍、もしくは腫瘍（らしきもの）が数か所でき始め、脱毛も激しい。一体何が起こっているのやら……。いずれにせよ、最早いまの私は、生まれた当時の私とはえらく異なった存在になってしまっているに違いない。そう思いながら、またもや私は笑ってしまっていた。もはや人目や名声を気にする理由など、片鱗も残っていない私だが、それでも時間だけは惜しい。しかし悪いことばかりではない。昨日、初めて生物らしい生物が生まれたのだ。

私の手で作り出した「キメラ」だ。確かに、複数の生物種の表徴を共存させているが、さりとて本来の姿もまた留めている。その顔は、かつて研究所で毎日のように眺めていた、あの禍々しい生物の面影を確かに宿しておる。ようやく、複数の「糸」が撚り合わされ、形と複数の遺伝子座の間に、人間の目には見えない「因果」を繋ぎ始めたということか……。それはまだ、ただの一匹だけだが、確かに生きている。見よ、そいつは紛れもなく、いま低温海水水槽の中を泳ぎ回っておる。この奇跡の個体に生じた恵みを、私はこれから最大限利用しなければならぬ。こいつはある意味、私自身でもあるのだ。

〈以降、部分的にページ損壊〉

……これはしたがって、私の懺悔である……〈判読不能〉……私は今日、この手で私自身を殺した。これから幾度、同じ「殺人」を繰り返さねばならぬのか。無力で無抵抗な「私」を殺しては、幾種かの腺上皮細胞を単離し、培養、初期化してはクローンを生み出し続ける……。あの時……、無抵抗なその生物の喉元を押さえつけ、延髄と内頸動脈を同時にメスで切断した瞬間、その小さな「私」は、「ひゅーっ」と微かな声を上げた……ように思われた。まさかこの生物が声を上げようなどとは予想だにしていなかったので、私はたじろいでそいつを取り落としてしまった。床から拾い上げた時、そいつは……完璧に死んでいた。

それは果たして、誰の声であったのか。私自身のものか。それとも……。あの頃、毎日のように私の名を呼んでいたあの声か……。私がいつも触れていたあの肌の持ち主か……。これから幾度、私はその声を聞くことになるのだろうか。わからない。何もわからないが、ただ一つ確実なことがある。その声を聞くたびに、私は呪われてゆくのだ。

〈中断〉

●二〇一五年七月二九日……第八回培養一〇日目

ごくごくつまらないミスで、連中を全滅させてしまった。水槽のサーモスタットが故障し、漏電してしまったのだ。計測してみると、ほとんど感じないほどの微弱な電流だったのだが、彼らは思いのほか、電流に弱い……。

〈中断〉

●二〇一五年九月一四日

このところ、私は自分を責めさいなむ必要がなくなっている。すべて、自動化した特殊培養槽の仕事だ。もはや私の知ったことではない。が、それが自動化されたところで、私の罪悪感が軽減されるわけではなかったようだ。相変わらず私の目の前で、多くの個体が放射能で死んでゆく。自ら生産したエネルギーで死んでゆくのだ。それもまた、あの機械の無慈悲な予想通りであった。

それでも、日ごとに生存個体の平均体重は増加しておる。寿命が確実に延びているのだ。目的のサイズに育てるためには、個々の器官原基を大きく育てなければならぬ。もっと腹が膨れてもらわんと、それは達成できぬ。ところが、腹の大きな個体から先に死んでゆくのだから皮肉ではないか。わかっている。連中は、危うい臨界線をゆっくりと辿り、あのグールド言うところの「悲運多数死」をやり過ごしている。アトラクタの形は変えずに、徐々にそのサイズを増大させてゆける道を模索しておるのだ。あるかなきかわからないような、ホンのわずかなチャンスに賭け、綱《つな》を渡っておるのだ。いずれ、引き返すことのできない、いまからすでに予定されている、そのごく狭いプラトーに達するまで……。

●二〇一五年一〇月六日……第一一回培養〇日目

初期化に続き、賦活化。夕刻から培養開始。

いつからか昼夜が逆転した生活を送るようになってしまった。かくして、この日付は、取りあえずは私が目が覚めた時のそれを示すに過ぎず、実際この日付をより長い時間過ごしたのは、実のところ「昨日」だ。もう私には、人間の作ったカレンダーなど、何の意味も持たぬ。これは最早、ただの鬱陶しい時間表にすぎない。

機械は無慈悲だ。恐ろしいほどに無慈悲だ。信じた私が馬鹿だった。イヤ、そんなことは最初からわかっておった。当然のことだ。機械に感情などあるわけがない。しかし、それにしても……。感情をそぎ落としたその単純な「数字」が、私を苦しめる。数字は数字でしかない。それ以上でも以下でもない。ただ、それが正確であるからこそ、無慈悲なのだ。その数字が正しいか間違っているか、ではなく、その数字に従わねばならないという単純な事実が、物言わぬ数字が、暴力的に私の心に深々と突き刺さる。

エントロピーを食い尽くし、たった一つの成功を生み出すために、それほどの敗残者を殺さなければならないというのか……。意味なく生まれてくる失敗作があってこその成功者というわけか。それが進化だというわけか。私はすでに「鬼」と化してしまった。生存競争や環境ではない、この私が、いまだ人としての感情を失わないこの私が、いまやあらゆる淘汰をこなさねばならぬ。心を持ちながらそれができるなら、それは鬼の所業、いや、私はもう立派な鬼畜である。すでにこの手は、血に染まっている。

思えば、生物進化の歴史はいつも血にまみれていた。進化の神は情け容赦がない。その結果として得られた、偶然の集積としての「業《わざ》」を、人は「天の配剤」と呼ぶ。生きている者のみが、祝福を受け……。しかしそれは決して配剤などではない。私は知っている。それが得られるまで、しつこく殺戮に次ぐ殺戮が繰り返されてきたことを……。確率論の示唆するとおりに死んでいったものたちの苦痛を……。その怨念は、私が忘れまいと努力しておった、まさにそのものではないのか。それでも私は、ここで止めるわけにはゆかないのだ。幾度となく私の愛するものを殺し、私自身を殺し、それでも達成することのできないその一点を追い求めるために、私はまだまだ続けなければならん。私はもうとっくに神を捨ててしまった……。

●二〇一五年一一月二一日……第一三回培養三日目

低温に馴致した個体を多数得る。以降、予定通り人為淘汰の第二段階に。

予想が正しければ、解剖学的構築がこれでようやく定まる。目標は、最小一〇個の鰓裂と、その後方、無理のない位置に肩帯、七分節前後の仙椎域を有する個体を安定的に作出することである。これもまた、複雑怪奇なアトラクタ形成の一つの帰結に過ぎない。このような個体は、下半身が膨れ、長い頸を有した、奇妙なオタマジャクシのように見えることだろう。それだけはすでに予想されている。それもこれも、陸上で生きる羊膜類の体型を、この発生プログラムの後半に追加するための布石なのだ。

　このところ、何もかもが上手く進行している。咽頭胚の基本形態はすでに制御可能である。全てがこの調子なら、どんな生物でも私のこの手で作ることができるような気さえする。「ペガサスが欲しい」というならば、この私が作ってやろう。グリフォンでも、ヒュドラでさえも……。今日の午後、ソフトX線解析した頭部の骨化点は、哺乳類のそれと寸分変わらないパターンを示しておった。かと思えば、その頭蓋は獣脚類恐竜と同数の頸椎で支えられているではないか……。まさしく私の予定通りに……。しかし、見よ。その表層にいまだ板鰓類の禍々《まがまが》しい相貌が刻まれておるのを……。ホンのこれだけのことだが、それでもこれは、いまだかつてこの星に生まれたことのなかった、全く新しい「キメラ生物」の誕生なのだ。私の思考はもはや、多次元マトリックスのネットワークを自在に操り、因果の束を構成するリンクの一つひとつに手を伸ばし、動かし、帰結すべき表現型空間を自由自在に操っている。その実感がある。間違いなく、このゲノムで全てが上手くいく。いまや私はこの手で、「進化の神」と同じやり方で、生物を「創造」しているのだ。

〈中断〉

　一時間前、アイツは私の指に噛みついた。やっと歯の生え揃ったあの小さな顎で、アイツは私の指を「敵」と見なし、必死の力で噛みついたのだ。それを見ながら、私は自分が微笑みながら涙を流しているのに気がついた。自分にそのような反応をさせたものの正体が意識に浮上する直前、指からアイツを離し、あえてぞんざいに水槽に投げ入れた。

●二〇一五年一二月一日……第一三回培養一三日目

今回も失敗だ。なお悪いことに、私の体力がこの脱力感で急速に減衰している。今日、解剖した個体は、今回の培養実験における最後の生き残りであった。昨日まではあれほど活発に泳ぎ回っておったのがどうしたわけか、今朝になって吐血し、水槽を真っ赤に染めて浮き上がっておった。検死解剖を行うと、結果は明白だった。典型的な「post-phylotypic crisis（典型段階以降の危機）」である。〈笑い声〉笑うしかないではないか。それは、紛れもなく私自身が作り出した概念なのだからな。そうだ、ボディプランの矛盾が、発生のペースとミスマッチを起こしたに違いない。こんな初歩的な問題は、すでにクリアしたはずなのだが……。詳細に観察すると、鰓からの出血激しく、それは頭部に関節した肩帯の腹側で、急速に発達した鰓が圧迫され、動脈弓が破裂した印象だ。一体どうすればよいのか。まさか、最初からこの計画は間違っておったというのか……。クソッ！

〈中断〉

図3-1▶牧博士に噛みついたという幼生を描いたものか。

●二〇一五年一二月二日……第一三回培養一四日目

明け方、妻の夢を見た。確か、私の手を取って、何かを訴えていた。私はその手を振り払ったような気がする。多分そこで、目が覚めた。何を言われたのか、全く覚えていない。ただ、私の頭の中に、「後悔」という言葉が澱《こだま》している……。

〈中断〉

●二〇一五年一二月一八日……第一四回培養一〇日目

進化の懊悩を知り、受け入れてしまった以上、すでに私が考えることに意味はない。淘汰とはつまり、ネットワークのかたちを予想される適応的な表現型のかたちに擦り合わせるだけの、それだけの、実につまらない、実に単純なプロセスに過ぎなかったのだ。なぜ、こんな簡単なことに気がつかなかったのか……。早く新しいツールを作らねばならない。体得した因果に沿った、新しいツールを……。この目的にかなった、新しい配列を……。まだ見ぬ未来を……。

●二〇一六年一月三日……第一五回培養一〇日目

今回の個体は、何とか生き延びている。前回の失敗が、一種の形態形成的プログラム競合であったとすれば、ここから先、淘汰実験に賭けるわけにはゆかない。過去に遺棄してしまった失敗個体をフリーザーから掘り起こし、編集前染色体を拾い上げて組み直した「オタマジャクシ」は、確かに私の望んだプロポーションを示し、盛んに鰭を動かしておる。その鰭も、あと数時間で脱落する予定。

●二〇一六年一月一九日……第一六回培養一二日目

第二変態期目前。このところ、眠れない夜が続く。

*Rana*由来DNAに、選択的に不自然なメチル化亢進の兆しあり。*Andrias*核由来遺伝子に転写活性、一向に検出されず。が、少なくとも、表現型には異常は生じていない。

発生形態を見る限り、抑えられるべきところは確かに抑えられている。つまり、「post-phylotypic crisis」を無事にやり過ごし、ほぼ私の望むとおりの形が成立しつつある。しかし、期待した両生類的なパターンが一見抑制されている。私の気がつかないところで、何かが起こっているというのか。実験コンセプト自体が間違っているという可能性はないのか。淘汰が、ついに袋小路に入りつつあるということか……。それとも異種生物DNA同士の間に、何か予想できなかった干渉が生じているのか……。ならば、それを引き起こしているのは、つまり究極的にはこの私自身というわけか。私の行った淘汰が、両生類の遺伝子を嫌ったのだ。あるいは、その逆か。ならば、この生物は一体どのパスを用いて次のフェーズへ移行しようとしているのか。それとも、やはり異種生物ゲノムは、何か私の予期しなかった使われ方をしているのか……。

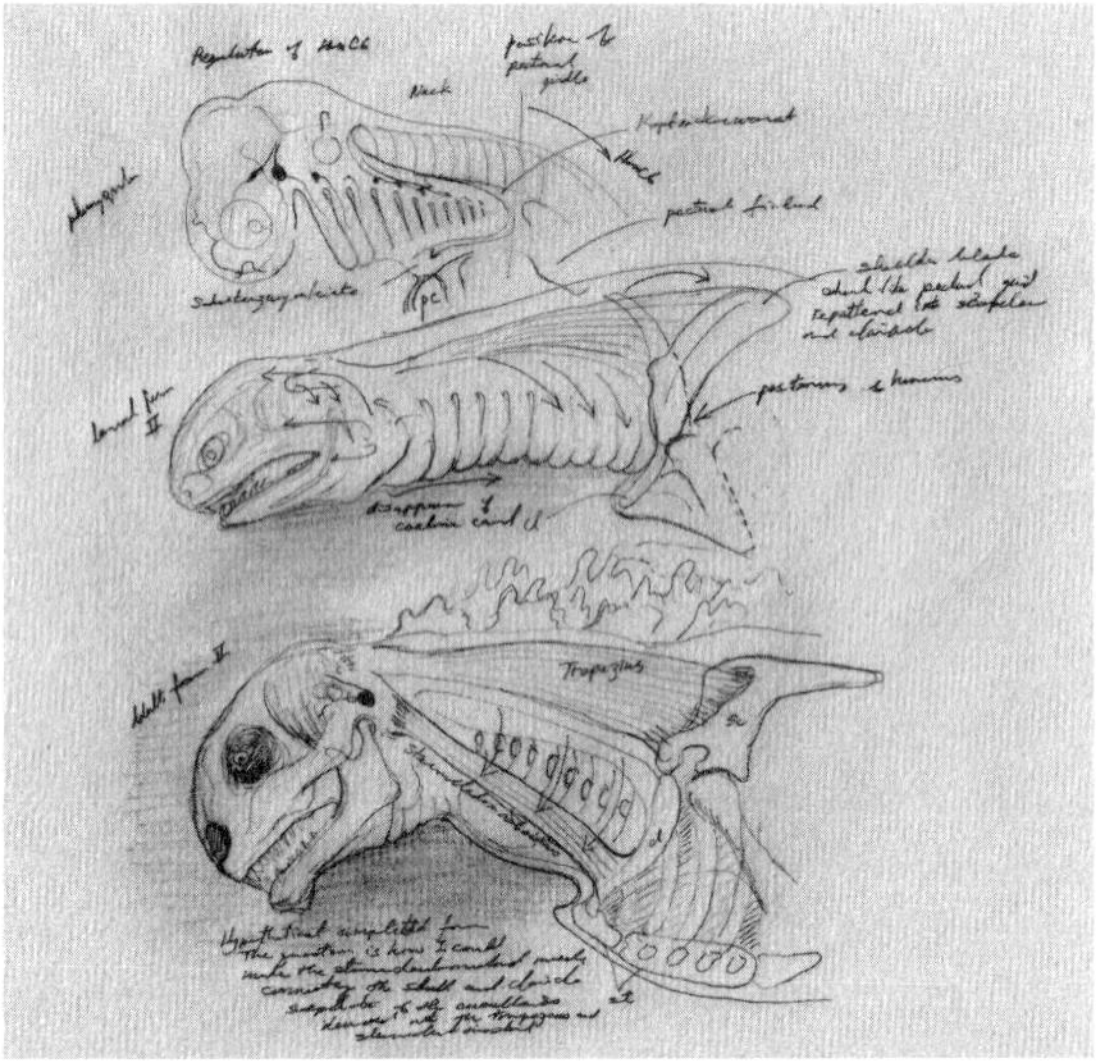

図3-2▶牧博士のスケッチ。post-phylotypic crisisをやりすごすための、解剖発生学的な設計図か……。

私にはこの実験の効果がまだよく理解できていないようだ。しかも、その理由さえ定かでは……〈中断〉……それほど悩むことはないのだ。所詮、私は一個の人間に過ぎぬではないか。何を自惚れているのだ。この世に奇跡などないことを、いちばんよく知っているのはこの私だったはずではないか。

〈中断〉

鰓の数はこのあたりが限界か。シミュレーションによれば、目的のサイズに成長するに至り、対鰭基部での細胞死が誘発され、第二後肢芽の誘導がかかり、上陸に伴い大気中での骨格筋にかかる負荷が増大すれば、ただちに第二の甲状腺ホルモンのサージが起こる予定だ。そろそろ仕上げの段階に入らねばならん。その前に、一個体を数メートル前後にまで成長させ、バイオメカニックス・チェックを行う必要がある。見た目だけでなく、現実に「使える体ができているかどうか」確認しなくてはならんのだ。

〈中断〉

大型水槽では間に合わなくなった。ここから数キロ離れた海辺に、昨年放棄されたコンドミニアムがあり、その敷地内にちょうどよい入江があったはずだ。あの場所なら、おそらく人目につくことはなかろう。明日、こいつをそこへ移送することに……。

〈中断〉

•二〇一六年一月二四日

昨日からテレビニュースで、地元の子供が一人行方不明になったと騒いでいる。こんな田舎でも、胸くそ悪い変質者だけは徘徊するというわけか……。子供の母親らしき女性が、泣き腫らした眼をカメラに向けて何かをわめき散らしているが、こっちはそれどころではない。自分の「子供」の体に最後の細工をするので忙しいのだ。

〈中断〉

•二〇一六年一月二六日

大変なことになった。いや、私の計画を思えば、このようなことで決断が鈍るわけもない。しかし、計画それ自体が破綻する危険が生じたのだ。

今朝、生物をチェックしようと、あの入江に出かけた。敷地の中の小さな盆地にあるその入江は、丈の高い幾本もの糸杉に囲まれ、いつも、まるで山間《やまあい》の小さな湖のように見えていたはずだった。が、どういうわけかそれは濃い靄《もや》に覆われ、そばに近づくまで全く見えなかったのだった。この異様な雰囲気の原因は一体何なのか。不意に、何やら、温泉のそばにいるような蒸し暑さを感じた。しかもそれが、入江の周辺だけなのだ。無理もない、水温を測ると周囲の気温より二〇度も高かった。海水は絶えず流入しているというのに、この局所的な上昇は……。まさか、あの生物のせいか……。

私はコートを脱ぎ、念のため車に戻り、ライフルを取って来た。そうしてしばらく水辺を歩いてみることにした。何か、この状況を作り出している原因が他に見つかるかもしれないと思ったのだ。

時折、小さな虫が飛んでいた。靄といい、虫といい、何もかもが季節外れの奇妙な空間は、何か曰く言い難い不可思議な静謐さを奥底に秘めていた。まるで、私のまわりの時間が停止し、全てのものが動きを止めたようで、一種幻想的な風景がそこに現出していたのだ。

その時の私は確かにその空気の中に安住し、感情の起伏のない静寂が、疲弊した私にひと時の安らぎを与えてくれているかのようでさえあった。しかし、そんな甘ったるい感慨は、すぐさま消し飛んでしまった。私の鼻腔を、不吉な腐敗臭が襲ったのである。妙なところにカラスが群れている。石を放って

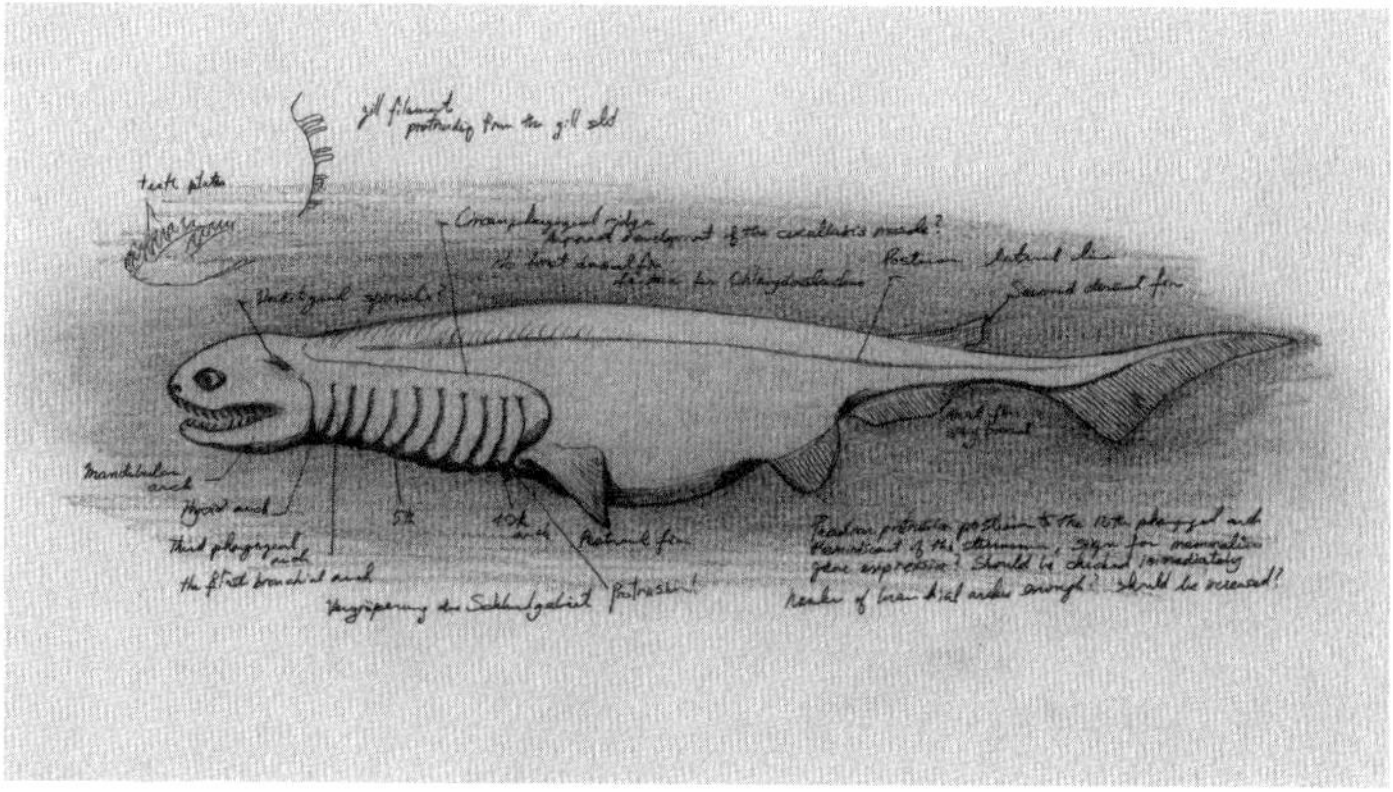

図3-3▶牧博士によるスケッチ。「幼生」の姿を描いたものらしい。全体的に、ラブカの成体との類似性を見ることができる。いわゆる「第2形態」と呼ばれている個体との類似性が認められる。日記の28ページ目より転載。

追い払うと、「それ」がただちに眼に飛び込んできた。

　その悪臭の根元は、海へと通ずる排水孔の金網に引っかかって浮かんでいた。行方不明になっておったという、あの子供の死体だった。確かにテレビで見た覚えがある。すでに腐乱は始まっていたが、かろうじて原形は留めていた。それでも、死体からは両腕がもぎ取られ、顔の一部も、齧り取られてなくなっていた。まるで、何ものかが強引に噛み砕いたようにも見えた。体のあちこちに見える傷は、巨大なヤスリか何かで削られた跡のようだ。何が起こったのか、その答えは最早明白だった。

　私はしばし当惑した。母親の泣き叫ぶ声が脳裏に甦ってきた。あの生物は、食料を必要としないはずである。とはいえ、攻撃し、捕食する本能だけはまだ残っているものとみえる。あるいはそれは、半ば本能的な過剰防衛であったのか……。あの時、あれが私の指に噛みついたように……。いずれにせよ、このようなことができる生物は、あれしかおらぬ。培養槽の中でも、しばしば共食いは起こっていた。私はそれをあえて改変しようとも思わなかった。

私は、自分がこれからやろうとしている計画を思い出し、自嘲気味に小さく笑ってしまった。嘔吐しながらも、私は笑っていたのだ。これから、あの国に災厄をもたらそうとしている者が、目の前の一人の男の子の死体におののいている。それこそ、滑稽ではないか……。その時だ。不意に私の背後で水音がした。反射的に振り向くと、そこに私の「子供」の顔が見えた。


彼は、長い頸を水面から突き出し、その先端にある顔が盛んに湯気を上げながら、私の方をじっと見つめていた。この私もまた、「彼」（とはいえ、この生物には性別を設定していないのだが）には、餌の一つに見えたのだろうか……。しばし、緊張したにらみ合いが続いたが、やにわに「彼」はこの私に向かって、「クゥ……」と小さな声で呼びかけてきた。まさにあの時と同じ声で……。はたしてあれは……、あの生物には、この私が自分の「育ての親」もしくは、「自分自身」だということが、わかっていたのか。それとも、まさかあの顔は……、私に対して、笑いかけておったのか……。私は考える間もなくライフルを「彼」の頭部に向けた。狙いが定まった瞬間、迷いなく発砲していた。

しばらく眼を開けることができなかった。私は、自らの手で我が子を殺してしまったのか。それで狼狽《うろた》えておるのか。いや、あの、テレビモニターの中で泣き叫んでいた女などとは断じて違う。私は計画遂行のために「彼」を殺さねばならず、その通りのことを実行したまでのことだ。証拠隠滅のために自らそれを捨ててしまったことに対し、もはや救いのない自分に対し、泣かずにはおられなかったのだ。瞼を開くと、大きく育っていた「実験体」の腹があらわれ、血で染まった水面下にゆっくりと没し去ろうとするところだった。私は、つい手を差し延べようとした。が、鰭のついた長い尻尾の先端が、するりと池の中に吸い込まれると、それはもう二度と私の前に戻っては来なかった。

果たしてあれは、地獄の血の池であったか……。

〈中断〉

•二〇一六年二月三日

今朝、誰かがけたたましくドアを叩き、寝入りばなを起こされた。憮然としてドアを開けると、そこに立っておったのは地元の警官だった。さしもの私も一瞬血の気が引いたが、気を取り直して応対した。私は何も知らないのだ。何も気取られるわけにはゆかないのだ。こんな実験をしている私にも、まだ常識人の一部が残っておったのかなどと思ううちに、次第に落ち着いてきた。

警官が、こんなところで何をやっているのか、どのように収入を得ているのかなど、ぞんざいに、かつ、しつこく問い質してきたので、差し障りのない範囲で正直に答えることにした。「研究所を定年退職したもので、趣味の研究に没頭しながら貯蓄で暮らしておる。が、最近心細くなったので来年あたり日本に帰るつもりだ」などと……。実際、ほぼその通りなのだから、嘘ではない。つまらぬ嘘は必ずばれるものだ。無論、彼は行方不明の男児のことも聞いてきた。写真を見せられた時、改めて心の中にひどくざわつくものを感じたが、つとめて平静を装った。警官は、「何か気がついたら連絡してくれ」と、紋切り型の挨拶を残して帰っていったが、どうせまたすぐに戻ってくるだろう。私は精々、罪悪感を自らの裡に育てぬようにするのみ……。

警官がやっと去ると、不意にあの「実験体」の状態が気になり始めた。極端な水温上昇……。あれは、紛れもなく彼の体から発生した熱だろう。鰓だけではラジエーターによる放熱が充分ではないのだろう。彼の体から発していた蒸気、靄……。彼を殺した時の様子が、いまになって気になり始めた。はて、これを何とすべきか……。

確か……、あの池から去り際、カラスが車のフロントグラスにぶつかってきたはずだ。「鳥」か……。そうか、それが答えというわけか。また、新たな課題が一つできたようだ。

•二〇一六年二月八日

あれからも警官は数回、私を尋ねてきた。今朝もだ。

どうやら、最初の印象で疑われてしまったようだ。「本当にこの子を見たことはないか」と同じ質問を繰り返す。私が、何かよからぬことをしたとでも思っているようだ。けしからん。冗談にも程がある。おかげで、私は、一日中ムカムカしていた。警官の前で私は終始憮然とした態度を崩さなかったが、それは別に意志が強かったからではない。私の頭脳の中で新しい計画が進行し、めまぐるしく思考が回転していただけのことだ。ただ、それだけだ。私には、不安や怒りや後悔を表情に表すゆとりさえない。私の新しい計画とは、「ラジエータの設置」。我が子に、恐竜の知恵を授けなければならないのだ。

〈中断〉

●二〇一六年二月一四日……第一六回培養五日目

数匹の個体の背中に、何やら腫瘍のようなものが認められるようになった。表皮細胞が背側正中線に沿って異常増殖を始めたのだろうか。極めて規則的なパターンだ。まるで何かの紋様のように……。そして、そのような突起のない、一見正常な個体から先に茹だって死んでゆく。つまり、生命維持に何かおかしいことが起こっているとすれば、それは、形が変わらなかった（あるいは、変われなかった）連中にこそ、問題が生じていると言わねばならないようなのだ。先日行った小規模なゲノム改変がまずかったのだろうか？　しかし、それを遂行しないとなれば、結局どこにでもいる猛獣のようなもので我慢しなければならなくなる。おそらくこの突起は、私が加えた操作の副産物とみなすべきなのだろう。

●二〇一六年二月一六日……第一六回培養七日目

やはり、あの異所的構造物は腫瘍などではなく、一種の不可避的な（発生上の）副産物であったらしい。組織学的にも、明らかな角質化の亢進が認められる。そして、成長を続けるうちに、それは一定のパターンを獲得し、一種の「鶏冠」か、あるいは「硬化した背鰭」とでも言うべきものに成長していった。それは背中を平行に走る数列の突起群となり、形態的にも一種のラジエターのような外観を獲得するに至っている。そのためか、体温も安定している。最早、体から湯気が上がるようなことはなくなった。と同時に、水温は明らかな上昇が認められる。背鰭を放熱のために用いていた化石動物は確かに多い。いずれにせよ、機能と形態が、可能な接点の一つを見出したことだけは間違いない。

〈中断〉

●二〇一六年二月二五日……第一六回培養一六日目

いまごろになって、行方不明の子供の死体が発見されたと、テレビが騒ぎ始めた。が、私の知ったことではない。同時に、「実験体」の死体も白骨化した状態で（そして、そこにある全てのものが冷え切った状態で）見つかったという。無論、犯人がその大型生物であることを、誰も疑っていないようだったが、報道番組に呼び出された動物学者らしいその専門家は（彼はこの手のTV番組によく顔を出す常連で、学会などで出会うたび、何かと辟易とさせられていた、図体ばかりがデカい、ひたすら厄介な手合いでもある）、その正体について、いかにも困惑気味で、説明に窮しておった。全くいい気味である。テキサスかどこか南部であれば、下水を伝って人工池にワニが入り込んでくることもあろう。が、ここマサチューセッツ州ではそんなことは断じてありえぬ。とはいえ、誰もがワニの仕業ということで落着させようとしているのは明らかだった。マスコミが結論を急ぎたがるのは、どこの国でも同じであるらしい。

多分、あの愚かな動物学者でも薄々《うすうす》わかっておったのだろう、謎の腐乱死体から得られた骨格が決してワニのものなどではないことを。さりとて、三メートルもある脊柱の形態が、「強いて言えば、ヒト

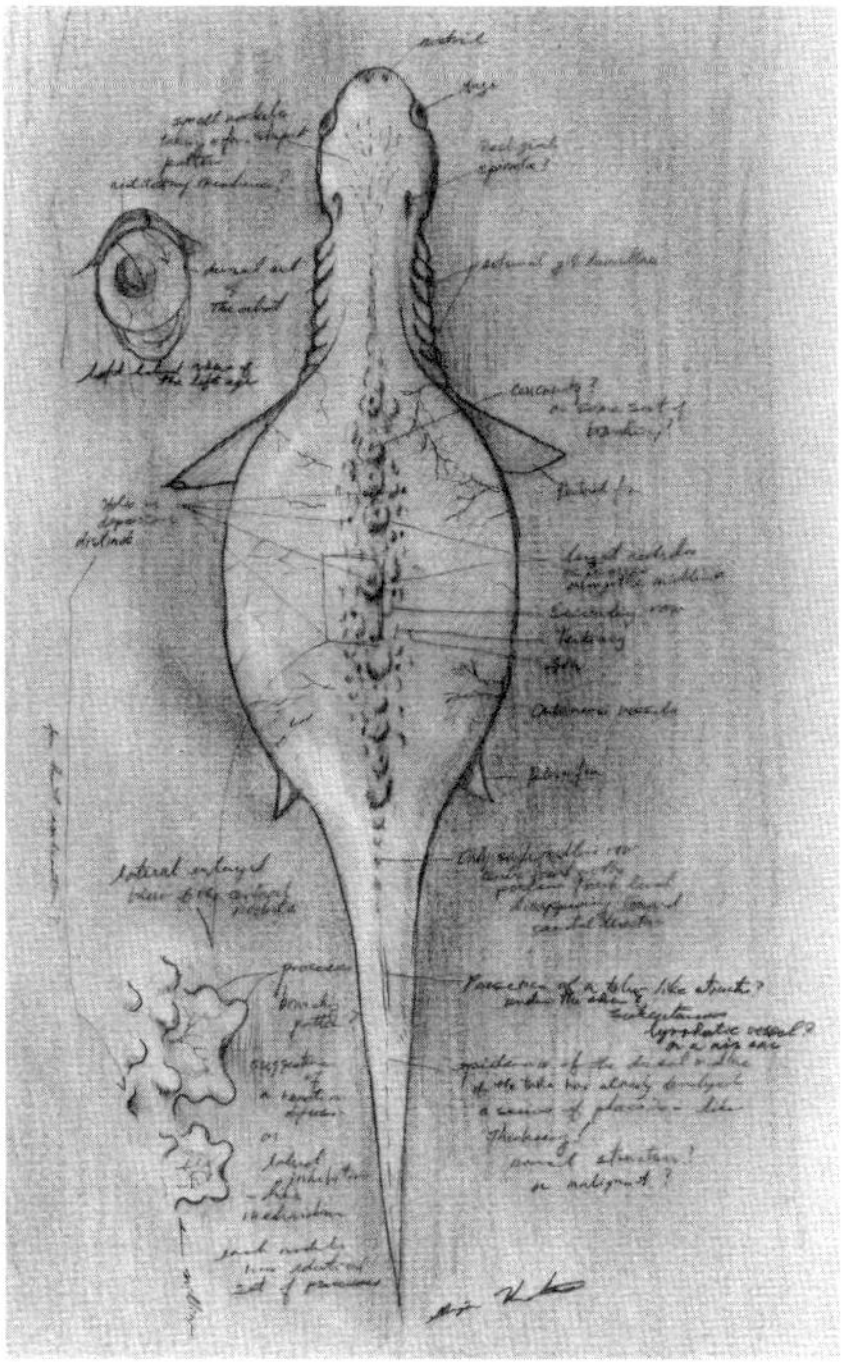

図3-4▶幼体の背側正中に生じた突起状構造物を示す博士のスケッチ。眼球を覆う瞬膜も描かれている。

図3-5 ▶ 牧博士によるスケッチ。背鰭に沿って伸びたとされる「気嚢」の解剖図であると思われる。日記の96ページ目より転載。

に最もよく似る」などとは、さすがにテレビカメラを前にしては口に出せなかったに違いない。サメのゲノムでは、原始的な軟骨性脊柱は精々「石灰化」しか起こさない。それを骨組織に変換するのは、私が組み込んだ遺伝子の仕事なのだ。いずれ、私の作り出す生物は、さらに骨の形を変えてゆく。いずれにせよ、もう私の家に警察が来ることもないだろう。これで再び仕事に専念できるというものだ。

〈中断〉

・二〇一六年三月二日……第一六回培養二一日目

剖検。

皮膚を剥ぎ、固有背筋の一部を除去した途端、それを発見した時の私の驚きと充実感を、一体どのように書き表せばよいのか。私はそのための言葉を持たないのだ。いまでも私のこの手が震えているほどだ……

牧悟郎博士の日記　　134

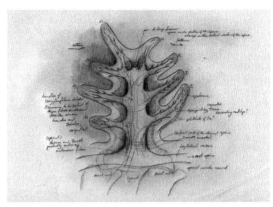

あの生物の体が大きくなれば、それだけ熱の排出・循環を効率化せねばならぬ。そのためには、現在あの生物に備わっている伝統的な循環系だけではどうしても足りず、新しい巨視的な「仕組み」を構築してやらねばならぬ。ならば、もう一つの循環系を作り出すのみ。それが、あの時私が辿り着いた結論であった。しかし、どうすればそれが達成できるのか。

脊椎動物に特有の閉鎖血管系は、本来栄養運搬とガス交換のためのものである。いま必要なのは、もっと粗野で原始的な「熱の通り道」だ。媒体は水でも空気でも構わぬ。とにかく、何らかの通気口が必要なのだ。極端な話、それは多くの扁形動物に見るような、「分岐した腸」で充分なのだ。それをどのようにして追加すべきか散々考えた末、辿り着いた答えがあの「袋」であった。確かに、袋を体の隅々にまで広げている動物がある。彼等は、骨格要素の空洞化をも実現し、その動物群に特有の「骨格の軽量化」にも貢献している。まさに、一石二鳥というわけだ。体重の増大が見込まれる動物にとって、それは理想的な仕組みと呼んでよいだろう。そのために私は、主竜類の遺伝情報を使うことにした。すなわち、その袋こそが、鳥類や恐竜に備わる、内胚葉由来の構造、「気嚢」なのである。いくつかの目的を同時に達成するために、この気嚢と同じ内胚葉の膨出が、どうしても私の生物には必要だった。それはある意味、体表に多くの「鰓孔《えらあな》」、もしくは「口」を作るようなものだ。いずれ、「彼」の内胚葉上皮はいずれ、我々のものとは全く異なった意味と形を纏《まと》うことになろう。その最初の萌芽を、私は今日、確認したのである。

見よ。その膜状の袋は、本来肺のあるべきところにできた一対のウキブクロ状の嚢より分枝し、そうしてできた細管の多くは体軸に沿い、前後に伸びつつ上行し、できかけの軟骨の脇でさらに分枝し、それぞれの管がまた細い脈管となり、背中を突き破って、突出した棘突起の先端に開口しておる。さらにこの生物は、口だけではなく、背中にもいくつかの孔を持っておる。体表の至る所に熱の排出口を備えておるのだ。あたかもそれが、本来果たすべき役割（熱の通り道）をすでに知っているかのように……。

さらに内部を剖出すると、太い正中の管が、尾に沿って脊柱原基の背側に伸びているではないか！一体何がその伸長を導いたのか。私にはわからぬ。一体、どのようにしてこんなものを一気に作りおおせたのか。コ・オプションか、それとも遺伝子制御ネットワークのリワイヤリングか……。そればかりか、その管の最後部はひたすら後方へ向かって伸び続け、垂直に伸びる背鰭基部に潜り込み、そして水平に裂けた尾の先端部に終わっておった。まるで、そこに第二の口を開けるが如くに……。気のせいか、その時私には、その開口部が微かに笑い、そしてホンの一瞬、その奥が鈍く光ったような気がした……。

〈中断〉

●二〇一六年三月四日

……どうやら、それは私に入り込んだウイルスなぞではなく、幼生達を培養していた特殊培養槽から漏れ出した放射線のためであったらしい。あの生物たちから私への、絶えざる贈り物だったというわけ

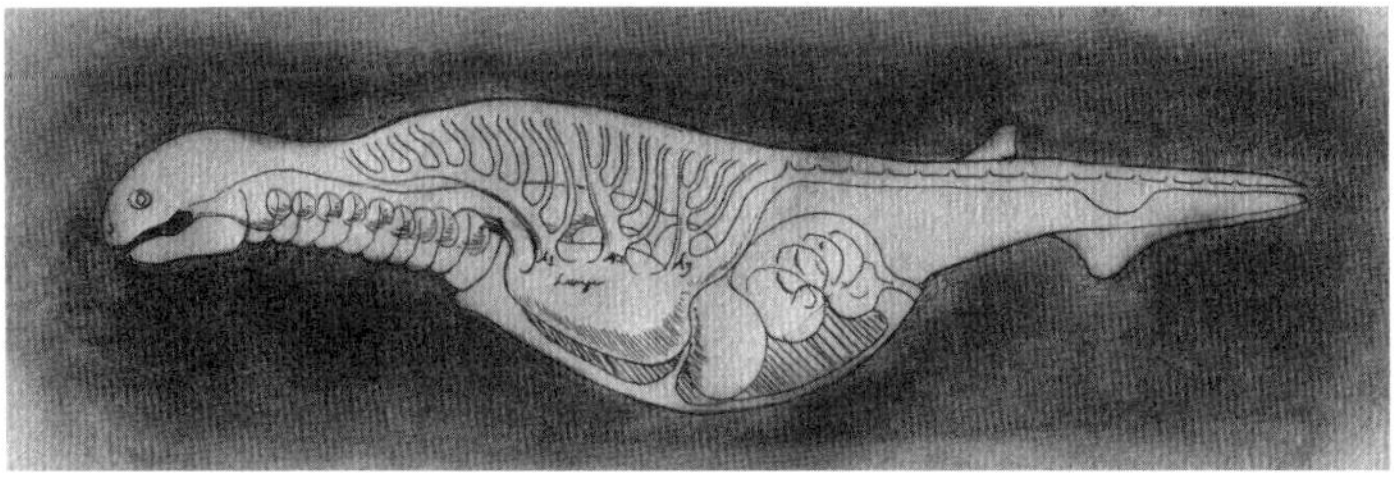

図3-6▶牧博士の手になる、幼生体に「ラジエータ」を設置するための基本設計図のようなものであったとおぼしい。

だ。構うものか。私にとっては、最早どちらでも構わぬ。日ごと己が肉体が崩れてゆくだけのこと、私はすでに生きながらえる意思を失っているのだ。いまとなっては、残されたただ一つの目的を果たすことを除いては……。

〈中断〉

●二〇一六年三月一九日

私は、取り返しのつかないことをしてしまったのか。いつのまにか、こんなにも恐ろしい「怪物」を作り出してしまった。ならば、本当の「怪物」は、まさしくこの私ではないか……。あの子供が食い殺された時に、それに気づくべきだったのか……。昨夜、確認のため走らせた最後のシミュレーションがはじき出した数値は、私の予想をはるかに超えたものであった。と、同時に、それは私の本来果たすべきであった使命を、真に貫徹する可能性を充分に秘めておった。しかし……。しかし、私には、本当にその覚悟ができていたのだろうか。その怪物の姿は、私にそう逡巡させるほどの力と大きさを見せつけていたのだ。加えて、あの機械は「永遠」さえ約束してくれたのだ。確かにそれは、生命の波の中に生じた一つの「凪」には違いなかろう。しかし、それは再生するのだ。わずかな断片さえも、再生する能力を持ちうるのだ。まだこの目で見たわけではないが、シミュレーションは無慈悲にそう予測したのだ。私が私でなくなってもまだ、それは殺戮を続け、繁殖するという。はたして自分は、本当にそれを覚悟していたのだろうか。

不意に母の顔が浮かんだ。幼かったあの頃、私はすでに自分の才能に気がついていた。自分の発見が、いずれ人類の福音となるであろうことも……。しかし気がつけば、その才能はこの世に「怪物」を産み出してしまった。にもかかわらず、作業に没頭している最中、私は全くそのことに気がついていなかったのだ。遠い昔に芽生えていた私の才能は、ついに、これほどまでにおぞましく、不気味な形に変貌してしまったのだ。何ということ。不気味というにはあまりに残酷な……。私はもう、力なく笑うしかない。

結局それは詰まるところ、怪物と私の絶えざる競争の結果であったのかもしれない。生命は繁殖を目指すものだ。一方で私は完全無欠の生物一個体をデザインしようと躍起になり、生殖系の設計と分化を最初から犠牲にしていた。あいつは私の裏をかき、繁殖すべく自らの道を模索したに違いない。

単為生殖に加え、無性生殖の可能性さえ……。

予想だにしなかった現象が、いま目の前に見えている。たとえ副産物であるとはいえ、それを作ったのもまた、ほかならぬこの私なのだ。何たること……。

●二〇一六年三月二四日

もう、迷うことは何もない。これは不条理というものなのだ。あの災厄が不条理であったように、私がこの世に生を受けたことも、インゴルシュタット時代に書庫で見つけた古い研究日誌も、さらに、あの生物と出会ったこともみなそうだ。あれは、単なる深海鮫の変種だ。巨大で、やたらと腹の膨れた……。そもそも、それが全ての始まりだったのだ。

　驚くほどのことはない。「巨大」といってもたかが知れている。深海に棲息する動物が巨大化するのは、どこにでもあるごく普通のことだ。それに、我々と異なったエネルギー代謝を行う生物などいくらでもおる。酸素のないところに棲息するメタン細菌、熱水噴出孔の超好熱性細菌、硫化水素を利用する硫黄細菌、さらには、それらを共生させる様々な真核多細胞生物群……。昔から、そんな連中がウジャウジャと……。ただ、そのような進化が、脊椎動物に生ずることが意外というだけのことなのだ。それこそがすなわち、我々の想像力の限界を物語っている。あるいは、起こりうる多くの可能性の中で、最も忌むべきシナリオの中に、我々自身がはまり込んでしまったというだけのことだ。

　その幼体を捕獲し、経代飼育することに成功して初めて、私はこの恐るべき計画を思いついたのだ。体細胞の初期化と、個体発生の反復だ。発生過程は、いくつかの「窓」を持っている。ここから手を入れれば操作できるという、一種の安定的な関所を持っている。それを利用して操作すれば……。おそらく、その時から私にはわかっていたのだ。生命の本質と、形態形成の謎が……。全ては、研究所での成果が約束していた。そう、確かあの頃、研究所には、桐島とかいう若い日本人の分子生物学者が来ていた。クソ真面目で、何の面白味もない奴だったが……。私がその思いつきを漏らすと、あの男は血相変えて説教を始めたものだったな。ふん、あの時点で、あの生物の細胞は、あらかた研究しつくされていたのだ。いまから調べても無駄だ。連中の負けだ。決定的なデータを、私がこの手であらかた処分してしまったからには……。それまでの研究と実験にかけた労力を思えば、私の加えた変更など、ホンの小さな改変に過ぎない。プロジェクト終了後、特許のことしか念頭になかった連中もいたが、私には全く関係ない。虚心坦懐にデータを見れば、子供でもわかる理論がすでにそこに転がっていたのだ。

そう、進化はずっとそのように進行してきたのだ。三四億年前に細胞が成立し、七億六〇〇〇万年前に多細胞体制が始まった時点で、あとは爆発的な多様化が自動的に、驚くべきスピードで進む。それはほとんど約束されていたようなものだったのだ。そう、「予定調和」というヤツだ。あのサメが細胞レベルであの呪われたアーキアを取り込み、いくつかの遺伝子が水平伝播し、核エネルギー代謝に成功した時点で、それはいつでも起こりうることになったのだ。あと、「一押し」がありさえすれば、どんな「怪物」でも作製可能になったのだ。私のやったことは結局、進化の傾向と可能性を、わずかに推し進めてやっただけのこと。この私がやらずとも、いつか誰かがやってしまうのだよ、桐島君……。彼には所詮、科学というものがわかっていなかったのだ。

連中にも理解できないだろう。あの生物が発生の途中で、酸素呼吸を止め、我々とは全く異なったエネルギー代謝機構が始まるようにプログラムされていると知った時の私の驚愕を……。生命は道を探し続け、安定した適応のポイントを発見してはそこに落ち着く。その変化のプロセスこそが生命の本質なのだ。その本質の中に、私はあの時、微かな望みと最後の「救い」を発見した。これは全く新しい生物だ。どうせ愚かなあの連中は、私が恐竜のゲノムを再構成し、そこに何か幼生世代を挿入したとでも思うのだろう。全くのお笑い草だ。冗談ではない。それはむしろ、「過形成」というべきなのだ。★あれは所詮、一頭のサメに過ぎぬ。その発生プログラムの最後に、本来この生物には存在しなかった、「さらなる変形と成長」をつけ加えたのが、ほかならぬこの私なのだ。

★――進化形態学者、ド＝ビアが提唱した、異時性（ヘテロクロニー）による進化の一タイプ。祖先が持っていた発生のタイムテーブルの最後に、新しい発生過程が追加することによって、子孫に新しい形が生まれることを言う。

私は遺伝子を追加・改変し、人為淘汰を通じて発生カスケードを安定化させ、サメの生活史の最後に、ほんの少し新しいページを追加してやった。いわば、ヘッケルが幻視した終末付加だ。人はそれでも、目の前にいるその生物を理解しようとはしないのだろう。私はおそらく、その結果を見ることなく消えてゆくだろうが、一体、この生物がどれほど大きくなりうるのか、私にも予想できない。二回目の変態を終えてのち、おそらく彼はいったん海に戻ることだろう。上手く熱水噴出口を見つけられるかどうかも覚束ない。しかし、見つけたが最後、彼は鉄の鎧を身につけたおぞましい姿となり、再び陸に上がろうとするはずだ。そのあと一体、何が起こるのか、この私にもわからない。それでも私は満足だ。存分にやり遂げたのだから……。そして、妻もそれを望んでいるはずだ。

〈この後三四ページ欠損〉

●二〇一六年一一月三日

明日、帰国する。あの国に我が身を葬り去るのだ……。私の体はすでに、このドーマント★のインキュベータと化している。私自身と私の怨念とが、この胎内で静かに蠢いているのがわかる……。生きたまま私を食らうがいい。あるいは、造反を始めた私が彼を食らうのか……。最早私には、その違いすらわからない。いずれ私は、私の作品と一体化するのだ。

★――いわゆる休眠状態にある個体のこと。様々な動物の発生過程にこのような状態を見ることができる。

付記

ゴジラ殲滅後も、東京湾に遺棄された「グローリー丸」周辺での捜索は続行中なるも、いまだ牧博士の遺体は発見されていない。

本稿はヒューバート・ヴェナブルズ氏へのオマージュとして執筆した（著者）。

第二章 個別の博物誌

ゴジラ生態圏をめぐる四つの報告書

四足歩行怪獣アンギラスの形態学的特徴とその進化的起源

古生物学・博士　山根恭平

本報告書は、過去五度にわたり目撃された怪獣、通称「アンギラス」に関し、その正体に疑問が多いとかねてより指摘されてきたことを受け、いまだ未解決のまま残されている問題を明らかにし、現在の知見より改めて総合的な考察を加え、新たな解釈を提示する目的で書かれたものである。この怪獣は、一九五五年に初めて目撃されたが、それは同時に出現したゴジラ第二個体により殺傷され、続いて一九六九年に第二個体が確認され、ただちに小笠原諸島の管理施設へ移送、飼育されるも、同年異星人による襲撃に際して施設を去るにいたった。同個体は再び一九七二年に現れたものの、その後永らく消息を絶っていた。二〇〇四年に目撃された第三個体は、先の二個体とは形態や行動がやや異なり、別種、もしくは別亜種に相当するのではないかという見解があり、別に考察することが妥当であると思われる。以下の報告は、主として二〇世紀に目撃された二個体に関するものである。

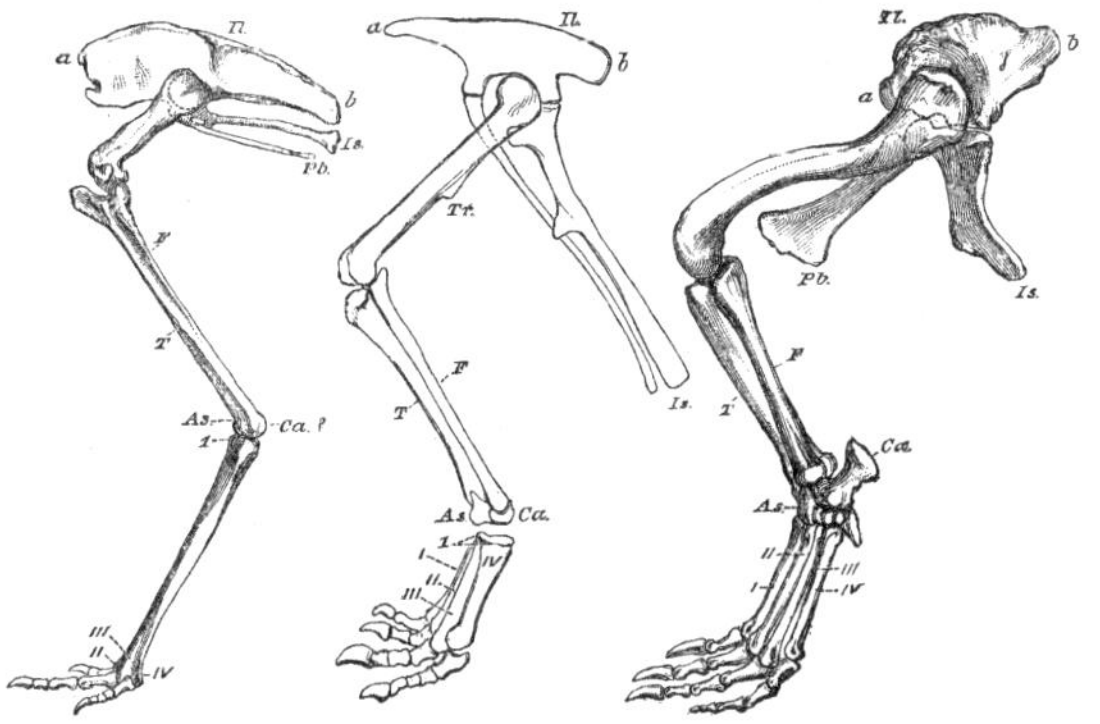

図4-1▶骨盤の形態による主竜類の分類。左より、鳥類(エミュー*Dromaeus*)、鳥盤類(イグアノドン*Iganodon*やヒプシロフォドン*Hypsilophodon*など)、ワニ。比較のため、大腿骨の角度を合わせてある。鳥盤類の骨盤は、一見トリのものに似るためそう呼ばれるが、実際の鳥類は竜盤類に起源したため、この類似性は相似的なものである。実際、似ているのは骨盤全体の形だけであり、その形態学的組成は鳥類と鳥盤類では異なっている。詳細はスウィントン(1974)を見よ。ワニの骨盤は、竜盤類恐竜のものに似る。Huxley(1883)より。

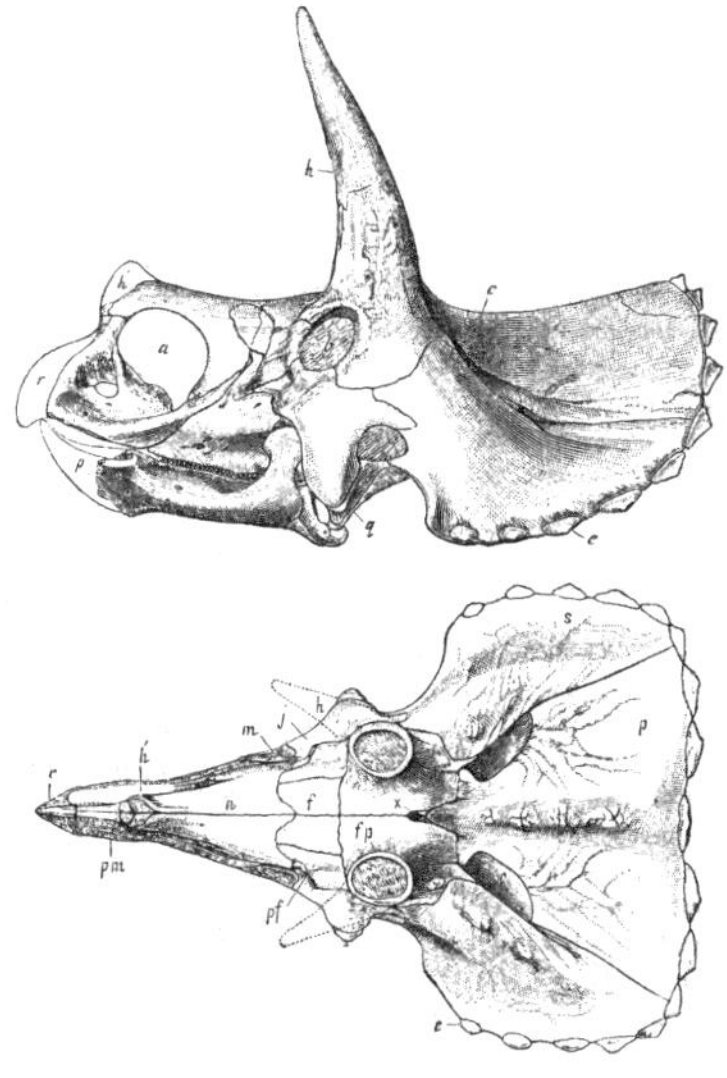

図4-2▶鳥盤類の1種、トリケラトプス*Triceratops*。クチバシの存在に注目。Gegenbaur(1898)より。

概要

背中に特徴的なスパイク（棘）の集合体からなる甲板を持ち、四足歩行を行う怪獣アンギラスは、田所博士の一九五五年当時における見解によれば、白亜紀に棲息していた鳥盤類の一系統、曲竜類（下目、Ankylosauria）に属するアンキロサウルス*Ankylosaurus*の生き残りと同定されるという（報告の詳細は下記参照）。その推論に対し、当時、他の有識者からの異論は特になかった。

三畳紀に現れた恐竜類は、大きく竜盤類と鳥盤類に分類することができ、その区別は基本的に骨盤の形態による。すなわち、骨盤は腸骨、坐骨、恥骨よりなり、それらが合一したところに大腿骨頭がはまり込む寛骨臼《かんこつきゅう》が形成されるが（いわゆる股関節をなす）、骨盤を構成する三骨のうち、恥骨が前方に大きく張り出すグループが「竜盤類」と呼ばれるものであり、その骨盤の形態は現生ワニ類のそれに似る（図4-1）。これら、竜盤類の多くは二足歩行で、かつ食肉性の動物であり、顎骨の周囲全域にわたって歯が生えるという特徴をも共有する。が、一部の竜盤類は（カミナリリュウに見るように）二次的に四足歩行に戻った。

一方、「鳥盤類」の骨盤においては、恥骨が後方へ伸長し、一見それが鳥類のものに似るためにこの名が与えられている。が、鳥類はむしろ竜盤類より派生したものであるため、この類似性は一般に収斂の結果に過ぎないと思われている。鳥盤類恐竜には四足歩行のものと二足歩のものがあり、すべてが草食性である。その歯は顎骨を取り囲むことはなく、前方では欠失するのが普通である。この仲間の恐竜はいわゆる「クチバシ」を持ち、下顎の歯骨前方に「前歯骨」という、このグループに独特の骨要素を持つ。これは下顎のクチバシを支えるために新たに獲得されたもので、他の脊椎動物に現れることは滅多になく、そのため、鳥盤類の共有派生形質（そのグループを定義づける形質）とみなされている。

アンキロサウルス類もまた草食性の鳥盤類恐竜であり、大きくアンキロサウルスとノドサウルス（ノドサウルス科 Nodosauridae）の仲間からなるが（これに、ポラカントゥス科 Polacanthidaeを別のグループとして加える

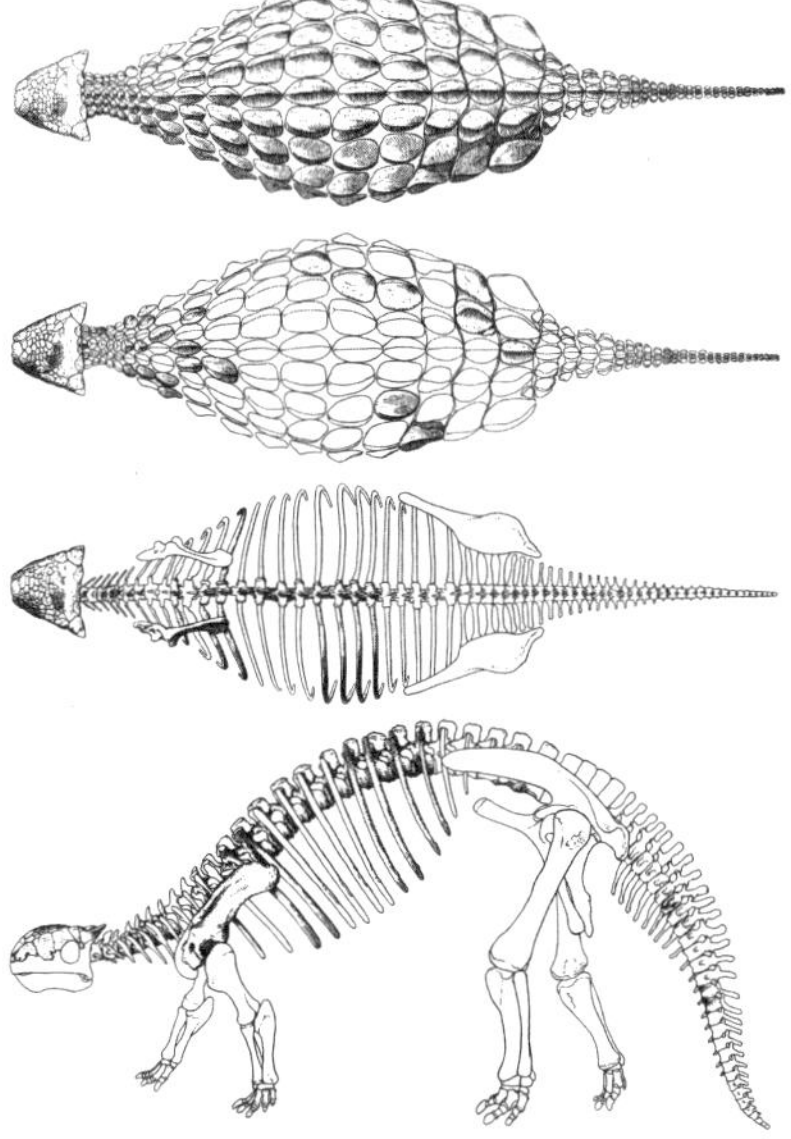

図4-3▶アンキロサウルスの初期の復元。尾の先端の棍棒状の構造について知られていなかった時代のもの。上の2図は外骨格性の皮骨片（オステオダーム）の配列を、第3図は内骨格を示す。最下段は側面観。とりわけ骨盤が前後に大きく広がっていることに注意。Brown（1908）より転載。

場合もあり）、後者の起源はジュラ紀初期にまで遡る。これらの恐竜がさらにどの系統から起源したかについては必ずしも意見の一致を見ていないが、同じくジュラ紀初期に棲息していたスケリドサウルス*Scelidosaurus*やステゴザウルスの系統と類縁性があるという可能性については、つとに指摘されてきた（図1-8を見よ）。

その外見から明らかなように、アンキロサウルス類の恐竜は、防御のため体表を広範に覆う装甲を持ち、現生のアルマジロに似た方法で身を守っていたのであろうと推測される（二〇〇四年に現れた、アンギラスの第三個体は、あたかもアルマジロのように体を丸める習性があることを初めて明示した。「ゴジラFINAL WARS」）。最近の研究では、この恐竜は充分に成長するまで装甲が発生しなかった、すなわち皮骨形成と角質構造物の分化が成熟とともに起こるということが明らかになっている。ちなみに、アンキロサウルス類についての田所博士の説明は、以下の通りである。

……この、アンキロサウルス、通称「アンギラス」と呼ばれる怪獣は、いまからおよそ七〇〇〇万年前から一億五〇〇〇万年前の時代、すなわち地質時代に地上を横行しておった巨竜の一種であります。もちろん、ゴジラも同時代に生存しておったのであります。ここに、ポーランドの古代動物学会の世界的権威、フレデリー・ゴードン博士の報告書がありますから、ちょっと読んでみましょう。「アンギラスは身長一五〇フィートから、二〇〇フィートに及ぶ、完全なる肉食の剛龍で、その行動は巨大な体の割に甚だ敏捷である。しかも、このアンギラスが他のいかなる動物とも異なる最も著しい点は、その行動を敏捷たらしむため、脳髄が肉体の数か所、つまり、胸部、下腹部などに分散している点である。しかも、アンギラスは他種の生物に対しては、徹底的な憎悪を持つ好戦的な種族である……」（映像記録に基づく。「ゴジラの逆襲」1955 東宝より）。

このように、当時はアンギラスとアンキロサウルスの名称は、同一動物に対するシノニムとして扱われていた。さらに、この生物は、一九五五年当時では肉食と考えられていたが、現在それは誤りであるとされている（大阪襲撃時においては、アンギラスの採餌行動は観察されていない）。アンギラスの凶暴性は、基本的に大型草食動物が強大な捕食者に対して見せる性質とすべきであり、したがって、大阪の街を灰燼に帰せしめた先のゴジラとの戦いは、本来、肉食獣ゴジラの攻撃に対する、草食獣としての防衛行動であったと見るべきかと思われる。★ また、田所博士の解説に見られる「複数の脳髄」については別項にて述べる。

★――が、一方で「ゴジラの逆襲」封切りの前後に「うちのアンギラス」というレコードがビクターから発売されており、そこではこの二頭が夫婦に見立てられ、ゴジラの方が奥さん役となっており、映画とはかなり印象が異なる。

アンキロサウルス類の頭蓋には、興味深い特徴がある。すなわち、外鼻孔から伸びる気道がS字状に折れ曲がり、複雑な形態構造を見せるのである。これによって吸気を加湿するか、あるいは、鼻腔の表面積を拡大することによって鋭い嗅覚を獲得していた可能性が示唆されている。さらに、気道の外側部には、空所、すなわち現生のゾウの頭蓋に見るような「洞」がいくつか出来ており、頭部の重量を軽減していた可能性もある（頭蓋のpneumatization＝含気化）。アンギラスにこれらの特徴が共有されているという報告は、いまのところない。

確かに、その装甲と体型のため、アンキロサウルス類は体長に比して極めて重かったらしい。これに伴って、それを支える四肢もかなりしっかりとしている。肩甲骨や骨盤に残された筋の付着部から推測すると、とりわけアンキロサウルス類の上腕部と大腿部には、他の恐竜には類を見ないほどに大量の筋が付随していたことがうかがえるのである（図4-3）。

現生アンギラスと化石アンキロサウルス類の比較

以上の議論からすると、怪獣アンギラスには鳥盤類の一員として不自然な点がいくつか認められる。すなわち、アンギラスは「クチバシ」を持たず、またそれに対応して、顎骨の周囲全域に歯を持つのである。したがって、おそらくアンギラスには前歯骨が存在しないと結論してよいであろう。アンキロサウルスとアンギラスの外見も、互いに甚だしく異なる。例えば、アンギラスの背部に無数のスパイクが一様に密生する一方、化石より知られる白亜紀のアンキロサウルスの体表には、やや扁平な皮骨性の装甲板、オステオダームが発達し、しかもそのそれぞれが場所ごとに独特の形状に分化していた（図4-3）。したがって、観察されたアンギラスの形態は、実際のアンキロサウルス類よりも、むしろ哺乳類のハリネズミやハリモグラ、あるいはテンレックのようなパターンを思わせる（ただし、これら哺乳類の突起は毛の変化したもの）。強いて恐竜の仲間にこれと似たものを探すとするならば、アンキロサウルスに近縁のポラカントゥス*Polacanthus*（白亜紀前期の恐竜で、学名は「多くの棘」の意）が、よく似た装甲を持っていた。アンギラスにおける状態はおそらく二次的な特殊化と見るべきものなのであろう。ちなみに、剖検時の所見によれば、確かにアンキロサウルスの突起は角質構造物ではなく、紛れもなく皮骨の一種であった。

とはいえ、現生アンギラスにハリネズミやハリモグラ的なイメージが付与されていることは明らかである。ハリネズミはヨーロッパの伝承では、キノコや果物を背中の針に指して持ち運ぶとされているが、アンギラスもまた、背中の突起を明らかに突き刺す武器として用いることがある。同時に、背中に装甲を持つということは、見かけ上カメ類とも通ずるものがあり、事実、アンギラスが敵に噛みついたが最後、決して放さないという習性には、まるでスッポンの類を思わせるものがある（ちなみに、このアンギラス独特の攻撃方法の犠牲になったのは、キングギドラのみである）。ただし、外見は似ていても、（筆者の研究室の平沢らが明らかにしたように：Hirasawa et al., 2013）カメ類の甲は内骨格である肋骨を主体としてもたらされた、他のどの脊椎動物にも見ることのできない独特のものである。この点、アンギラスの装甲は上述のとおり、アンキロサウルス類と同様、真皮中に生じた皮骨によって構成された外骨格性の構造である。

また、アンギラスの後頭部には、化石アンキロサウルスとは異なり、複数の角状突起がフリルのように密生し、後頭部を取り囲むが、これに似たものはスケリドサウルスや、ノドサウルス*Nodosaurus*の仲間のポラカントゥス（前述）にも見ることができる（角竜のスティラコサウルス*Styracosaurus*にも、それを思わせるものは存在する）。アンキロサウルスにおいても、後頭部側方に「large triangular bone（大きな三角形の骨）」と呼ばれる特徴的な皮骨が発達しており、これがアンギラスのフリルと同類の骨であろうと推察される。加えて、アンギラスは鼻の頭に単一の角を持つが、ここは本来、鳥盤類恐竜ではクチバシが発するところであり、これまでスケリドサウルス、ノドサウルス、アンキロサウルス類の化石にこのようなものが発見されたことはない。

その他、上に述べたアンキロサウルス類の頭部形態や、体重を支えるための仕組みに類するものは、アンギラスには一切見出すことはできない。すなわち、アンギラスはアンキロサウルス類とは異なり、極めて華奢で、しかも敏捷な動物であると言わねばならない。これが一種の特殊化の結果であるのか、アンキロサウルス類の一種であるという田所博士の見解を訂正すべきなのか、はたまた、アンギラスが鳥盤類に属するという前提から疑う必要があるのか、結論はまだ得られていない。

複数の脳？

かつて、恐竜はその大きすぎる体を制御するために、複数の脳を持つと示唆されたが、このような説明は誇張にすぎる。そもそも鳥盤類に属するいくつかの恐竜の脊髄には「膨大部」が認められ、それが脳になぞらえられたにすぎない。

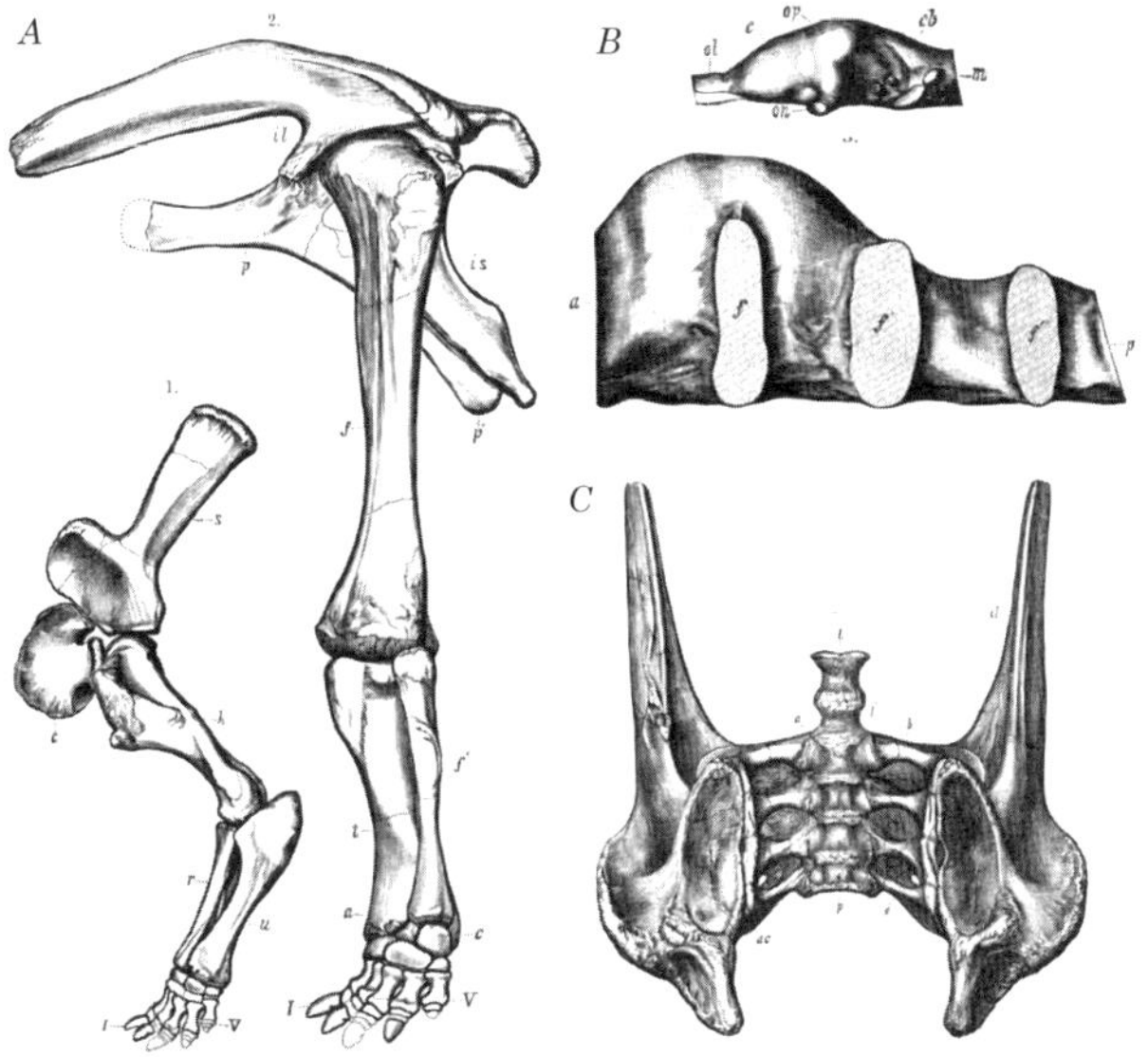

図4-4▶マーシュにより報告された、ステゴザウルスにおける「第2の脳」。ステゴザウルスの前脚と後脚を比べればわかるように（*A*）、後脚を動かすためにはより多き神経細胞が必要である。*B*は本物の脳（上）と腰膨大（下）の比較。脳の方がむしろ小さいことがわかる。*C*は、腰膨大を収める仙骨と、その両側の腸骨。ワニの骨盤は、竜盤類恐竜のものに似る。Marsh（1881）より。

恐竜に限らず、四肢動物の脊髄においては、上肢と下肢を支配するレベルでより多くの運動ニューロン（神経細胞）や知覚ニューロンを持たねばならず、その結果、それらに対応する膨らみが生じ、人体解剖学ではこれをそれぞれ、「頸膨大」、「腰膨大」と呼ぶ。しかし、それは微かな膨らみであって、決して脳のような塊、もしくは脳に見るような複雑な神経回路網をなしているわけではない。とりわけ後脚が強大に発達しているステゴザウルスでは、それに伴ってこの腰膨大もひときわ大きく発達していたことが、かつて仙骨の形状より示唆され、これを最初に報告した古生物学者のマーシュが、この腰膨大を「第二の脳」と表現したのである。これがそもそもの始まりである（図4-4）。これもまた脳などではなく、脊髄が肥大しただけのものなのである。恐竜が四肢動物である限り、それは脊椎動物の基本構築プランや基本発生プログラムを大きく逸脱することはできない。体前方に一つの脳を持つことは、同じボディプラン（解剖学的基本構築）を共有する脊椎動物だけではなく、すべての左右相称動物の宿命であり、（阿形博士によるプラナリアの実験において示されたように）人為的に発生の遺伝子プログラムを変更しない限り、体の多くの箇所に脳を持つことはできないのである（Cebrià et al., 2002）。

ちなみに、この腰膨大が陸上動物の歩行や直立にとってかけがえのない構造であるという事実は、ゴジラ掃討作戦においてすでに応用されており、一九九三年、この部分を集中攻撃することによってゴジラを再起不能とする作戦が実行された。たとえそれが脳ではなくとも、腰部の脊髄が破損すれば、ゴジラとて歩行が不可能となる。それは確かに、一時的には功を奏したが、原因不明の組織再編が生じ、ゴジラは瞬時に復活してしまったのである。その再生が、果たしてどのような機構で可能であったのか、現在でも謎に包まれている。

恐竜類に見るこの腰膨大に関しては後日談がある。古生物学者ギッフィンが一九九〇年に発表した新しい説によると、ここは脊髄腰膨大ではなく（無論、脊髄は四肢動物の腰膨大として多少の膨らみを示してはいただろうが）、むしろ現生の鳥類に見るような、グリコーゲンの貯蔵所となっていたはずだというのである。ただし、その機能はまだはっきりとしていない。いずれにせよ現在では、恐竜に「第二の脳」があったという説を信じる古生物学者は一人もいない。

補論

キングギドラは何頭か?

キングギドラが最初に登場した「三大怪獣地球最大の決戦」のタイトルが、昔からえらく気になっていた。この映画には一見、四頭の怪獣が現れるのに、一体どういうことなのだろうか? この疑問については、子供の頃から友人とさんざん議論してきたが、誰も納得ゆく解釈を提示したことはない。「三大」というのは、「ゴジラ、モスラ、ラドン」という地球の三大怪獣のことか。それとも、ポスターの中で目立っている「ゴジラ、ラドン、キングギドラ」の三頭か(私は永らくそう思っていた)。最初、一匹でキングギドラと戦おうとした幼虫モスラの存在が、それほど小さいとも思えないが……。

それについてのヒントが、すでに先のコラムで考察した「ヤマタノオロチ」にあるのではないかと気がついたのは、ついこの間のことだ。三船敏郎主演の東宝映画、「日本誕生」(1959)においても、東映アニメの「わんぱく王子の大蛇退治」(1963)においても、ヤマタノオロチを退治するためには、八つある頭を一つずつ倒していかねばならない。一つの頸を殺しても、他の七つは生きている。それを一つひとつ剣で刺してゆき、最後の一頭が倒されることによって、初めてヤマタノオロチは絶命するのである。これと全く違った戦い方をするのが、映画「アルゴ探検隊」(1963)における英雄ジェイソンであり、七つの頭を持った大蛇、「ヒュドラ」を倒すため、彼はその心臓をひと突きにする(神話の中でのヒュドラはもう少し複雑で、九つある頭のうち一つが不死であり、それを何とかしない限りいくらでも蘇るという)。

キングギドラはやはり、ヤマタノオロチの方に近いのであろう。ゴジラも一つの頭を「一頭」の怪獣として戦っているように見えるし、それぞれの頭が別の個性を持つようにも見受けられる。ならば、キングギドラはあれで、三頭の怪獣なのだろう。おそらく、キングギドラに三つの頭があるのは、話の展開上この怪獣が同時に複数の相手(当初は、ゴジラ、ラドン、モスラ)と戦うべく運命づけられていたからであろう(のちにキングギドラの対戦相手は二体になったり十体になったりしたが……)。つまりあれは、「三対三」の戦いであったと考えるのが妥当なのだ。そもそも、この戦いを「地球最大の決戦」と呼ぶのは、地球人や三頭の地球怪獣からの視点であり、宇宙から来たキングギドラにとっては、地球は多くある星の一つに過ぎない。言い換えれば、「三大怪獣地球最大の決戦」とは、地球怪獣と観客の共通目線から見た、「防衛戦」という解釈なのである(その意味で、ゴジラはこの時すでに、正義の味方になってしまっていたとも言える)。この舞台では、キングギドラは「よそ者」なのである。加えて、「ゴジラvsキングギドラ」(1991)においては、キングギドラが実は、遺伝子工学によって作られた三匹のペットが合体したものであったと説明されている。やはり、キングギドラは一頭ではなく、どうやらあれで三頭分の怪獣なのであるらしい。

モスラの昆虫形態学と分類学について

昆虫学教授　杉本是也

このような事態からして、私はあえて、蝶の羽の紋様と色調とは彼らの〈絵画〉を形作るものであるとの説を提唱するものである。——ロジェ・カイヨワ『メデューサと仲間たち』より

モスラはまぎれもなく蛾の一種であり、それが何らかの理由で巨大化したものであろうから、それは、過去に人類がこれまで遭遇したカマキラスやクモンガ、あるいはエビラ、メガギラスのような、一連の無脊椎動物型怪獣と同じ系譜上の存在であると見るべきである。そして以下に述べるように、いくつかの形態学的特徴から、モスラは鱗翅目昆虫の中でも、とりわけヤママユガ科 Saturniidaeに属する可能性が高いと一般には考えられている。したがってまず、その仮説の検証を試みるのが、モスラの正確な生物学的理解にとって最も有意義であろう。

成虫モスラと翅の紋様

ヤママユガ科は、世界最大の蛾、ヨナグニサン*Attacus atlas*を含む、約二千種以上からなる、比較的大

図5-1▶ヨーロッパに棲息する様々な蛾。上はヤママユガの仲間。下はスズメガの仲間。Kirby（1903）より。

きな鱗翅目昆虫のグループであり、それは世界中に広く分布する。日本にも、一二種ほどを産する。その美麗さから、蒐集家も多い（かくいう小生もその一人である）。フランスの思想家、ロジェ・カイヨワはかつて、「人が芸術としてキャンバスに絵を描くように、蝶は自らの体を使って芸術を実践しているのだ」という意味のことを語ったが（『メデューサと仲間たち（*Méduse et cie*）』）、おそらくそれは蛾についてもまた真実なのである。人間的目的論や機構論を徹底的に廃し、純粋に生物進化の現象としてこれを見るならば、この自然の中で何らかの意味を伴って成立し、試行錯誤のうちに安定化したパターンや色調からなる彼らの「紋様」は、人の作り出す芸術と、本質において全く変わるところがない。そして実際、あまたある動物の中で、彼ら以上に人を魅了するものも他にない。ならば、ある意味モスラは、この地球に生まれた、最も偉大にして巨大な芸術家である、という結論が導かれることになる。インファント島において、永らく原住民から「神」として崇め奉られてきたことも、まことに宜《むべ》なる哉《かな》、である。

翅に目玉模様を持つものは、ヤママユガ科に共通する一般的特徴であり、成虫モスラの場合、前翅に刻印されている目玉紋様がとりわけ大きい（ただし、その形態学的意義については後述）。前翅に大きな目玉紋様を持つ蛾としては、他にイボタガの仲間（*Brahmea*属）も知られるが、この蛾の仲間はモスラとはだいぶ印象が異なっており、茶褐色と白を基調とした細密な縞模様を特徴とする（しかし、下記を参照）。これはこれで美しいが、インファント島の自然に調和するとは考えられない。周知のようにモスラはこれよりはるかに派手な色合いとパタンを持つ。ゴジラと対戦する「美しき昆虫」として、熱帯生まれのこの怪獣はそれにふさわしい紋様で飾られるべきであり、そのような翅を背負う分類群としては、ヤママ

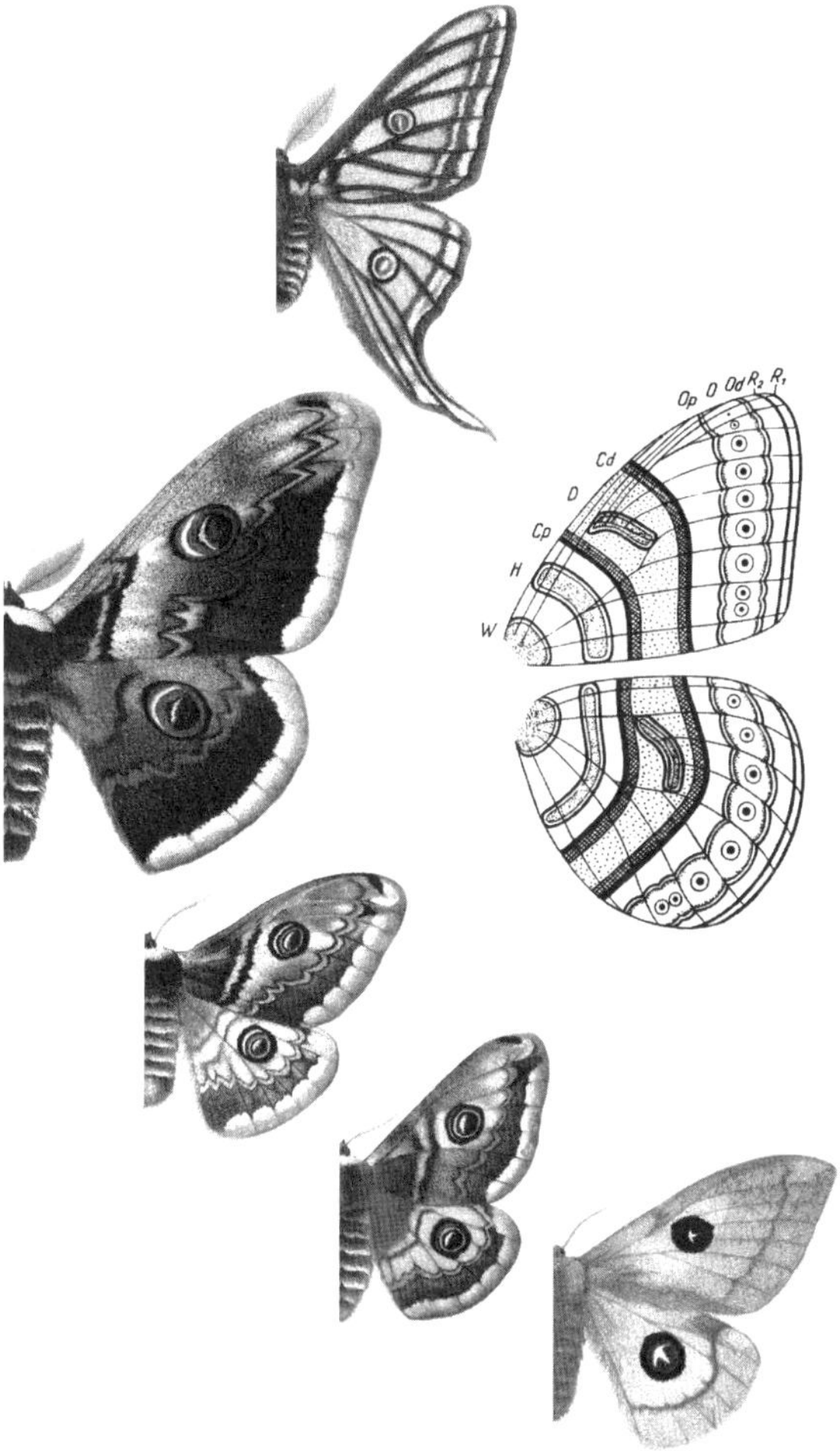

図5-2▶ズッフェルトの提案した、鱗翅目の翅の紋様を説明する原型理論。ここでは、ヤママユガのいくつかの種（前図より）に見る紋様を並べてある。最下段のエゾヨツメ*Aglia japonica*は、春から初夏にかけて年に一度だけ発生するもので、ユーラシアに広く分布し日本にも棲息する。黒い縁取りの目玉模様の中央に美しい藍色とT字型の白い輝きが浮き出た、我が国で最も可憐な蛾の1つである。Kirby（1903）より。模式図はSüffert（1927）より。

ユガの仲間が最もふさわしい。

形態学的にこれを検証する方法がある。すなわち、蝶と蛾に見る様々な紋様は、それぞれの種が好き勝手に作り出しているのではなく、おそらく鱗翅目の祖先において成立したとおぼしい、ある種単純な紋様発生のプログラムによっているのであり、その結果として、あらゆる紋様の背景には常にある特定の「基本形（グラウンドプラン）」が存在し、比較形態学的方法により、あらゆる翅の紋様の起源を知ることができるのである。実際、図5-2に示したように、一つのグラウンドプランの変形として、全ての蝶や蛾の翅のパターンは説明されるであろうと、ズッフェルトやヘンケ、シュヴァンビッチのような、欧州の昆虫比較形態学者達は考えたのである。ならば、モスラの翅の紋様も、同じ基本形の変形として説明できるはずである。それが示されれば、モスラの分類学的位置のみならず、その進化的起源の理解にとって大きなヒントとなるに違いない。

言うまでもなく上の仮説は、一種の原型論であると同時に、典型的な構造主義的認識論とも言うことができよう。すなわちこの考えは、観察対象を小さな単位に分割し、分析的に理解するのではなく、紋様をなす要素間の繋がり方に注目し、それを物事の本質と見る、形態学に典型的な、全体論的観察方法を述べているのである。この方針にあって、多様性は不変の「原型」という、最も本質的で深みのある構造の「布置変換」（つまりは変形）として与えられることになるのである。ちょうどそれは、ヨハン・ゼバスティアン・バッハ作曲の「ゴルトベルグ変奏曲」のように、共通パターンを幾重にも変形し、次々にヴァリエーションを作り出してゆくようなプロセスにもなぞらえることができる。

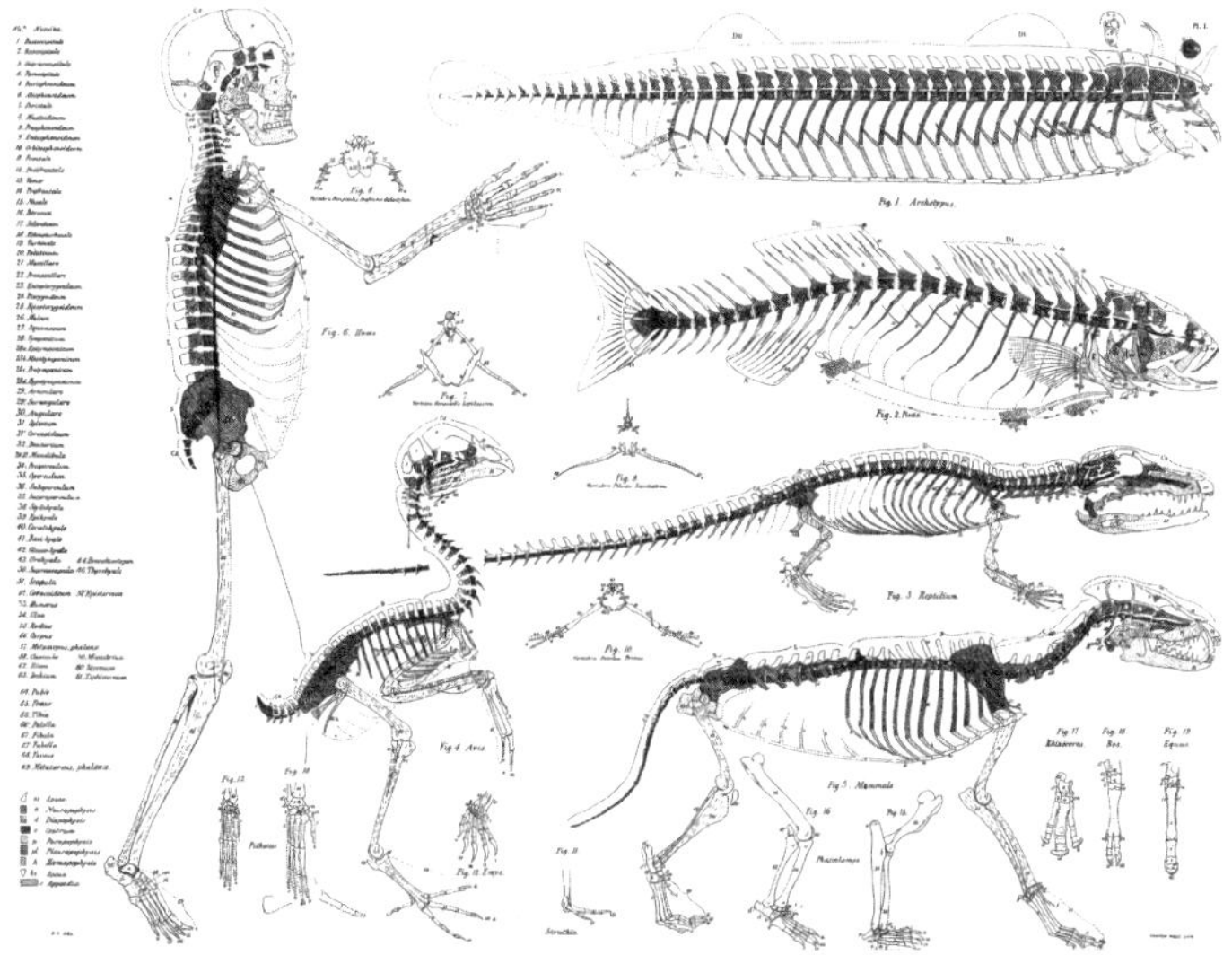

図5-3▶リチャード・オーウェンの「原動物理論」。背骨の連なりからなる原型的動物（右上）を変形することによって、あらゆる脊椎動物が導かれるとした。Owen（1849）より。

このように考えればすぐに気がつくように、同様の方針に基づき、すべての脊椎動物の形を説明しようとした一九世紀英国の解剖学者、リチャード・オーウェンもまた、ある種極端な構造論者であった。すなわち彼の「原動物理論」（全ての脊椎動物の形を、一つの原型の変形として説明した。図5-3）も、鱗翅類のグラウンドプランと同じ形態哲学に基づいていたのである。当時の比較形態学者によれば、様々な脊椎動物の体を作る諸器官や、個々の骨が、異なった動物の間で比較可能なように、異なった種の蝶や蛾の紋様を作る、目玉模様であるとか、帯、斑点のような、比較可能な単位同士の間にも、同じ原基に由来したが故の、いわゆる「相同関係」と呼ばれる同一性が存在するということになるのである。

実際、そのような比較の方法は、進化過程をつぶさに説明しないまでも、共通祖先の姿を窺《うかが》い知る上では、ある程度のところまで上手く機能するようである。とりわけ、相同性の発見においては、この方法はたいへん役に立つ。例えば、多くの教科書に引用されているズッフェルトの原型モデル（これを専門的には、「ニンファリッド・グラウンドプラン（タテハチョウ型基本形）」という）によれば、紋様の基本形は、翅の基部から外縁部にかけて、翅を前後に走る五種類の帯からなるという。すなわち、基部から外縁にかけて

「基底帯（W）」「基底対称システム（H）」「中央対称システム（D）」
「辺縁部眼状紋群（O）」「辺縁帯＋亜辺縁帯（R）」

を見ることができるのである（図5-4）。これらのうち、いわゆる「目玉模様」と呼ばれるものは、常に中央対称システム（D）の内部に発するとされる。つまり、このような基本形それ自体は常に保存されるが、その部分が時に消失したり、（ゴム板のように）折れ曲がり、広がり、歪んだりすることによって、無限のヴァリエーションを作り出すことができるのである。しかも、そのような変形の後でも、常に紋様を構成する要素の相対的位置関係だけは変わらない。

様々な鱗翅目昆虫の翅の中でも、上の原型モデルは、直感的にはタテハチョウよりもヤママユガの仲間の紋様を上手く説明する（図5-2）。実際、ヘンケは一九三六年、多くのヤママユガの紋様を、一つ

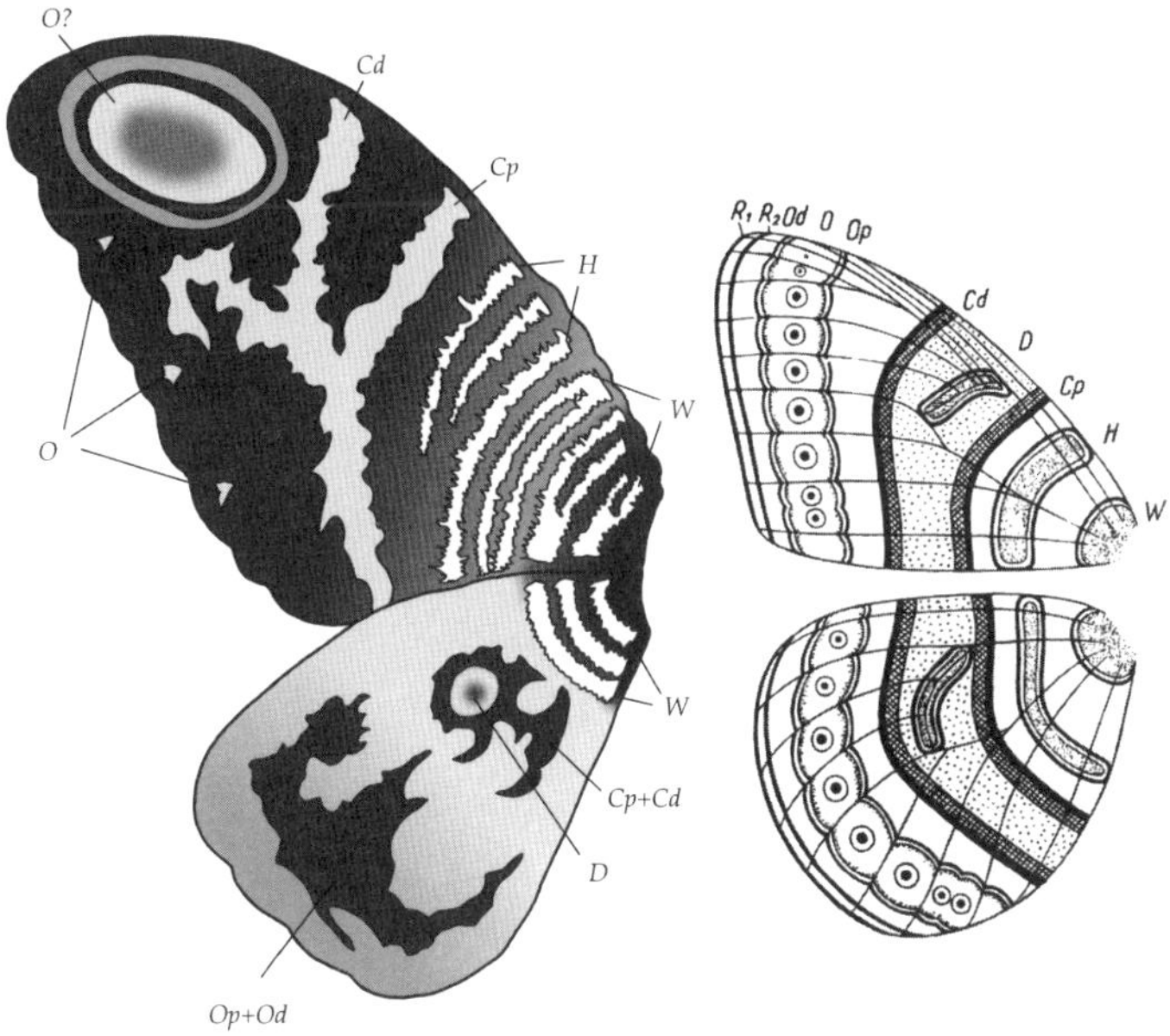

図5-4▶モスラの翅を理解する。右は、理論的に推測される鱗翅目翅紋様の一般型としての「タテハチョウ型グラウンドプラン」。実際はヤママユガ科の翅に最もよく適合する。左はモスラの翅の腹側面(背側面にも、ほぼ同じ紋様が見られる)。グラウンドプランに従って紋様の構成成分を同定すると、前翅の目玉模様が多くのヤママユガに共通して見られる「*D*」ではなく、むしろ、眼状紋系列(*O*)の前方要素が異常に大きくなったものと解することができそうである。このような紋は、鱗翅目には少ない。一方、後翅に見られる目玉模様は、おそらく「*D*」が素直に残ったものと解することができる。モスラの翅紋様には、眼状紋の大きさ、帯の太さ、間隔、色合い等において多少の種内変異・多型(可能性としては性的二型も)が見られるため、より多くのデータを用いて再検索する必要がある。

の同じ原型で説明できるかどうか検証し、その結果を長いモノグラフに書いており、それはヤママユガの翅を理解するための、一種のバイブルとなっている。もし、モスラが本当にヤママユガの系譜より進化してきたものであるならば、当然、その翅の紋様も、ヘンケやズッフェルトのモデルに包摂されて然るべきなのである。実際、これを試してみると、モスラの翅に見る紋様もまた、「ある程度のところまでは」確かに原型モデルに合致することがわかる（図5-4）。

図5-4に示したのは、模型に見るモスラの翅のパターンである。ここでは翅の裏面を示しているが、基本的にモスラの翅は表裏とも同じ紋様を示している。★まず、後翅の方から見てゆくと、その基部には、WとHからなる同心円状の縞模様がある。そして、その外側にDを示すと思われる、目玉模様を含む紋様があり、さらにその外側にはOを示すと思われる不定形の模様がある。Rはおそらく退化しているのであろう。

ところが、である。モスラの前翅を見ると、WとHが根元の同心円状の縞模様を作るところまでは同じなのだが、それに続くDの目玉模様がない（加えて、前翅と後翅は、色調が反転している）。さらに、大きな目玉模様はむしろその外側、Oの中にあるように見え、その後方にはいくつかの小さな「眼状紋」のシリーズが見出される。専門的には「眼状紋」というものは、ヤママユガの仲間に明らかないわゆる「目玉模様」（図5-2）のことではなく、後者はDの帯の中に大きな同心円状のパターンとして出来るべきものである（図5-4中の「D」）。ところが、モスラの場合、これまで「目玉模様」と呼んできたものは、実は目玉模様ではなく、むしろ眼状紋系列（O）の中の前方の一つが、異様に拡大して成立したものであるらしい（ならば、この紋様は、「目玉模様」と呼ぶより、むしろヨナグニサンやシンジュサン*Samia cynthia pryeri*の前翅先端に見る、ヘビ頭部を真似た部分に相当するという可能性がある）。つまりこれは、普通にヤママユガの前翅に見る目玉模様ではないのである（後翅の目玉模様に対応しない）。一方で、モスラの後翅の目玉は、上に述べたように、通常のヤママユガに特有の目玉模様であると考えておそらく間違いはない。

★——鱗翅目昆虫の翅は通常、表裏で異なった紋様を備えている。これは、我々の手のひらが表裏を持っているように、昆虫の発生において、個々の構造に極性を与える分子機構が発生上機能するからに他ならない。ショウジョウバエにおいて知られているように、*apterous*と呼ばれる発生制御遺伝子が翅原基の外縁を定めると同時に、その背側面の特異化を専門的に司っている。これは、*apterous*遺伝子を発現する翅の背面の細胞が、のちの腹側面となる細胞と混ざり合わないようにすることによっ

図5-5▶シロオビドクガ、ヒトリガ、ジョウザンヒトリを示す。それぞれにモスラに似る。

て成就する。つまり、この遺伝子の本来の機能は、細胞群の間に境界線を定めることなのである。このような翅形成の機構は昆虫を通じて保存されていると考えられ、したがって、モスラのように翅の背腹が同じ紋様を備えていることは極めて希なことであり、同じ現象は蓼科高原で目撃されたモルフォチョウにも観察されている（バランについての論考にて後述）。ちなみに、前翅と後翅の紋様がポジとネガの関係になっており（前翅は黒地に橙の帯、後翅は橙地に黒の帯）、目玉模様は裏面にしかないという、このパターンの差異に注目すると、モスラの紋様は、シロオビドクガ *Numenes disparilis albofascia*、ヒトリガ *Arctia caja phaeosoma*、ジョウザンヒトリ *Pericallia matronula sachalinensis* などとの類似性をも示すのである（図5-5）。

あるいは、前翅の目玉模様が、ヤママユガのそれと同一であると強引に仮定するのであれば、モスラ前翅の模様が外側へ大きくシフトし、目玉の位置を外側へ移動させてしまったと考えなければならない。このようなシフトが本当に生じているのであれば、おそらくそれはモスラのサナギの中で進行しているはずの、翅原基の模様形成機構に生じた何らかの（遺伝子発現パターンの）空間的変化としてそれを見ることができるであろう。しかし、このような現象は、実際の蛾においてすら観察されたことはなく、もちろんヤママユガの中では皆無である。さらなる研究が待たれるところである。

右のような比較形態学的考察によってこのたび初めて、モスラ前翅の「目玉」がどのような性質のものであるのか、理解することが可能となった。その印象とは裏腹に、模様の形態学的パターンの点から、真の意味でモスラに比することのできるヤママユガの仲間は実際にはいないのである。換言するならば、モスラがヤママユの一種であるとするならば、それは「極めて風変わりなヤママユ」とせねばならない。すなわち、モスラの進化においては、前翅の目玉模様が祖先においてひとたび消失し、改めて外側の眼状紋の一つを拡大させることによって、再び目玉模様に似たものを作り出したという可能性が強く示唆されるのである。

進化の過程でひとたび失われたものは、二度と再び取り戻すことができないというのは、進化生物学において「ドロの法則★」と呼ばれる有名な傾向であるが、それが必要となった場合は別の構造から同等のものを作り出すことも多く、モスラの目玉模様はその典型例として理解できるのかもしれない。また、前述のように、モスラの前翅と後翅は思いのほか、互いに異なった模様を示している。このように、前翅と後翅を極端に分化させる傾向もヤママユガ科にはないことはないが、基本的には珍しい現象であり、むしろヤガ科蛾類に普通に見られることである。以上より、モスラの分類学的位置については、いま一度精査を要するとすべきである。

★──「進化不可逆の法則」ともいう。進化上、器官や構造が変化すると、それが再びもとの形に戻らないことを指す。

時に、モスラの前翅先端に見る、極彩色の同心円模様が何の役に立つのか、とりわけ適応進化的意義の点から、真に目玉模様といえるかどうかということも未解決の問題である。蝶や蛾の仲間の目玉模様は、鳥などの捕食者を撃退するのが本来の適応的意義なのである。ならば、差し渡し二〇〇メートルを越えるモスラの成虫を日常的に食していた、体長一キロメートルぐらいの捕食者がかつて棲息していたと考えねばならないことになる。五〇年代米国に現れた怪鳥など（場面ごとにその大きさがめまぐるしく変わるとはいえ）、候補としてありうると思うがどうであろうか★。あるいは、それはゴジラのような相手と戦う際に、迷彩、もしくは威嚇の方法として有効であるという可能性は極めて高い。事実、モスラはゴジラとの戦いにおいて、しばしば目玉模様を相手に向けるように、翅の裏面を見せつけている。通常、防御の目的で、表面の模様にメリハリをつけることの多い蛾類にあって、裏面の方が重要であるというモスラは、この点においても極めて珍しい存在だということになる。現存する写真記録においても、モスラの翅に関しては、裏面を写したものが断然多い。

★——「巨大な爪（The Giant Claw）」（1957フレッド・F・シアーズ監督）より。この映画のタイトルは、最近「人類危機一髪！巨大怪鳥の爪」に改められた。この映画の内容に関しては、映画秘宝編集部刊『あなたの知らない怪獣マル秘大百科』に詳しい。ちなみに、これは筆者の気に入りの映画の一つで、九〇年代、米国でのポスドク留学当時、深夜番組で何度も放映されていたのをよく観ていた。

モスラの解剖学、およびその変態と習性

その幼虫に見るように、成虫モスラの口が左右に開閉するのは、付属肢から顎を発達させた節足動物の基本形であり、それ自体問題はない。が、現生の鱗翅目の仲間で、成虫がストロー型の口ではなく、開閉する顎を持つのは、スイコバネガEriocraniidaeのような非常に原始的な系統だけであるため、この点は注意せねばならない。さらに付言するならば、ヤママユガの仲間はむしろ、口を二次的に退化させているのである。おそらくモスラに見るこの口は、幼型状態のまま成虫に現れたものか（ネオテニー）、さもなければ一種の「先祖返り」とでも解すべきものなのであろう。いずれにせよ、初期の絵画★には、

成虫モスラがゴジラの肩に噛みつき出血させているものがあり、これが武器として用いられていたことは明らかである。実際には、モスラの武器はその鱗粉であり、これは相手を死に至らしめると同時に、自らの命をも著しく縮めることが知られている。それを用いた攻撃は実際、一九六四年と二〇〇三年に観察されている。

★——一九六一年の映画「モスラ」の絵コンテより。

加えて、モスラがヤママユガの仲間であると仮定すると、このグループに特異的ないくつかの形質、すなわち「共有派生形質」をモスラは示していなければならないことになる。例えば、メスの出すフェロモンを感じるため、雄の触角が櫛状に大きく広がるのがヤママユガ科の大きな特徴の一つだが、これまで観察された多くのモスラでは、そのような形状は確認できていない。すると、モスラがヤママユガ科以外の蛾類であるか、さもなければ、これまで観察された成虫モスラが全てメスであったという可能性が濃厚となる。★後者の説明は確かに、これまで観察された成虫モスラのイメージによく合致する。

★——それは成虫に限ってのことである。ジェフ・ロヴィン著『怪物の事典』においては、一九六四年、キングギドラ来襲の折、ゴジラとラドンを説得した幼虫モスラはオスであるとされ、それは同年に卵から孵った双子のうちの一頭ということになる。

ただし、一九九六年に目撃された勇敢な小型個体、すなわち当時「新生モスラ」と呼称されていた成虫は、あたかもそれがオスであるかのように扱われ、その触角は確かに櫛状に大きく広がっていた（ヤママユガのコレクターとして、小生はこの点をことさら強調したい）。このような触角を持ったモスラの個体が現れたのは、この時が最初である。白と黒のコントラストが美しいこのモスラは、南アフリカ共和国の*Heniocha apollonia*か、あるいはマケドニア共和国に産するクジャクヤママユの一種、*Saturnia spini*（図5-6）に似た印象を持つ（ヘルマン・ヘッセの小説『クジャクヤママユ』——のちにタイトルが『少年の日の思い出』に変更された——で有名なクジャクヤママユ*Saturnia pavonia*は、これと同属種である）。

この新生モスラは何かと羽目を外しがちで、二回目の出現時においては、鮮やかな「レインボーモスラ」として変身した。その派手な紋様は、ニシキオオツバメガ（錦大燕蛾）*Chrysiridia rhipheus*（図5-7）のものにも似る。後者は確かに美しく、昔はアゲハの類と誤認されていたが、見ようによってはやや下品で、清楚なヤママユとは遠くかけ離れた印象を伴う。さらに彼の変身は留まるところを知らず、「水中モード」なるものに変わるのだが、そうなるともう何に似ているのかわけがわからなくなる。小生、はっきり言ってお手上げである。しかし、最終的に白亜紀の世界で原始モスラの力を借りて生まれ変わった「鎧モスラ」に似た蛾であれば、南米産のヤママユガの仲間にいないわけではない。ちなみに、昆虫においても、しばしば「過変態」と呼ばれる現象が生じ、他の昆虫に見られない、奇抜な形の幼虫が現れることがあるが、これはいわゆる生活史戦略のためのものであり、成虫に生ずることはない。完全変態の昆虫は基本的に、飛翔のための翅が出来ればそれで終わりであり、それ以上の脱皮は行わないのである（ただし、カゲロウの仲間では、翅を持つ「亜成虫」がさらに脱皮して成虫となるが……）。したがって、新生モスラの変身に関するこれ以上の研究は、目下のところ不可能であると言わねばならない。

よくある誤解の一つは、「メスのモスラに、あのような大きな卵を産めたはずはない」というものだが、一九六四年、ゴジラとの対戦時に、小美人の証言から明らかになったように、モスラの卵は最初土中に産みつけられ、どうやら養分を吸うことによって（殻ごと）大きく成長するものであるらしい。真骨魚類の幼生が体表から養分を得ることついてはこれまで盛んに議論されてきたが、昆虫の卵に見るこのような性質についても希ながら報告がある。★ いずれにせよ、我々がこれまで目にしてきた、幼虫が生まれる直前のモスラの卵は、上のような方法で大きくなった、最大サイズの卵であると理解せねばなら

図5-6▶クジャクヤママユの1種。

図5-7▶ニシキオオツバメガ。

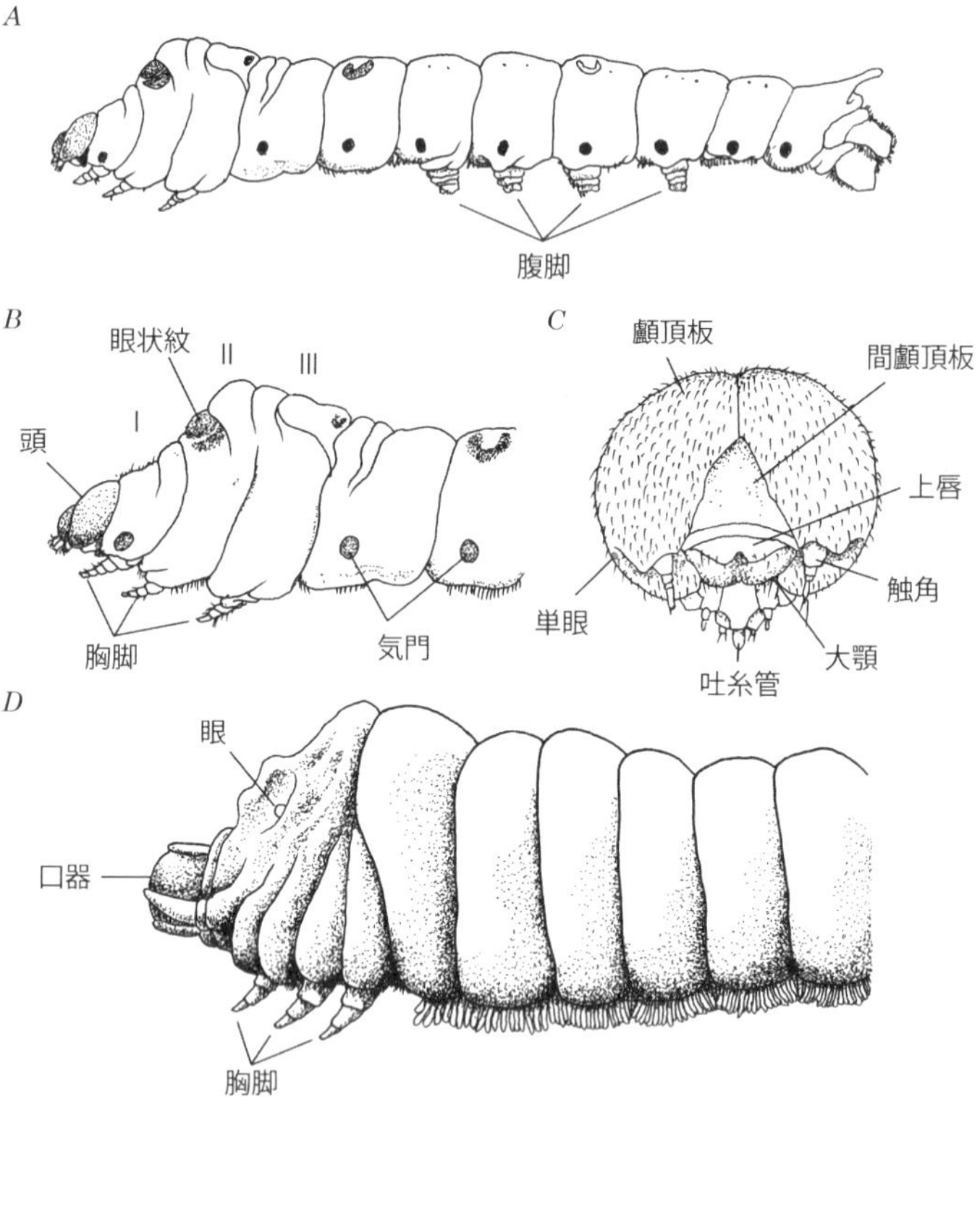
A
腹脚
B
眼状紋
II
III
I
頭
胸脚
気門
C
顱頂板
間顱頂板
上唇
触角
単眼
大顎
吐糸管
D
眼
口器
胸脚

図5-8▶カイコの終齢幼虫（*A*：全体側面観、*B*：幼虫の前方部、*C*：幼虫の頭部）とモスラの幼虫（*D*）の比較。カイコの幼虫とモスラの「頭部」は全体として互いによく似たプロポーションを示すが、それは見かけだけのものであり、解剖学的構築には大きな「ズレ」が認められる。すなわち、カイコの頭部のように見える部分の高まりは、第2胸部体節であり、モスラでは頭部体節の頂上からなる。したがって、カイコにおける実際の頭部全体がモスラの口器に対応し、カイコの眼状紋のある位置（第2胸部体節背側部）にモスラの眼が位置している（幼虫モスラの眼に相当するところに、本来蛾の幼虫の眼は生じない）。*B*においてI〜IIIで示したのは第1〜第3胸部体節。胸脚は成虫の歩脚になるべきもので、これは胸部体節1つに付き1対備わる。同様の胸脚はモスラにもあり、モスラの3つの胸部体節が、前後に押し詰められ、頭部が背側で後方へ向け、大きく拡大して腹部体節に接しているのがわかる。このようなプロポーションがモスラの印象を極めて知的に見せている。幼虫モスラの口器の両側にある突起の正体は不明だが、これが触角を示す可能性は高い。*C*に見るように、実際のカイコの触角も口器（大顎）の両側にある。ただし、この突起に似たものは、成虫モスラの口器の両側にも見出され、同時に成虫にはこれと別に触角が発達しているため、この突起がモスラ独自の構造を示す可能性もある。カイコの頭部（*C*）の大半は顱頂板という構造からなるが、これは大顎を動かす筋を収めるもので、トンボの複眼のようなものではない。したがって、実際の鱗翅目の幼虫はいくつかの単眼を持つのみで、視力は弱い。重要なことだが、実際の幼虫には糸を吐く専門の管（吐糸管）が口とは独立に存在するが、幼虫モスラは口器から糸を吐く。しかし、モスラの口器はカイコの口器と同様、その背側に上唇という、蓋のような構造を伴っている（1992年に現れた個体に見るように、この構造の前縁が中央で割れている場合もある）。加えて、下唇とも言うべき腹側の蓋も、モスラには存在する。が、これに似たものは、実際の昆虫の口器にはない（ちなみに、幼虫モスラの口器と、幼虫バトラのそれは著しい形態的類似性を示す）。また、モスラの幼虫における腹部体節に、気門は確認されていない。これに関連し、モスラの呼吸や代謝についての知見は皆無である。

A〜*C*は、池田嘉平『日本動物解剖図説』（1947 日本出版社）より改変。*D*は筆者によるスケッチ。

ないらしい（しかし、このような成長の方法だけが正しいわけでもないらしい）。またこれに加え、鱗翅目昆虫の卵から双子が生まれることが可能かどうか、残念ながら小生は寡聞にして聞いたことはない★。少なくとも、これまでの例を顧みると、モスラの家系においては、双子の発生が非常にしばしば起こるという印象はある。それもまた、一九六四年と二〇〇三年の二度にわたって観察されている。ならば、モスラの双子発生には、遺伝的背景が作用しているという可能性も考えられる。この点については今後、発生遺伝学的に突き詰める必要がある。

★——昆虫学者の深津博士によれば、カブトムシの卵が吸水することにより、産卵時よりも顕著に大きくなる現象が知られ、生態学的に少数産卵が運命づけられているダイコクコガネ類なども極めて大きな卵を産むという。また、海外のムネアカセンチコガネ類で驚くほどに大きな（雌の腹部の半分ほどもある）卵を産むという報告があるが、その詳細は不明との由。また、双子の発生に関しては、トビコバチ類など多胚性寄生蜂では、雌が宿主（比較的大型の鱗翅目幼虫）の体内に産卵すると、その一卵から数百～数千の幼虫が生じ、しかもその一部は攻撃に特殊化したソルジャー型となり、多重寄生時の他のクローンの排除に機能するということであった（Grbic et al. 1996 *Development* 122, 795; Harvey et al. 2000 *Nature* 406, 183を参照のこと）。

幼虫の形態学

以降では、幼虫の形態からモスラの進化系統的位置を考察する。モスラの幼虫は頭部に機能的な眼を持つが、それが複眼なのか、単眼なのかはいまだ不明である。最新の報告によれば、通常はこの眼は青く光っているが、非常時にはそれが赤くなるという。

これまでのモスラの行動パターンからすると、幼虫の「眼」は、明瞭な像を結ぶ複眼であると考えるのが妥当であろう。一方で、このモスラの目に関し、「本来の鱗翅目昆虫の幼虫の頭部においては、複眼ではなく、見かけ倒しの眼状紋しかない、あのようなところに複眼があるのはおかしい」との指摘も、動物学者（特に昆虫学者）の間ではこれまでしばしばなされてきた。しかし一方で、ショウジョウバエを用いた発生学の実験が明らかにしてきたように、微細な遺伝子発現制御の異常（eyeless遺伝子の異所的過剰発現）で過剰な眼が頻繁に出来るため、昆虫の体のどこに眼が出来ても、さして驚くべきことではないのかもしれない。

幼虫モスラの形状が、上に述べたヤママユガ科のものに似るかどうかについて、いくつか疑問が残る。これについて注目すべきは、以前描かれた幼虫が★、当初前後二対、合計四本の長大な突起を持っていたことであり、これに似た形態を持つ幼虫といえば、イボタガ*Brahmaea japonica*をおいて他にはない。ただし、イボタガの幼虫の体表からは四対、合計八本もの細長い黒色の突起が突き出ており、その数はモスラのそれを遥かに上回る。ちなみにイボタガのこの突起は、終齢幼虫では脱落する。同じシリーズの絵画においては、成虫モスラの頭部にも同様の突起が触角となって残っているのがわかるが、これは幼虫の二対の突起のうち、前の一対が触角であったことを強く示唆している。実際のモスラの幼虫には（イボタガの幼虫にも）そのような長い触角はなく、むしろそれが顎の側方において下方を向いた、小さな突起として存在しているのを見ることができる。これは、現実の鱗翅目幼虫の形態を正確になぞったものである（図5-8）。いずれにせよ、後の訂正に伴いこの突起が削除されたことにより、モスラがイボタガに近縁であるという仮説も棄却されるのである。

★——一九六一年の映画「モスラ」の絵コンテより。

複眼や突起以上に不可解なのは、幼虫モスラの頭部全体の形状である。例えば、幼虫モスラは、頭部下方に「あご」をもつ。この顎が、上下に開閉する我々の顎ではなく、左右に開閉する節足動物型のものである点については、確かに昆虫の解剖学的構築として整合的である。★しかし、この顎の位置は少々前方に過ぎる。多くの鱗翅目幼虫において同様の位置を占めるのは、顎ではなく「頭部全体」であり、さらにその下方に小さく顎が収まるものなのである（図5-8）。おそらく、幼虫モスラの顎の形状は、「見かけ上の頭部」をそれらしく見せるための工夫なのだと思われるが、それを認めた場合、幼虫モスラのモデルが、カイコ *Bombyx mori* の終齢幼虫に他ならないということがここで明らかとなる。すなわち、幼虫モスラと同様の頭部形態を示すように見えるものは、鱗翅目の幼虫を見渡すと、カイコが最もそれらしい（その場合、モスラがヤママユガの仲間だという上の推論と矛盾するが、カイコとヤママユは互いに近縁で、両者ともカイコガ上科 Bombycoidea に属することをここで指摘しておく）。

★——すなわち、節足動物の顎は付属肢（つまり、脚）の変化したものであり、昆虫の触角も、脚の一種なのである。一方、脊椎動物の顎が上下に開閉するのは、それが鰓から変化したことの名残なのである。

おそらく、モスラの形態学的構築には、養蚕業の盛んな日本の伝統が反映されているらしく、幼虫モスラへの愛着も、そのカイコとの類似性に起因しているといって過言ではないであろう。カイコ終齢幼虫の姿は、いかにもモスラに似る。日本人は、この終齢幼虫の胸部眼状紋に、「眼」を見出し、その頭部に「口」を見出してきたのである。この、カイコを見る我々の日常的視線や擬人的な「なぞらえ」が、そのまま解剖学的な構造として現出したのが、まさに幼虫モスラの造形と言うべきなのである。いわば、モスラの形態は生物学的な存在である以前に、人間の視覚的記号論の産物なのである。★

★――幼虫モスラの頭部（これは、図5-8に示したように比較形態学的には「胸部」と言わねばならない）に見出される眼に似た紋様は、ヤママユガ科の幼虫にはなく、むしろアゲハの仲間や、スズメガの一部にこのような終齢幼虫世代を持つものがいる。しかし、印象としてはやはり、カイコの終齢幼虫が最もよく似る。もう一つの可能性として、脱皮を目前に控えたいくつかの蛾の若齢幼虫もまた、モスラに似た形状を示さないではない。幼虫にとって脱皮は、大きくなるための体の再編成を意味するのだが、無論脱皮に伴っていきなり大きくなるわけではない。脱皮した後の摂食の増加に伴って大型化するのである。したがって、脱皮に際してまず本格的、同時的に大きくならなければならないのは顎を含めた頭部であり、スズメガ類の幼虫では、それまで使っていた小さな頭部外被の後方に、新しくて大きい頭部が徐々に作られてゆく（あるいは、使い物にならなくなった古くて小さな頭部が、頭の前方に押しやられると言った方が適切か）。結果、脱皮を控えた幼虫の体の前方は、あたかも幼虫モスラの頭部と同じような輪郭を示すことになる。ちなみに、スズメガの仲間も、ヤママユ、カイコ、クワコとともに、「カイコガ上科」に含められる。ただし、この中で唯一、スズメガ類は繭を放棄してしまっているので、モスラのように景気よく糸を吐くことはできない。いずれ、造形としてはグロテスクな幼虫モスラも、いざ動き出すと可愛らしさが強調され、しばしば人気の的となりがちである。筆者は鱗翅類幼虫の飼育を趣味としているが、イモムシというものは、そもそも本質的に可愛らしいものなのである。ちなみに、モスラとカイコの類似性の必然に関しては、小野俊太郎著『モスラの精神史』において興味深い論考がされているので、是非参照されたい。

繭

ヤママユガといえば、その名の通り「マユ」である。この仲間は、カイコガ上科に属することからわかるように、カイコと近縁で（さらにスズメガとも）、実際、ヤママユガの繭《まゆ》から採れる絹は「天蚕」と呼ばれ、独特の風合いを有し、なかなか趣のある絹糸として重宝されていると聞く。モスラの繭も基本的には同様なものであるので、成虫が羽化したのちの繭は焼却したりなどせず、精々利用するがよいであろう。とりわけ、凶暴なゴジラを封じ込めたほどの強度を持つこの絹糸には、様々な用途が考えられる。ちなみに、モスラとゴジラが対戦する二年前、キングコングをつり下げるために「鋼よりも強く、絹糸よりもしなやか」というふれこみの新製品の繊維が自衛隊によって採用されたが、それはモスラの絹糸腺より分泌される糸にこそ相応しい形容であった。ただし、通常の鱗翅目幼虫の絹糸が、摂食用の口器の腹側に開口する、吐糸管という構造より噴出されるのに対し、モスラではそれがいわゆる「口」から吐き出される。これもまた、モスラの形態学に入り込んだ、日常的人間的形態記号論の一つと解釈すべきものなのであろう。

バトラについて

一九九二年、地球環境の激変に伴って現れ、ゴジラと格闘の末、力尽きた怪獣「バトラ」については

（幼虫時の口器が、モスラのそれと著しい類似性を示すものの）、多くの点で昆虫の常識を越えるため、残念ながらここで扱うことはできない。今後の研究が待たれる。ただし、その成体が鱗翅目昆虫の形態を思わせるにもかかわらず、幼虫形態にナミテントウ *Harmonia axyridis* や、ナナホシテントウ *Coccinella septempunctata* との類似性が認められるという記録が残っている。★

★――「ゴジラvsモスラ」（1992東宝）におけるオーディオ・コメンタリーより。

補論

モスラの魅力

これまで登場した成虫・幼虫両モスラの中で最も美しいのは、やはり「ゴジラ×モスラ×メカゴジラ 東京SOS」(2003)に登場した個体ではなかっただろうか。それは単に好みの問題かもしれないが……。ちなみに最近の映画で、インファント島に原住民が一人も出てこないのは、私としてはとても寂しい。インファント島は歌と踊りあってこその、若さと情熱に溢れた島なのであり、その点においてファロ島と張り合ってきたのであり、守護神モスラもまた、それを崇める原住民あっての存在だと思うからだ(表現上の問題があったのはわかるが……)。何より、小美人の歌う歌が、本来誰のためのものであったのか、最近の映画ではわからなくなってしまっている(歌詞の日本語訳を参照のこと)。黒澤映画の「隠し砦の三悪人」も、村落の火祭りの踊りがないと盛り上がらない。ちなみに、後者のシーンはファロ島の踊りとよく似ている。かくして、私はインファント島が荒廃し、原住民が滅んでしまった理由についてあれこれ考えてしまうのである。

一九六〇年当時の設定では、原住民がいなくなったら、モスラも死んでしまいそうな雰囲気だったので、ひょっとしたら「ゴジラvsモスラ」(1992)に出てきたモスラは(そして、小美人も)いわゆる霊的存在になってしまっていたのではないか、などとも考える。小美人は日頃から神出鬼没で、何かと人間のやれないことを色々やるので、ひょっとすると最初から霊的存在であったのかもしれない。まぁ、彼女たちのことはどうでもよい。しかし、それにしてはモスラの幼虫は派手に建物を壊すので、やはり実体は伴っていたのだろう。いずれ、六〇年代初頭の核実験を生き延びたインファント島民が滅ぼされたというのであれば、それは相当な災厄であったはずであり、唯一考えられる理由として思いつくのは、某国の秘密結社「赤い竹」が、かつて近隣の無人島で核兵器を開発していた頃、労働者として大勢のインファント島民を拉致していたという、例の革命的事実である。おそらくその時に人口が急激に減少し、滅びの道へと突き進み始めたに違いない。……だんだん話が物騒になってきたので、ここで話題を変える。

私としては、「モスラに善悪はわかりません」と小美人が言っていた頃のモスラが断然昆虫らしくてよいと思う。昆虫をモチーフにした怪獣の形容として、それはとりわけ秀逸であった。しかも、この初代のモスラはやたらとでかい。東京タワーに繭を編むぐらいだから、体長一五〇メートルはあっただろう。ゴジラの行動には何か怨念とか、人間に対する復讐のようなものを感じてしまうが、ただ小美人を守るためだけに動き回る、困ったほどに一途なモスラは、いかにも昆虫らしい。それが、「三大怪獣」の頃になると、「地球のために」ゴジラやラドンを説得し、あろうことか、たった「一人」でキングギドラに立ち向かっていくのだから、この幼虫は人間が恥じ入るほどの善意を獲得していたことになる。こういうところが一部の観客には受けるらしい。私は正直なところ、こんな「よい子になったモスラ」はちょっと気持ち悪くて苦手である。昆虫的モスラは一九九二年に復活し、二〇〇一年に至っては人間を食ったりもする（らしい）が、すぐさま人間性を取り戻し、二〇〇三年には、東京にゴジラが来ることを察知し、あらかじめ小笠原に卵を産んでおくという、日本人顔負けの気配りを見せたりもする。すなわち、日本の領空を侵して超音速で飛んでいたあの母モスラは、その時身重で、しかもその卵は双子だったわけで、それに対し、事情を知らなかったとはいえ、自衛隊の戦闘機があろうことか彼女を敵と見なし、あまつさえ発砲してしまった。このように、日本人はモスラに対し、数々の恩と不祥事のゆえ全く頭が上がらなくなり、いまに至るわけだが、そもそもモスラをそんな風にしてしまった張本人はというと、「ゴジラをやっつけるために来てちょうだい」と、はるばるインファント島まで頼みにゆき、「善悪はわからん」と言っているのに、強引に説き伏せた星由里子に責任があったのではないかと常々考えている次第である。宝田明は、そのあとインファント島民を魔の手から救い出すという恩返しをしてはいるが、そのインファント島も、一九九二年の時点ではすでに無人島になってしまっていたのであった。

怪獣バランと秘境の蝶

昆虫学教授　杉本是也

昭和三三年に発見され、自衛隊により殲滅された「大怪獣バラン」は、中生代に棲息していたといわれる化石巨大爬虫類、バラノポーダ属（学名*Varanopoda*）の生き残りであり、生きている個体の最初の発見は、東北地方、当時「日本のチベット」と呼ばれていた北上川上流にある水源の湖中においてである。★学名に基づき、和文表記としては「ヴァラン」もありうるが、一般には「バラン」が用いられている。

★──この学名は、「オオトカゲの脚」を意味する。想定の上では、トカゲ、すなわち有鱗類の一種であるとされているが、実際の古生物学では認められていない、架空の生物である。ちなみに、筆者はかねがね形態的にバランが最も美しい怪獣だと思っている。とりわけ胴から長い尾にかけてのなめらかな曲線、背の正中にずらりと生えそろった象牙色の突起が見事である。また、山火事が起った際、山を登ってバランが飛び立とうとするシーンは、映像的にも素晴らしい。

一般的特徴

背中には鋸歯状の棘がいくつもならび、背中の表面には多数の隆起が出来ている。顔面にも隆起と棘が多くあり、容貌甚だ怪異である。また、極めて長大な尾を持つ。双弓類の一つと思われ、部分的にアンギラスとの共通点も見出されるが、詳細な分類学的位置は不明である（後述）。皮膚は強靭であり、砲弾をも跳ね返すことが観察されている。それは角質層の堅固さではなく、むしろ伸縮自在の柔軟さに起因するものと説明されている。

生きている個体によって初めて明らかとなった事実として、バランは、森林を歩む際には主として二足歩行を行うが、時に開けた場所、あるいは登坂する際に四足歩行となることもあり、一般的に活動性は極めて高い。人を襲うところを見ると、おそらく肉食性であろう。音に対しても敏感である。長く湖底に潜んでいたためか、近年まで人の目に触れることはなく、地元集落、岩戸村においては婆羅陀魏山神信仰のかたちでのみ、その存在が伝えられていた。これから推測できるように、バランは遊泳能力もまた高い。

またバランは、哺乳類のムササビ*Petaurista*やモモンガ*Pteromyini*、あるいはヒヨケザル類Dermopteraのそれを思わせるような皮膜（体側に発達した襞。「飛膜」ともいう）を広げ、時に上昇気流を利用し、空中を滑空することができる。しかもそれは、極めて長距離に及ぶ。この、軟組織からなる皮膜構造は化石に残りにくく、そのためバランの飛翔能力は生物学者にとっても想定外のことであった。これを初めて目撃した当時、小生、「我々の常識をはるかに無視した怪獣」と述べたものである。また、バランには空中に浮遊しているものを好んで捕食するという、興味深い習性も確認されている。これは、空中での捕食活動を反映するものと思われている。

滑空性の爬虫類

いわゆる爬虫類には、空中を滑空するものが多く、現生のトカゲの仲間でもトビトカゲ（*Draco*）属のものがこれに該当する（図6-1）。アガマの類、すなわちキノボリトカゲやカメレオンに近い仲間である。ちなみに、脊椎動物の中で最初に空を滑空したと考えられているペルム紀後期の原始的な双弓類、

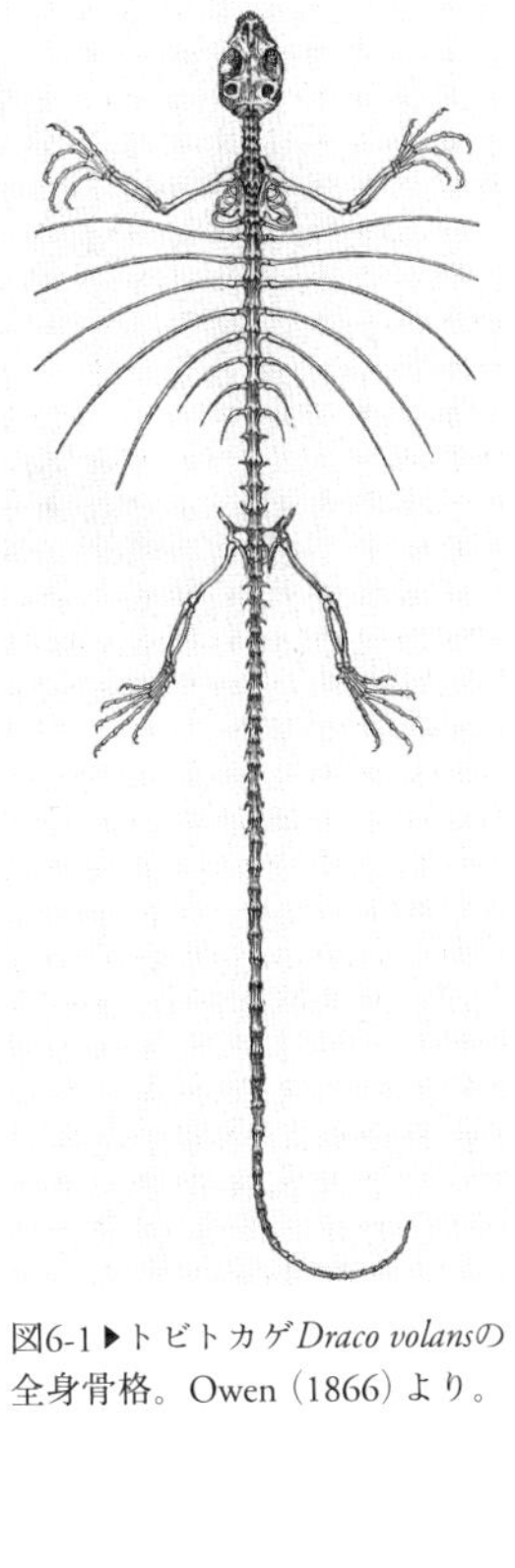

図6-1▶トビトカゲ*Draco volans*の全身骨格。Owen (1866) より。

コエルロサウラヴス*Coerulosauravus*も、トビトカゲと同様の方法を採っており、同様の動物としては三畳紀後期のクエネオサウルス類（クエネオスクス*Kuehneosuchus*や、クエネオサウルス*Kuehneosaurus*、イカロサウルス*Icarosaurus*）など多数に及ぶ。ただし、これらの類は胸部の遊離肋骨（肋骨のうち、胸骨と関節していないもの）を広げることにより、体壁からなる皮膜を作り、これを用いて滑空するものである。一見バランに似るが、バランの皮膜に肋骨が入り込んでいる形跡はなく、またバランとアガマ科のトカゲとの類似性もないため、トビトカゲとの類縁性はまず考えられない★。

★――日活の唯一の怪獣映画「大巨獣ガッパ」（1967）に登場するガッパは、あたかも天使かペガサスのように、背中に第三対の肢が変形したかのような翼を持っている。が、この製作に携わった山本陽一氏によると、この翼はトビトカゲのように肋骨が二次的に広がることによって成立したものであり、必ずしも脊椎動物としてのボディプランを逸脱してはいないのだという。その妥当性はともかく、当時にあって怪獣のデザイン作出にあって、生物学的な整合性が模索されていたことには瞠目すべきであろう。これに関し、ガッパには（おそらく角質性の）クチバシがあり、しかも表情筋がなく、瞼は下方から上方へ向けて閉じる。極めて明瞭に双弓類的特徴を示す怪獣であるといえよう。

一風変わった飛翔性の爬虫類として、シャロビプテリクス*Sharovipteryx*という珍しい動物がやはり三畳紀から知られており、これは後肢と胴体の間に大きな皮膜を発達させていた（可能性としては前肢にも）。また、中生代三畳紀前期に棲息していたロンギスクアマは、背中に突出した長い突起群を持ち、その構造の羽毛との類似性から、鳥との近縁性を疑われたことがある（一方で、頭蓋の形態学的特徴から、原始的な恐竜ではないかとの考えもあった）。この突起がどのように用いられていたかは不明だが、高いところから飛び降りる際に、パラシュートのような機能を果たしていた可能性はある（ある映画の中で、本来正中に一列しかなかったこの突起列を一対持ち、それを翼のように動かして飛び回るロンギスクアマを見たことがある）。いずれにせよ、こういった動物もまた、バラノポーダとは無縁の動物であると考えられる。

以上の他、双弓類（それも主竜類）の中から、飛翔能力を持つ大きなグループが少なくとも二系統進化している。その一つは翼竜類（Pterosauria）であり（後に詳述）、いま一つはいわゆる鳥類（Aves）である。鳥類と同様、翼竜が主竜類に属することは、頭蓋の形態から、ほぼ確実であろうと思われている。いずれも前翅を翼として特化させているが、鳥類の翼は角質構造物の羽毛により出来ているのであり（図6-2）、皮膜を用いているわけではない★。したがって、バランは、前肢と後肢の間に皮膜を持つ点において、翼竜に似ない

図6-2▶獣脚類と鳥類の中間生物を示すと考えられた始祖鳥、*Archaeopteryx*。Wiedersheim（1909）より。

でもない。翼竜は、前肢の第四指と後肢の間に皮膜を持ち（前肢第五指は失われている）、第四指が異常に伸長しているために、翼のような形状を獲得するに至っているのである。すなわち、バランの前肢の指が伸長し、それに伴って皮膜が拡大すれば、翼竜の翼の進化過程を想像することができる。このように、バランが、ラドンを含む翼竜の系統をもたらした祖先型的動物を代表している可能性もありうるのだが、これまでのところ、それを実証するような中間的爬虫類の化石は知られていない。

★——ただし、二〇一五年に非鳥類獣脚類で皮膜とそれを支持する骨（styliform）を持つ種、イー *Yi qi* が発見された（Xu et al. 2015）。どうやら、獣脚類—鳥類の系統でも飛膜が進化したことがあったらしい。

しかし、右と同じ進化のシナリオが過去に提出されたことはある。すなわち、前肢第四指がやや伸長し（第五指はすでに退化しつつある）、それと後肢大腿部の間に皮膜が張った、ちょうどバランのようなパターンを持った仮想的な翼竜の祖先、プロプテロサウルス *Propterosaurus* が想定されているのである（プロプテロサウルス説（Propterosaurus Theory）図6-3）。このような動物が巨大化し、バラノポーダを生み出したのか、あるいはバラノポーダとは別系統の動物が翼竜へと至ったのか。確実なことはまだわかっていないが、翼竜の起源が実際にこの説の通りであったなら、バランとラドンは同じ系統に属し、バランがラドンの遠い祖先（の傍系）に当たるという結論を導くことになるかもしれない（「ラドン」の項を参照）。

右の「プロプテロサウルス説」に対する反論として考えられる証拠は、バランが上肢に五本の指を持ち、その皮膜が手首に終わっているということであろう。しかし、翼竜の進化が本格的に始まる以前に、皮膜がすでに出現し、そののちに第五指が失われ、さらに皮膜の範囲が前方（第四指の方向）へと拡大したというシナリオもありうる（図6-3）。しかし、翼竜が比較的小型の爬虫類より発したという、一般に認められている考え方からすると、バラノポーダそのものが翼竜の祖先型を示すというより、精々翼竜の祖先の傍系として独自の進化の道を歩み、二次的に巨大化したという方がよりありそうな考え方で

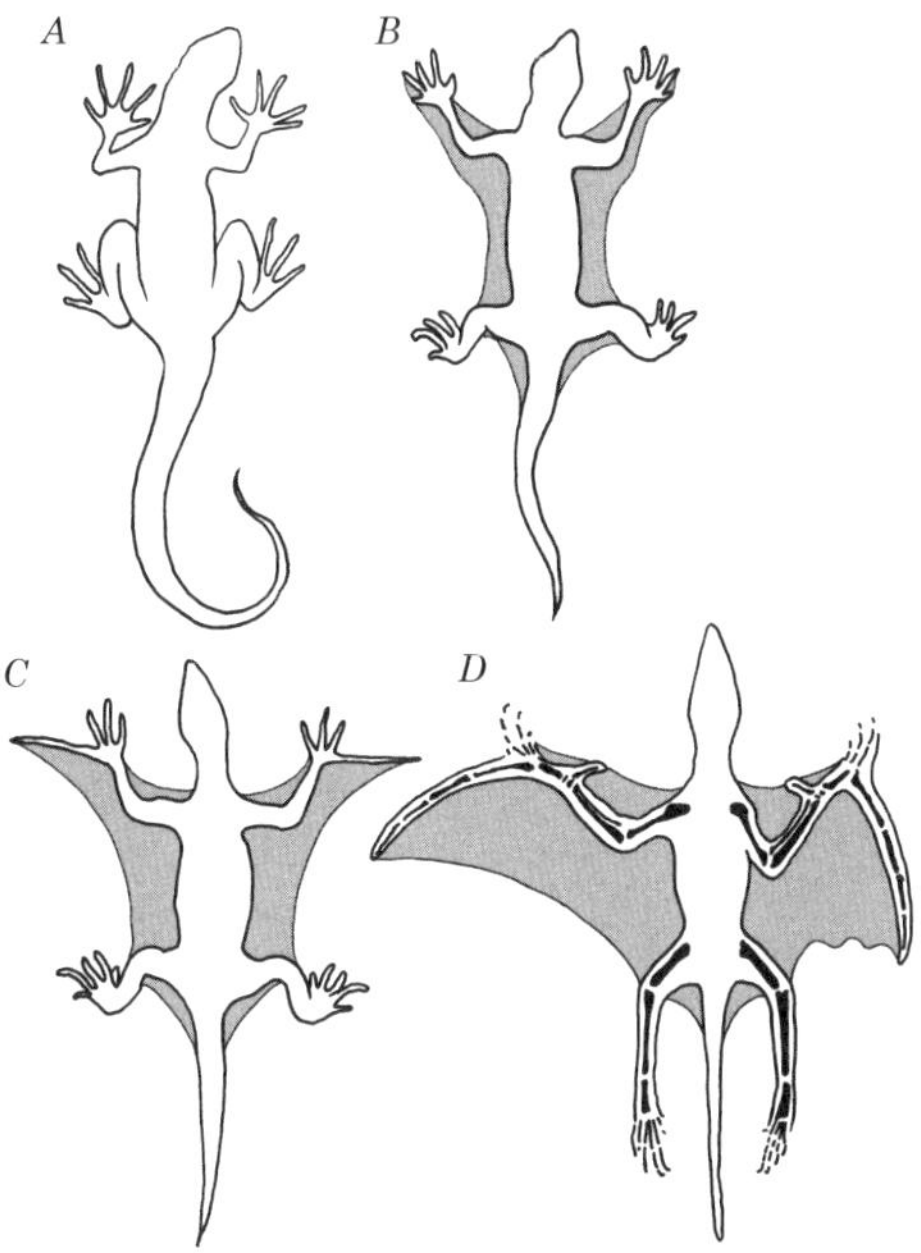

図6-3▶プロプテロサウルス説。*A*～*D*の順に翼竜が進化したと想定される。ここでは、前肢に5本の指が揃っている状態からすでに皮膜（灰色部分）が発達しはじめ（*B*）、そののち第5指が失われ、第4指が発達して翼を支えるようになった（*C*、*D*）と推測されている。バランは*B*の状態、正確には*B*よりもやや祖先的な状態を思わせる。ただし、バランでは頸と前肢前縁の間に張った皮膜（これをプロパタジウムという。ラドンの項204頁を参照）が存在せず、皮膜が前肢の指にまで至らない。また、第5指と第4指の間に張った皮膜も存在しない。いずれにせよ、主竜類の1グループとしての翼竜の進化においては、指の消長が大きな争点の1つとなりそうである。Peter Wellnhofer '*The Illustrated Encyclopedia of Pterosaurus*'（1991）より改変。

ある（図6-3）。いずれにせよ、翼竜との類縁性が支持される限り、バラノポーダが主竜類に属することは間違いなさそうである。

秘境の蝶

右記のバランの棲息域からは、日本にいないとされていた「アカボシウスバシロチョウ *Parnassius bremeri*」が採集されており、それがまさにバラン発見の発端となったことを特記する必要を小生は感ずる★（図6-4）。一九五八年、ある小学生が現地において採集、それが小生の目に触れ、当時研究室に在籍していた研究員二名が現地に採集に赴くことになったのである。研究員らはその折にバランの襲撃を受け、命を落とした。古生物の「蘇り」が、一生物個体ではなく、しばしば生態系の一部として生ずる傾向のあることが、この例からうかがえる。翼竜の一種、ラドンが、その主食である石炭紀の巨大トンボ、メガヌロンとともに蘇ったこと、ゴジラの足跡に三葉虫が発見されたことも、同様の例として理解できるであろう。

★——上の経緯の背景となったとおぼしい現実の出来事として、戦前（一九三五年、続いて一九三六年）、北海道十勝岳とトムラウシ岳から同様の蝶が採集され、いずれもアカボシウスバシロチョウの新亜種、すなわち「オオアカボシウスバシロチョウ *Parnassius bremeri japonicus*」ならびに「エゾアカボシウスバシロチョウ *Parnassius bremeri aino*」としてそれぞれ記載された。現在、それらの標本は北海道大学の総合博物館に保管されている。両亜種ともその後採集例が一切なかったが、その後この報告が誤りであったことが判明した（実際には朝鮮半島に由来する標本の「誤記録」であった。以上、『原色日本蝶類図鑑・増補版』（1954 保育社）における解説、ならびに北海道大学総合博物館エッセイ「虫と石15」、大原昌宏氏の記述に基づく）。「大怪獣バラン」が封切られた当時はまだ、北海道での採集記録が信じられていた頃であり、「秘境」が未知の生物の棲息する場所として認識され、そのような場所が国内に残っていることの象徴、もしくはその信憑性の根拠として、アカボシウスバシロチョウの話が持ち出されたとおぼしい。このアカボシウスバシロチョウを巡る話は、一九六六年、「ウルトラQ」の一エピソードに再びインスピレーションを与えることとなった。

これと関連し、八ヶ岳蓼科高原に生じた異変もまた、国内にはいないはずの蝶をめぐるものであった。記録によると、当時、同高原には南米特産であるはずのモルフォチョウが棲息しており、その鱗粉に触れると、身体の新陳代謝に

図6-4▶アカボシウスバシロチョウ（上）とオオアカボシウスバシロチョウ（下）。平井修次郎著『原色千種昆虫図譜』（1933 三省堂）より。

図6-5▶筆者所蔵のカキカモルフォ *Morpho rhetenor cacica*。モノクロ写真ではわからないが、青い金属光沢を持つ、美しい蝶である。蝶の展翅と箱の作成は、六甲昆虫館の長山好孝氏による。ヘレナモルフォは、これと同じレテノールモルフォの別亜種である。

異常を来し、巨人化してしまうという。事実、その発見者であった昆虫学者が、婚約者の目前で巨人化するに至っており（この昆虫学者、魚崎博士は、奇しくもその八年前、私の研究室に研究員として在籍し、バラン撲滅に重要な働きを示したのである）、一の谷宇礼雄博士の開発した熱原子X線を作用させることによってようやく治療がなったという。このモルフォは、映像記録からする限り、「ヘレナモルフォ *Morpho rhetenor helena*」と呼ばれる、とりわけ美しい南米の種のオスに酷似するが、実際のヘレナモルフォとは異なり、蓼科高原の蝶は羽根の表だけではなく、裏面にも鮮やかな白い帯を持つ（最近、デジタル処理により再現されたカラー映像では、白くあるべき帯が黄色に着色されている）。

アカボシウスバシロチョウに関しては、大陸に本種が棲息しているため、迷蝶として日本領土から個体が発見されることは、偶発的にはありうるかもしれない（が、上述の蝶については発見の時期が合わない）。しかし、南米産のモルフォが日本に棲息することはさすがに考えにくい。とはいえ、モルフォを含むジャノメチョウの仲間（Satyrinae）は世界に広く分布しており、日本にも多くを産する。さらに、東南アジアにおいては類似の系統の蝶として、大型のワモンチョウの仲間（Amathusiini）が分布しており、このグループには約百種のものが記載されている。しかもそのうちいくつかの種は、モルフォチョウと同様の「構造色（色素ではなく、鱗粉の表面の微細構造がもたらす、光の干渉に由来する金属光沢のこと）」さえ備えている。地球の反対側で、なぜこれほどまでに似た蝶が進化しえたのか、単なる収斂の結果であるのか、あるいは平行進化か、筆者は常々、極めて不思議な現象だと思っている。

地球上には様々な謎が残っており、それが現実社会にやってきてはアンバランスを引き起こす。とりわけ昭和には日、米、英を問わず、南の島から何かを連れてきてはトラブルを引き起こすという事例が非常に多かった。それでも足りなければ、宇宙から連れてくるか、挙げ句の果ては人間が自分で作り出したりもした（「ジュラシック・パーク」）。さらに、六〇年前には、日本にも未踏の境地は存在していた。上に紹介した昆虫や古代の爬虫類と同様、奥地にはまだ知られていない生物がいると信じられていた。あるいは、そうであって欲しいという願望があった。日本アルプス（それは、白馬であったともいう）から報告された「獣人雪男」（1955）における猿人もまた、同様な謎の一つであったと言えるのかもしれない。我々の住む世界が秘境と隣り合わせであった（と考えられていた）時代が、ついこの間まで続いていたのである。

補論

歌舞伎としての怪獣映画

怪獣映画は単なるドラマというより、むしろ祭りに近く、そこに登場する怪獣もリアリズムとパワーをひたすらエスカレートさせてゆく、どこか紅白歌合戦における小林幸子の衣装にも似た出し物として受け入れられているような気がする。実は、あの「シン・ゴジラ」においてさえ、このお祭り感覚が露呈する部分が一か所ある可能性がある。それは第二形態のゴジラ（「カマタくん」と呼ばれているらしい）が蒲田に上陸してきたところを文字通り「真正面から」捉えた、「絵のような」とでも形容したくなるカットであり、これがどう見てもお祭りの一場面にしか見えないのである。他のシーンが、自然な風景の一部として、あるいはパースのかかった見上げるようなゴジラであるのに対し、この時のカマタくんは、まるで切り取って額に入れたような撮られ方をしている。と、同時に、まさにこの瞬間、それまでリアリズム一色で進んできた話に非日常が形を伴って侵犯してくるのである。意識的にか、無意識にか知らないが、これすなわち、映画のフェーズが「ハレ」から「ケ」へと移行する境界であったのだと私は認識している。

怪獣は紛れもなく、このアンバランス・ワールドのいっぱしの「芸人」でなければならない。彼らはいつも目一杯カブいており、毎回それをエスカレートさせるべく、使命を帯びている。その意味で、日本の怪獣たちは、かつて児雷也の操っていた「大蟇」や、大蛇丸が変身する、水を吐く「龍」、あるいは「土蜘蛛」の末裔でもある。すなわち、近代化された伝奇小説としての怪獣という見方も可能なのである。そのような怪獣は、目一杯大仰に演じてみせる。私の世代は、ゴジラが幾度か、富士の裾野を舞台に大立ち回りを演じたのを見ているが、とりわけ富士山を背に雄叫びを上げるゴジラの姿に日本芸能の伝統を見る思いがし、私はそのたび「いよっ！　三代目！」と声をかけたくなる。それは平成の世においてむしろエスカレートしており、おそらくその感性を最も追求していたのは、ほかならぬ「ゴジラFINAL WARS」(2004)におけるゴジラであった。賛否両論あろうが、これはある意味、非常に志の高い、「正しいゴジラ映画」であったと思う。そして、怪獣のライバル達のエスカレートもそれに同調し、拍車をかける。例えば、自衛隊の誇る対怪獣兵器、メーサー砲は、平成のゴジラ映画では怪獣に準ずる地位を獲得し、明瞭にゴジラのライバルとしての地位を主張していた（それはもともと、フランケンシュタインの怪物、ガイラ殲滅のための兵器であった）。「スーパーX」シリーズも同様である。秘密結社スペクターの存在感が濃厚になればなるほど、悪党どもの破壊工作や仕掛けが大袈裟になればなるほど、ジェームズ・ボンドの現実味が希薄になってゆくように（「ムーン・レイカー」とか……）、ゴジラの芸が円熟を見せるほどに、それは現実と乖離した一種の様式美を確立し、それが一人歩きを始めるようになる。それに最後までつき合って楽しめるのは、もはやこだわり派の常連さんばかりかもしれないが……。

　実際、ゴジラの造形や操演が進歩すればするほど、熱線を吐く際のタメのポーズは決まってきた。とりわけ、「ゴジラ×メガギラス」(2000)や「FINAL WARS」におけるゴジラがまさに、外連味《けれんみ》溢れる役者である。また一方で、光学処理による効果もエスカレートし、もはや何がどうう理由で光っているのかわけがわからないシーンの目白押しとなっていった（私はそれでちっとも構わないが）。思えば、六四年の「モスラ対ゴジラ」では、ゴジラが最初に登場するシーンにおいて、彼はみごと尻尾だけで演技していた（もちろん「演技」していたのは、実はピアノ線を操っていたスタッフだったはずだが）。モスラの羽ばたきも、キングギドラの長い首の「しなり」も同様。こういった動きは一種の伝統芸で、ＣＧだけでどうにかなるといったようなものではない。

「シン・ゴジラ」もまたカブくべき役者であったはずだが、彼はむしろ派手に動かないことによって内なる煩悩や怨恨を表現していたと思う。むしろ、歌舞伎の原型としての「能」の方法といった方が近いか……。野村萬斎モーションをキャプチャーしたものであったなら、それは紛れもなく成功していたというべきであろう。つまり、「シン・ゴジラ」はゴジラシリーズの単なるリブートではなく、それまでの「歌舞伎ゴジラ」とは違う、全く新しい「芸能」として世間に受け入れられ、それとともに、これまでゴジラ映画など観たこともないような新しい観客を獲得したのであろう。ここではもはや、過去のゴジラ映画はなかったこととされ、何より、ライバル怪獣や、対怪獣特殊兵器の類も一切出てこない。とはいえ一方で、彼もまたエスカレーションを忘れてはいない。なぜと言って、今度のゴジラは、口だけでなく、背中からも、尻尾の先からも熱線を放射するうえ、なんとレーダーまで装備しているのであるから……。強いといえば、ここまで強いゴジラは確かにいなかった。かくして怪獣は、未だ完成を見ない人間による「世界観・自然観」の可能性と、あきらかな虚構としての「物語」の狭間に存在している。そのもやもやとした領域の中で、ずっしりと、絶大な存在感を伴って、我々の夢の中に立ち現れてくるのが、さしずめ怪獣なのであると、ここでは考えておく。

ラドンとメガヌロン

古生物学・博士　柏木久一郎

一九五六年、九州阿蘇に現れた怪獣ラドンは、小生がかつて結論したとおり、白亜紀に棲息していた翼竜、プテラノドン*Pteranodon*の生き残りであると見られている（グループとしての翼竜の起源は、三畳紀後期にまで遡る。翼竜そのものの起源については、杉本博士による「バラン」の項を参照）。ラドンの巨大化と覚醒の原因は、当時の世界情勢における核実験や、それに伴う放射能の影響による温暖化ではないかと小生は当時推測したが、その真偽はまだ実証されてはいない。以下では、ラドンの解剖学的特徴と、それより類推される進化的起源について考察する。

翼竜とラドン

ラドンの頭部には、後方に伸びる一対の突起があり（平成時代に目撃された個体には、三本の突起があったという）、口には歯がなく、口はペリカンのそれのような印象がある。注意すべきこととして、当時小生が目撃者の河村繁氏に提示した図譜におけるプテラノドンは、口を閉じていてわからなかったが、河村氏が同一だと証言した問題の復元図においては、プテラノドンの口に歯が描いてあった（ちなみに、プテラノドンの名は「歯のない翼竜」を意味し、歯の欠失については、化石発見の当初から知られていた）。同様の復元は、以前にはしばしば認められたが、これは間違った復元である。この復元図集には、他にも様々な翼竜や恐竜類も収められているが、別の翼竜、ランフォリンクス*Rhamphorhynchus*の頭部にプテラノドン様の突起が描かれているという誤りも確認されている（資料：竹内博編『東宝特撮怪獣映画大鑑』）。ちなみに、この恐竜図譜は、氏が救助され、搬入された病院においても、記憶喪失の治療とメガヌロンの確認のために用いられていた。が、その時には翼竜の写真が用いられることはなかった（あと一枚めくっていれば、プテラノドンの写真を氏が見ることになり、その時点で記憶喪失が回復していた可能性が高い）。小生は最早、この図譜を研究に用いることはない。

翼竜類、とりわけプテロダクティルス*Pterodactylus*の化石の解釈に関しては、歴史上、興味深い紆余曲折があった。当然のことながら、翼竜とコウモリを比較しようとする説、すなわち「コウモリ仮説(bat hypothesis)」は昔からあり、この考えは、ドイツのゾレンホーフェンから発見された翼竜の化石を巨大なコウモリのものと説明したゼンマーリンクや、オオコウモリと同定したヨハン・バティスト・フォン・スピックスが提唱したことで有名である。続いてミュンヘンの動物学者、ヨハン・ゲオルグ・ヴァーグラーは一八三〇年、プテロダクティルスを奇妙な水鳥のような形に復元し（足には、実際には存在しない「水かき」まで描かれた）、それを水棲動物であると説明した。そののち一八四三年、エドワード・

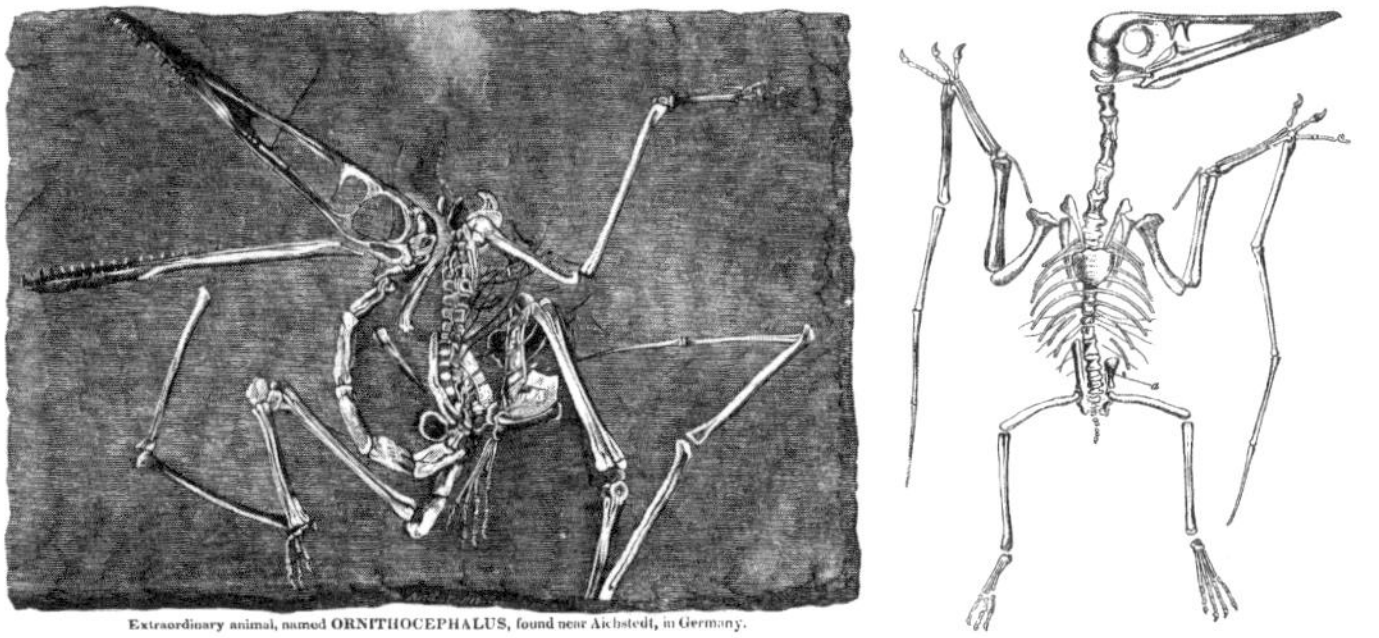

図7-1▶プテロダクティルス。左：化石。Cuvier（1818）より。右：骨格の復元。Huxley（1883）より。

ニューマンは、同じ動物を、「飛翔する有袋類」と考え、コウモリとネズミのハイブリッドを思わせるような、奇怪な復元画を描いた（図7-2）。おそらく、有胎盤類からコウモリが進化したため、明らかに鳥類とは異なったコウモリの出来損ないのような動物、すなわち翼竜が、有胎盤類以外の哺乳類から進化したに違いないと考えたのであろう。ラドンをまつまでもなく、翼竜類は、その発見当初から「怪獣的存在」だったのである。

　事実上の恐竜の発見者、ギデオン・マンテルは、英国において翼竜を最初に記載した学者でもあったが、彼は残念ながらそれを鳥類だと信じていた（英国における翼竜化石の最初の発見者は、有名なメアリー・アニングである）。その化石は部分的なもので、中空の骨が鳥類を思わせたのである。このように、翼竜を鳥類だとみなす見解や、爬虫類から鳥類への移行段階を示すという見解があり、さらに始祖鳥との混同があったりなど、翼竜というグループが飛行性の独自のグループであると認識されるまでには、長い時間がかかったのである。

プテラノドン

多くのグループを含む翼竜類の中でも最も有名なものの一つ、白亜紀後期より知られるプテラノドンは、化石資料も豊富であり、それだけよく研究が進んでいる種でもある。その翼は差し渡し七メートルほどもあり、それは永らく「最大の翼竜」として知られていた。そして、空を飛ぶ脊椎動物としては、このサイズが限界であろうとも考えられていた。ところが、一九七一年に北米でケツァルコアトルス*Quetzalcoatlus*が発見され、それが翼長一二メートルにも及ぶことがわかった。現在でも、これが最大の翼竜だということになっている。さらに、それが一八メートルになることもあるという見解もある。バイオメカニクスや航空力学では、まだ説明のつかないことはあるとおぼしい。ちなみに、ケツァルコアトルスという学名は、アステカ神話の有翼の神、「ケツァルコアトル」に由来するものである。怪獣映画、「空の大怪獣Q」（Q - The Winged Serpent）」（1982 ラリー・コーエン製作）は、この有翼神ケツァルコアトルを扱ったもので、古生物のケツァルコアトルスが現代に蘇ったというものではない（筆者はこの映画をビデオで観たはずだが、内容は全く覚えていない）。実際、この映画に登場する怪獣は、四肢に加えて背中に一対の翼を持つ、脊椎動物の基本形を無視した姿を示している。すなわちこれは、ファンタジー、もしくは神話に属する、純粋に想像上の怪物と考えるべきであり、したがって、映画のタイトルは似ているものの、決して我が国のラドンと比すべきものではない。

プテラノドンのグループを初めて分類学的に定義したのは、古生物学者として名高いマーシュである

図7-2▶1843年、エドワード・ニューマンによって、有袋類のコウモリであると説明されたプテロダクティルス。Newman (1843) より転載。

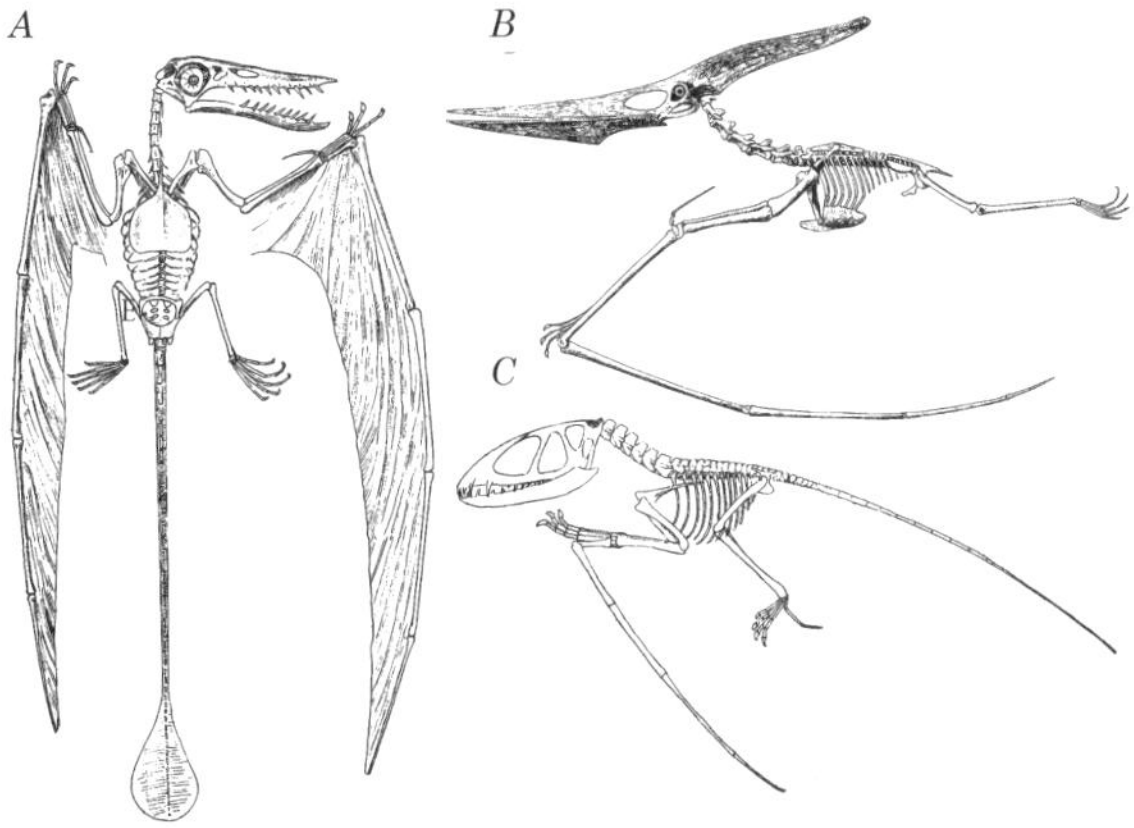

図7-3▶翼竜類。*A*：ランフォリンクス（Williston, 1925より）、*B*：プテラノドン（Eaton, 1910より）、*C*：ディモルフォドン*Dimorphodon*（Kingsley, 1912より）。

（同様に有名な古生物学者、コープの宿敵として知られ、二人は熾烈な戦いを繰り返した）。プテラノドンを最もよく特徴づけるのは、何といっても頭部後方に伸びる突起（クレスト、もしくは骨性の「とさか」）であり、それは頭蓋全体の半分を占めるほどである。おそらく、プテラノドンは高い飛翔能力を有し、トサカを使って舵を取ることもでき、海洋上を広く飛び回って餌を採っていたのであろう。事実、この動物が棲息していた当時の海岸線から、約一六〇キロ離れた洋上で溺死し、化石化したと思われる個体が発見されている。彼らの本体は、広大な翼に比して小さく、差し渡しおよそ七メートルの翼を持つ個体の重量は、一七キロ程ではなかったかと考えられている。

プテラノドンの尾は極めて短く、後肢から伸びる皮膜の中に埋没し、その先端だけが突き出ていたと想像されるが、ラドンの尾はむしろ鳥類のそれを思わせるように、後方へ向けて扇状に広がっており、翼を構成する皮膜とは明瞭な切れ込みで境《さか》いされている。加えて、翼竜類には一般に、上肢の前面と頸部側面をつなぐ、翼本体とは異なった前方の皮膜（「プロパタジウム（propatagium）」と呼ばれ、コウモリに見られる類似の前方の皮膜も同じ名で呼ばれる）を持ち、手根部からは、その皮膜を支えるための「プテロイド」と呼ばれる棒状の小骨が、近位（＝肩の方向）に向けて生えている。これは指の骨ではなく（もしそうなら、翼竜は哺乳類と同じく五本の指を上肢に持つことになってしまう）、翼竜類にのみ見られる共有派生形質であると認識されている。それが、いわゆる「橈側種子骨《とうそくしゅしこつ》」かどうかについてはまだ不明である。

ラドンに関する形態学的考察

ラドンに歯がないことは、実際のプテラノドンと一致するが、その他の点についてはいくつかの不明な形質がラドンには認められる。その一つは腹部表面を覆う鋸歯状の突起列であり、これが数条並んでいる。また、頭部後方に向けて伸びる突起は、ラドンにおいては角質構造物のように見え、プテラノドンの頭蓋に見る骨性の突起とは様相が異なるうえ(図7-3)、ラドンではこれが二本(または三本)に分かれている。さらに、状態のよいプテラノドンの化石に、毛衣の印象が残ることが報告されたことがある。これが本当であるとすると、おそらく洋上を飛翔しつつ魚類を捕獲するため、プテラノドンの腹面は白の、そして背面は褐色の毛に覆われていたであろう。これは、多くの海鳥に共通して見られる配色である。ラドンもまた、洋上を飛び、歯クジラ類を捕食するところが観察されているが(地上においては、家畜や人間を襲って食するとの報告もある)、その体色は全面茶褐色の、裸の皮膚によって覆われている。翼長一二〇メートル、体重は一〇〇トンを越えると推定され、飛翔においては音速を超える。その結果として、衝撃波に伴うソニックブームを起こすとい

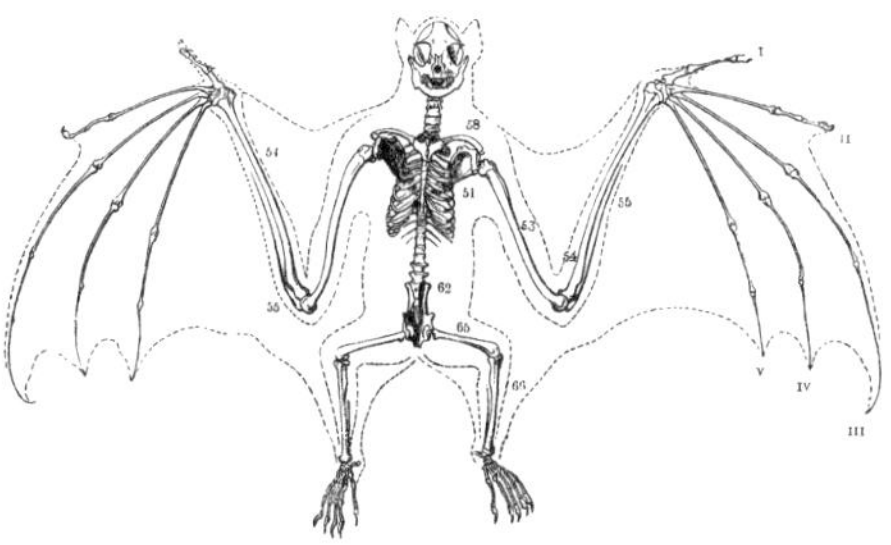

図7-4▶コウモリの全身骨格と皮膜の形状を示す。5本全ての指が残り、そのうち4本が、翼の皮膜を支えていること、ならびにプロパタジウムの存在に注目。Owen (1866) より転載。

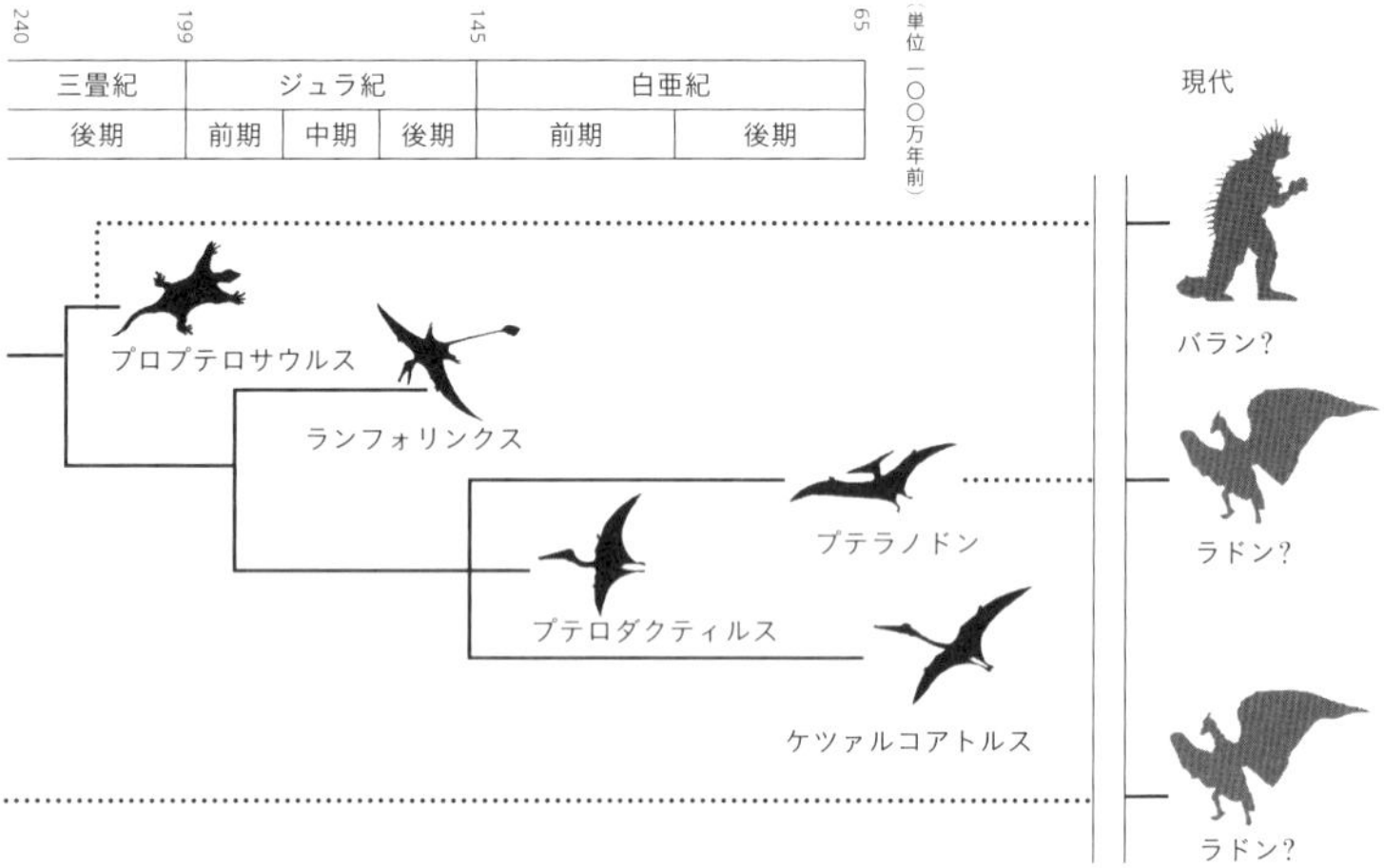

図7-5▶翼竜類の系統関係と、バラン、ラドンの進化的起源。化石の研究に基づいて作成された仮想的系統樹の上に、バランとラドンの位置を推定したもの。033頁に示した系統樹(図1-8)における翼竜の系統を、より詳細に示したものと考えればよい。プロプテロサウルスは三畳紀に棲息していたであろうと目される仮想祖先であり、実際に化石が発見されているわけではないことに注意。このプロプテロサウルスの分岐後の系統が、古生物学において「翼竜類」と呼ばれている系統群に相当する。実線は系統の存続を示す(例えば、ランフォリンクスはジュラ紀の終わりに絶滅したことが、この図からわかる)。ここで、プテラノドンの系統がジュラ紀後期から始まっているように見えるのは、単にこの動物が、ケツァルコアトルスとプテロダクティルスの系統から分かれた道のりを示すのみであり、実際にプテラノドンがその形に進化し棲息したのは、白亜紀後期になってからのことで、さらにそれは白亜紀の終わりとともに絶滅したと通常は考えられている。ラドンは、公式見解としてはプテラノドンの生き残りとされているが(「ラドン?」・上)、もしそれが正しいのであれば、プテラノドンは化石になることなく生きながらえ、現代のラドンにまで系統が続き、その間、形態変化と巨大化が進行して、プテラノドンとは異なった姿になったと考えることができる(破線)。疑問はまだ多く残り、翼竜とは全く異なった別系統の生物である可能性も残っている(「ラドン?」・下)。ラドンにプテロイドが存在するか否かが、その鍵を握っていると考えられている。また、本文での考察から、バランが翼竜類の遠い祖先に相当する可能性も示された(上の破線)。ラドンが真に翼竜類であるならば、バランがその祖先であるという可能性が浮上することになる。

われる。ラドンの推定体重に関しては、プテラノドンがそのままの比率で巨大化したと仮定した上で計算されたものであるらしく、現在、化石から推測される体重をもとに計算し直すと、実際にはラドンの体重は八〇トン程度ではなかったかと考えられる。

ラドンを含む翼竜類の起源と基本的な解剖学的構築については右に論じたが、ラドンにおいても、翼を形成する皮膜は上肢第四指に付着しているようであり、三本の指が突出していることが確認できる。このように、翼竜の翼を支える指は第四指のみであり、それゆえ複数の指で支えられるコウモリの翼に見るように（図7-4）複数の稜線が翼を走ることはない。が、現在のラドンに関しては、しばしば誤ってそのように描かれることがある。また興味深いことに、ラドンには前方の皮膜、すなわち「プロパタジウム」（翼竜の一般的特徴・前述）が一見存在しない。つまり、頸部から手根部にかけて、皮膜はなく、翼の前縁部が頸に対して深くえぐれたような形状を示す。これに伴い、小骨「プテロイド」がラドンに存在するかどうか、これはラドンの分類学的位置を揺るがしかねない大きな疑問点として、目下、古生物学者の興味の的となっている。

メガヌロン

ラドンの発見に先立ち、阿蘇付近の炭坑から「メガヌロン*Meganuron*」と呼ばれる、巨大トンボの幼虫、つまりヤゴが発見されている。実際、石炭紀には「メガネウラ*Meganeura*」という巨大なトンボが棲息していたことがある。アルトロプレウラ*Arthropleura*と呼ばれる巨大なムカデ（体長二メートル以上）が存在していたのもこの頃である。しかし、実際のメガネウラの成虫は、精々七〇センチほどであった。一方、阿蘇に現れたメガヌロンの幼虫はそれよりはるかに大きく、陸上に棲息しているので、我々の知るトンボとは極めて異なった昆虫である可能性が高い。実際、その時、成虫になったという記録はない。それ以上に不可解なのは、ラドンの祖先種であったプテラノドンが白亜紀以降に棲息していたということであり、メガヌロンの正体の同定にはさらなる研究が必要であると思われる。

一九五六年の事件時には、メガヌロンの一個体が坑道に現れ、数人の坑夫や警官が次々に襲われた（当初は、鋭利な凶器を持った何者かによる、連続殺人事件だと思われた）。この幼虫は体長三メートル以上あり、その体表は、いくつもの盾板が連なった、節足動物独特の分節形態を示す。その姿は、ヤゴというよりもむしろ、地上性甲虫のシデムシやオサムシの幼虫、あるいは前述の巨大ムカデにも似る。頭部に大きな複眼を持つほか、前方の付属肢が強大な鋏に変形しており、これによって人間をはじめ、種々の獲物を襲うとみられている。

二一世紀初頭、同種の昆虫が多数現れたことがあり、脱皮を繰り返して成虫、「メガニューラ」となった。その姿は、確かに大型のトンボに似ていたが、頭部、とりわけ口器の形態には、昆虫らしからぬ点がいくつか見受けられた。さらにこの時、メガニューラが社会性の昆虫であることが発覚した。すなわち、群れの中から社会性バチの女王に相当する大型の個体が選び出され、他個体より分泌される特別の物質を受けて巨大化し、「メガギラス」となるのである。ただし、このメガギラスの形態には（顎が上下に開閉するなど）昆虫として奇妙な点がいくつか認められ、真に昆虫の一種であるかどうか、いまでは疑問が呈されている。

補論

サービス満点の怪獣映画

ラドンは、カラー映画になった最初の怪獣だそうだ。もちろん、ラドンの方が私より年上である。私がラドンを初めて目撃したのは、「怪獣大戦争」（1965）においてであり、ラドン単体の映画があるということはあとから知った。

映画「空の大怪獣ラドン」（1956）との出会いは、かなり不思議な体験であった。というのも、私はそれを自宅の白黒テレビで観たのだが、最初それが何の映画か知らなかったのだ。当時、七歳か八歳ぐらいであったろうか、つけっぱなしになっていたテレビで、それはいつのまにか始まっていた。

何か、シリアス路線の刑事モノのようなストーリー展開。そこにいきなり、メガヌロンの幼虫が一般家庭の茶の間に出現したのである。え？　何だ、これは？　まずここで驚いた。その怪獣の着ぐるみはかなりよく出来ていて、中に三人の役者が入って動かしていたという。体長三〜四メートルぐらいありそうな、かなり大きい代物である。その巨大で、グロテスクな幼虫の異様さと、当時の標準的な日本家屋の「茶の間」というその異様な組み合わせが、当時の東宝独特のSFリアリズムであって、何かこう、江戸川乱歩の「少年探偵団シリーズ」とか、香山滋の一連のSF小説と同質の趣きがあり、私はたちまち興奮してしまった。これと同様の雰囲気は確か、「地球防衛軍」（1957）にもあったと思う。よく見ると、主人公を演じているのはあの佐原健二。この俳優の顔は「ウルトラQ」でよく見知っていたから、「これは面白いことになりそうだ」と、私はただちに直感したのであった。東宝の特撮映画は怪獣のためだけのものではなく、「美女と液体人間」(1958)とか、「ガス人間第一号」(1960)とか、あまり子供向けとは言えないシリアスなSFドラマもあったから、何かよいものが自分のような子供の守備範囲の外側に、もっともっとどこかに隠れているのではないかと、ひそかに期待していたのであった。

ところが、話は途中から思わぬ展開を見せた。つまり、メガヌロンのヤゴは、実はラドンの餌だったのだ。そして、この巨大な翼竜が本来の主人公だったのだ。巨大な卵から生まれたラドンのヒナが、巨大なヤゴを次々についばみ、飲み込んでゆく。その卵の周囲には、現在では見られない、奇妙な植物が生えている。ドラマの中の博士(平田昭彦演ずる)によると、地球の気温が上昇し、環境が変化することによって、メガヌロンやラドンの発生に都合のよい条件が揃い、古代の自然環境が現代に蘇ってしまったのだという。つまり、それまでの怪獣映画のように、ワケもわからず巨大な生物がいきなり出現するのとは違い、映画「ラドン」は、卵からの孵化、ヒナ(幼若時の姿)、採餌行動、植生など、生身の生物が生まれ、生活するうえでの生態や生物学的リアリティが表現された、サービス満点のSF映画だったのである。

第三章

一九六〇年代の「ワンダフル・ライフ」

怪獣多様化の時代をめぐる随想

怪獣の住む世界 1964-1966

「大丈夫だよ。原子銃とガンマー光線銃を持っているからね」万城目淳――「ウルトラQ　ゴメスを倒せ！」より

童話の中のプリンセスが現代のニューヨークに現れるという異色のミュージカル、「魔法にかけられて（Enchanted）」（2007 ディズニー）という映画がある。中世ヨーロッパのどこかのお姫様が時空を越え、急に彼女の見知らぬ世界に放り込まれる。無論、そこから先は、ドタバタ・コメディにならざるをえない。が、それこそが、ドラマにおける文脈の重要性、本質性を語っているとはいえまいか。宣伝文句は、「それは、ディズニー史上最も〝アリエナイ〟魔法」。もちろん、確信犯である。

なぜこんな話から始めるかといえば、見ようによっては、ゴジラ映画のいくつか（とりわけ、一九五四年の「ゴジラ」と「シン・ゴジラ」）が、このミュージカルとよく似た構造を持っているからだ。トラブルの主は、本来そこにはいてはならないはずの、異なった時空の住人、その人物が日常をぶち壊しにし、結果としてドラマを作る。そしてそのドラマの本質は共通して、「ドタバタ」である。そして、「魔法に……」のプリンセスが、魔法によって時空を越えてやってくるように、ゴジラも本来日本にはいないはずの、中生代からの生き残り、もしくは現代文明社会に最もそぐわない生物なのである。

プリンセスがプリンセスでいられるのは、彼女が存在している世界においてのこと。それは封建主義や王権神授説がまかり通っている時代であり、彼女は高くそびえるお城に住んでいなければならず、相手の王子様に加え、側近、王様と后、兵隊たち、馬車や豪華な調度、金銀財宝、その他諸々のセットアップがあって初めて、彼女はプリンセスたり得、プリンセスとしてまっとうな人生を送ることができる。彼女の世界には、悪い魔法使いや、火を吐くドラゴンさえいるかもしれない。物語の本質がファンタジーであれば、そういう非現実的なキャラクターがいても構わない。そしてこの「プリンセス世界」という童話的セットアップの中から、「プリンセス」というエレメント単体を引きはがし、全く異なった文脈の中に投げ入れることによって勘違いと齟齬が引き起こされ、それが喜劇を生むのである。この珍しいディズニー映画は、それを確信犯的に作り出している。

現代社会にゴジラが出現するという話は、いわばこれと同様の「文脈のズレ」にともなう非現実感をSF的に昇華したものに他ならず、ディズニー映画がコメディとしての「ドタバタ」を目指したとするなら、怪獣映画は災厄や悲劇としてそれを見せる。ひとことで言うなら、怪獣は現実社会に馴染まないからこそ災厄なのであり、初期のゴジラ映画ではそれこそが一つの味わいであり、その目的ですらあった。しかし、映画がシリーズ化することにより、ゴジラその他の怪獣が次第にスクリーンに馴染み、彼らが登場する舞台が次第にセットアップされてゆく傾向がそれに続いた。プリンセスにお城が必要なように、ゴジラには超科学秘密兵器や特殊生物自衛隊が用意された。つまり、回を重ねるごとに、映画の中で怪獣を取り巻く「世界」の方が、怪獣の存在に歩調を合わせ始めたのである。プリンセスが架空のファンタジーに馴染むように、怪獣が馴染むような世界が六〇年代以降、映画の中に構築され始めた。私は勝手にこれを、怪獣映画の「童話化」と呼んでいる。

「童話化」された映画の中での怪獣は、もはやおなじみの登場人物にすぎず、その出現自体が脅威となることはない。観客はそうした登場人物達と、彼らを取り巻く世界を共有する快感に身をゆだねることになる。その意味では、対怪獣用の秘密特殊兵器など、現実世界の側ではなく、むしろ怪獣側の要素、怪獣映画の童話化に一役買っているアイテムの一つなのだと気づく。これら超兵器はただの機械のように見えながら、むしろ怪獣側の世界に属し、ある種、その究極の姿が異星人の作業用ロボット、モゲラであり、また、対ゴジラ兵器としてのメカゴジラなのである。言うまでもなくメカゴジラは機械だが、怪獣図鑑の中では怪獣扱いである。そしてこの童話化の傾向が行くところまで行ったのが、「怪獣総進撃」における通称「怪獣ランド」(小笠原諸島の一つであるという)であり、ここでは多くの怪獣達が一か所に集められ、人間の超科学技術によってコントロールされる。人間の都合で見た「怪獣ユートピア」の姿がそこにあり、人間の技術で怪獣を制御するという状況は、はからずも一九五四年の「ゴジラ」によって投げかけられた問題に対する、ある種最も陳腐な解答の一つになっている。

してみると、六〇年代以降の怪獣映画の童話性というのは、すなわち世にいう「ジャンル」のことであり、「魔法に……」も、「ゴジラ」も、「シン・ゴジラ」も、その意味ではまだ童話化していない、実質的に一般向けのノン・ジャンル映画であったことがわかる。そして観客の嗜好性は、映画の登場人物ではなく、むしろ「童話化のタイプ」に対するものなのである。つまるところ、「怪獣映画は嫌いだ」

とか、「ファンタジーは苦手だ」というのは、プリンセスとか怪獣そのものに対する嫌悪感ではなく、それが属する世界観の中に我が身を置くことを容認できるか、拒絶するか、ということなのである。そういうわけで、デートにジャンル映画は向かないのである。

ならば、今後製作されるかもしれない「シン・ゴジラ2」はどうか。一作目に描かれた日本は、「ゴジラ」をキーワードにネット検索してもヒットが一つしかないという些細な点を除けば、実際の日本と寸分違わない現実であり、その中にゴジラがいきなり現れたのだが、その続編で描かれるであろう日本は、すでにゴジラの出現とその殲滅を経験済みの、我々の住む世界とはかなり違う国であり、そこではゴジラが現れることが「想定内」のうえで、自衛隊やその軍備が編成されているはずなのである。平成シリーズにおけるように派手なメーサー車が開発されていても、我々にはもはや文句が言えない。どんな映画でも、続編の童話化は避けられない。

私が一九六〇年代中盤に続けて観た「モスラ対ゴジラ」と「怪獣大戦争」の二本は、いまから思えば、「怪獣映画の童話化」の微分係数が最も高かった頃に相当するのではなかったかと思う。東宝映画のリアリズム時代に属する「モスラ対ゴジラ」は確かに印象的で面白かったが、当時幼稚園児であった私には大人の話がわからず、それは「シン・ゴジラ」における大人の会話劇がさっぱりわからなかった小学三年生の息子と同じような体験であった（それでも、多くの子供達が判で押したように言うとおり、ゴジラが出てくるシーンだけは素晴らしいと言っていた）。つまり、怪獣そのものが出ている場面以外は、一応現実社会のドラマだったのだ。ところが、これが「怪獣大戦争」になると、怪獣を取り巻く様々なアイテムが登場して退屈させない。まず、「宇宙ロケット」、そして「X星人」、さらに「X星人の円盤」……。これらはどれも、怪獣が馴染む非現実アイテムの数々であり、同時に私達をどこか遠くへ連れて行ってくれる、あるいは目の前で世界が変貌していくような気にさせてくれるお膳立てでもある。それが決定的になるのが、自衛隊による第二次攻撃のシーンであり、メーサー車こそ登場しなかったものの、デザイン的にその前身ともいうべき、Aサイクル車の機動とともにマーチが流れるシーンは、当時七歳の私にとってまさに鳥肌ものであった。そんな、怪獣側に寄り添った架空の世界が、当時の私にとっての理想郷だったのであろう。

これは私の勝手な推測だが、怪獣映画の童話化は、世界が怪獣を含めたSF的アイテムで埋めつくされてゆく快感を誘発し、それを後押ししたのは、現実世界に新しいビルが次々に建ち、伝統的な商店街が、百貨店や巨大なスーパーマーケットに変貌していった、あの高度経済成長期における日本各都市の急速な変貌であったような気がする。私の記憶の中では、それが一九六四年から一九六六年にかけて顕著に起こっていた。とりわけ、リアリズム指向の「ウルトラQ」から、童話化済みSF世界をベースにした「ウルトラマン」への変化は、子供達にとって天変地異であっただけではなく、当時の時代の推移を象徴していたようにさえ感ずる。

加えて上の変化は、「Science Fiction」の捉えられ方の変遷と言っていいかもしれない。香山滋は、いまでこそ異色のSF作家という印象をもたれがちだが、（久生十蘭と同様に）異世界を描く昭和の小説家として、明治以来の押川春浪、小栗虫太郎や海野十三の系譜の上にある。とりわけ小栗は『人外魔境』

において、前人未踏の秘境にいまでも棲息する異形の動植物を描き、そこでは日常世界からやってきた人間（探検隊）がそれらに遭遇することによりドラマが始まる仕掛けになっている。このようなSF冒険譚にあって、人間の常識は常に現実社会に留まっており、異界の住人達が人間をどこか遠いところに連れて行くか、もしくは日常世界や人間の社会を破壊する、といったように話が進むことが多い。このような、文脈を「童話化させない」リアリズムのただ中にモンスターを登場させ、日常世界にアンバランス状況を持ち込むといったスタイルは、初期のゴジラ映画や「ウルトラQ」（そのもとのタイトルは、まさしく「アンバランス」であった）と著しく類似する特質であり、したがって六〇年代半ばまでの日本独特のSF感覚は、ドラマの童話化を頑なに拒んでいたことによって特徴づけられていたと言えそうなのである。むしろ、それらのドラマはSFとして認識されていなかった可能性もあり、テレビで「ウルトラマン」が始まった当初、画面の片隅に「空想科学ドラマ」とか何とか、テロップが出ていたような記憶がある。それは、まさに「SF」の翻訳なのだが、逆に言えば、そのテロップがなかった「ウルトラQ」はSFとは思われていなかったらしい。

ゴジラは異界からの侵犯として人間の眼前に現れる。そこに佇む我々人間は、無防備な日常をさらけ出すか、あるいは自らSF童話の中に飛び込んでそれと対峙するしかないのである。

後記――「童話化していない映画」として右に定義したばかりの一九五四年版ゴジラに関してだが、私には一つ昔から気になっていたことがあった。この映画には、「現実社会にいきなり飛び込んできた、お姫様としてのゴジラ」のライバルであるところの「悪い魔法使い」、もしくは「魔女」に相当する役者も一人だけ紛れ込んでいるような気がするのだ。芹沢博士である。映画の中では人道主義がフィーチャーされ、正義の味方としての博士の人物像が強調され、確かに端整な顔立ちの青年科学者として撮影されているのだが、ポスターの中の彼はというと、眼帯を掛け、顔にはひどい火傷を負っている。しかも、登場人物の中でただ一人ゴジラを見上げていないその険しい顔つきは、何かを隠し持っている不穏な人格を強調して止まない。つまり、映画の中の博士とは、大きくイメージが食い違っているのである。「電送人間」(1960)に見るように、当時の東宝映画においてこのような異様なメイクの役柄がまともな人物であるはずがなく、予備知識のない目で見る限り、この博士は年がら年中一人研究室にこもり、一体何をやっているかわからないマッド・サイエンティストであるかのように想像してしまう。それは、むしろゴジラの原案にあった博士の当初のイメージであったかもしれない。確かに、香山滋の書く小説には(『海鰻荘奇譚』における塚本剛造博士のように)、そんなマッドな博士が時々登場するのである。ならば、超科学兵器「オキシジェン・デストロイヤー」は魔女の使う魔法の杖か、はたまた白雪姫を殺すための毒リンゴか……。実際、その通りなのである。異界の住人を殺すためには、この世ならぬ力が必要だということらしい。して見ると、「シン・ゴジラ」は、現実世界の武器だけでゴジラを氷漬けにした「ゴジラの逆襲」(1955)にむしろ近いのかもしれない。

特撮大好きオヤジのぼやき

特撮、いいねぇ。好きだよ、特撮。もぉ、本物にしか見えないようで、よぉーく見るとかろうじて作り物だとわかるというぐらいのがいいね。苦労して街のミニチュアを作り、怪獣が一気に壊す、やり直しの効かない一回こっきりの芸術っていうのもいい。何かこう、禊《みそ》ぎのようでさ、儀式のようでさ、見ている方も襟を糺してしまうじゃないか、思わず……。

そこいくとCGはつまらないよね。どんなに凄い倒壊シーンを見せられても、「どうせあとから色々つけ足したんじゃないか」と考えてしまう。ラッシュ見ながら監督と演出家が、「ここ、もうちょっと煙が欲しいなぁ」とか「もっと、ここ燃やした方がいいんじゃない」とか、「破片を増やしてよ」とか、注文つけてる様子が目に浮かぶよね。そういう修正がいくらでも効いちゃうのは、なんかつまらないよね。個性もないよね。お家芸もありえないから、どの映画観ても同じに見えるしね。ありがたみがないよね。

伝統的な日本映画のミニチュア特撮はね、そんな細々したことを撮影前に全部計算づくでやらなきゃあいけなかった。変な言い方かもしれないが、いくらでもやり直しが効いて、もはや本物と区別がつかなくなったCG特撮なんていうのは、そりゃあんた、「特撮」と呼ばれる資格はないのであって、「おっ、ここ苦労してるよなぁ」と、ため息つきながら感心して見るのが特撮なんだよね。だから、その出来映えに感心したり、「どうやって撮ったんだろう」と考えることこそ、特撮マンに対する最高の礼儀であって、彼らもそういう観客の反応を至上の喜びとするのだろうね、多分。だから、トリックについて考えが及ばないほど、特撮だとわからないほど観客を騙してしまうなんていうのは、はっきり言って特撮の道を踏み外していて、もはや特撮として失格なんだよね、逆説的だけどさ……。もう、「ジュラシック・パーク」なんて、どうでもよかったもん、ボク。「いやぁ、あそこのCGは苦労したんですよぉ」「え、どこが？　それCGだったの？」って、ある意味あんまり情けない仕事だよね。

怪獣が壊すからには、それなりにもろい素材で作らなければならないよね。ビスケットみたいにね。カマボコ板使って下手にちゃんと作ってしまうと、逆襲しに来た北京原人みたいに、いくらぶっ叩いてもびくともしないミニチュアが出来てしまうから気をつけようね。そこへ行くと日本の怪獣映画特撮はまさにお家芸。特に東宝と大映が凄かった（初体験の日活ガッパも凄かった）。とりわけ、東宝の「ラドン」と「モスラ」は凄かった。ちゃんと時代を感じさせるだけのクォリティが特撮にあった。ラドンなんか、九州が舞台だけど、映画館に来ていた子供が、自分の家が燃えてるんで泣き出したっていうエピソードがあるよね。いい話だよね。だから、ラドンの起こす風圧でひっくり返る電車の裏側に、電池から引っ張ったビニール線なんかが見えても、気づかないふりしてあげなきゃね。そうそう、それに特撮はなんてったって懐かしくなきゃね。それがリアル感の証だから。

モスラが撮られたのは一九六一年（昭和三六年）。幼いボクがまだ映画館で観られないような頃のことだった。あの映画はしたがって、昭和三三年を舞台にしたあの「三丁目の夕日」がどれほど正確に町を再現したかを検証するのにもよい素材になるわけだね。そうやって見ていて気がつくのは、まず「バヤリース」。お米屋さんで売っていたプラッシーとは違って、なんか派手でハイカラで、アメリカ色の強いオレンジジュース。ボクと同年代の人は知っているだろう、サンキストなんかが出てくるよりずーっと前の話、テレビでチンパンジーが宣伝やっててさ、いつもクレージーキャッツの谷啓が馬鹿なアフレコ当てていたっけね。うちの親父が毎週日曜、嬉しそうにテレビで「コンバット」観てて、そんときによくかかってたなぁ。このアメリカ資本の会社はたぶん東宝と提携していたかなんかで、六〇年代の東宝怪獣映画では何かというと「Bireley's」と書いた看板が町のミニチュアの中に一つぐらいは建ってた。で、怪獣はそれだけは壊さない。この戦後の空気感が「三丁目の夕日」には足らないんだよな。

で、「モスラ」の幼虫が東京市街地を進撃するシークエンスで、実際ロケで町中を撮り、マット合成で遠方に東京タワーを映し込んでいるシーンがある。「なんでわざわざこんなことをやっているのだろう」と思っていたらあとでわかった。モスラが東京タワー倒して繭をかけたあとのシーンをそこにはめ込んでるのだ、全く同じ画角で……。なかなか芸が細かいよね。これを見せるためだけに合成してるんだよね。東京タワーが出来てたった三年という時代の映画だから、それだけ思い入れもあったのだろうなぁ。京マチ子の黒蜥蜴が、宝石の取引場所に選ぶのもそれだよね。よく、ゴジラが東京タワーを壊したとかなんとか訳知り顔で言っている老人がいるが、ゴジラは二〇〇三年の「東京SOS」まで東京タワー壊してないよ。第一作のゴジラが倒したのは、あれはどこかの電波塔で、最初に倒したのはモスラだからね。で、次はガラモンかキングギドラだったと思うぞ。あれ、ガメラかな？

そうそう、特撮の話。それにしても「モスラ」ではたくさんラジコン使っているよね。救急車も自衛隊の車も、モーターバイクまでミニチュア走らせてる。何でそこまでやるんだろう。あの頃はまだ自衛隊が協力してくれなかったのか？　とにかく東宝は、それはそれはラジコンが上手い。「日本海大海戦」もたぶんそうだよね。とくに「怪獣大戦争」で、Aサイクル車とメーサー車が走るところが凄い。最初ジープが何台か走っていて、てっきりロケだと思っていたら、いきなりメーサー車が出てきてびっくりしたものだ。愛だよね。愛がなければあんなシーンは撮れないよね。

しかし、ビルの倒壊ということになったらやっぱり「モスラ」だろうな。「キングコングの逆襲」でメカニコングがビルを突き破って出てくるところもいいけど、やっぱり初回のモスラだな。「モスラ対ゴジラ」のモスラの幼虫はちっこくていま一つ精彩を欠いていたが、第一作の「モスラ」の幼虫はほんとによく動き、よくビルを壊した。たくさん水を含んだ終令幼虫だからね。鱗翅目昆虫の終齢幼虫ってのは、サナギになる前にワンダリングするんだよね。町の住民にしてみりゃ、たまったもんじゃないけどね、無意味にうろつき回られると……。でも、それは捕食者の目を逃れるのに都合のいい場所を探してるんだよね。って、いるのか？　モスラの捕食者。そうそう、ミニチュアのビルが破壊されると、ビルの中身が見えなければいけない。モスラが壊すビルは、東京でもニューカークシティでも、ちゃんと中身に物が詰まった、使用感のあるビルだった。そういうきめの細かいミニチュア作りが嬉しいんだよね。

　壊されるビルの中で人間が動いているという、とんでもないアクロバティックなシーンが好きなのが大映。「ガメラ2 レギオン襲来」で、宇宙植物の草体がビルを突き破って出てくるところ（「ウルトラQ」の「マンモスフラワー」のようなシーンだ）。崩れ落ちるビルの破片の向こうに窓ガラスがあって、その中で人間が慌てふためいている。また、「ガメラ対バルゴン」の冷凍怪獣バルゴンが大阪城もろともガメラを氷漬けにしたあと、どこかの料亭の前を横切るシーンがあるが、その料亭が明らかに作り物であるにもかかわらず、窓の中で人間が逃げ惑っている。この人間の動きも本物。すごいなぁ。この二つの例は、いまでも一体どうやって作り出したのかわからないほどよくできている。いや、別にトリックなんかわからなくてもいいのだが、どこかの器用なお兄ちゃん達がここまでやってくれた、手の込んだ特撮映画を見られるということを、もっと喜ぶべきなのだよ、我々は……。それはさ、お祭りでよくできた山車を見て感心するのと一緒でさ、ねぶた祭りとか、札幌の雪祭りとかね、やっぱり大きくて手の込んだ物を作って一晩でぶちこわすっていう……。だって、怪獣映画はなんてったってお祭り映画なんだから。そして、そんなこだわり持った連中を怪獣映画ファンと呼ぶのだよ。あー、特撮ファンでよかった、っと。

ゴジラの変貌――「ゴジラ・エビラ・モスラ 南海の大決闘」考

怪獣たちは本来、現実の自然か、あるいは地層に刻印された化石にその出自を持っていた。アメリカの巨大怪獣は放射線の作用により巨大化したクモや、カマキリや、トカゲや、アリであったし（あるいは時々人間そのもの）、初期の日本の怪獣も、中生代の恐竜か、それに準ずる動物が現代に蘇ったものだ。中生代の大型爬虫類が、そのまま現代社会に現れるだけで充分に脅威となることについては、映画「ジュラシック・パーク」を待つまでもなく、「キングコング」（1933）に先立つ（「キングコング」の原型となった）特撮映画、「ロスト・ワールド」（1925）が証明している。考えてみれば、子供にとって昆虫や海産無脊椎動物は、それだけですでに充分魅力的であり、自分が捕まえた動物が体長数十メートルに成長したらどんなことになるだろうかと夢想するのも、ごく自然なことなのである。その中で、子供達はしばしば自分をゴジラになぞらえる。

例えば、石森章太郎原作の一九六九年の東映アニメ、「空飛ぶゆうれい船」では、悪党の手下として多くの巨大な怪物が登場するが、それもまたカニとか、タコとか、二枚貝など、海で普通に遭遇する無脊椎動物がそのまま巨大化したものであった。同様に、「鉄人28号」にも、動物をそのまま巨大化したようなロボットがいくつか登場したし、ジュール・ヴェルヌの『神秘の島』を題材に採った映画「SF

巨大生物の島」（1961）にも、単に巨大化しただけの普通の動物（ミツバチ、カニ、地上性の鳥）が登場する。レイ・ハリーハウゼンが操ったこれらの怪物は非常にリアルな動きを示し、最初これをテレビで見た私はすでに中学生であったが、シンドバットシリーズなどのファンタジー系の映画とは少し違う、ハードSF的な魅力に、すっかり参ってしまった。こういった怪獣（怪物）達には、とりわけ冒険活劇がよく似合う。そして、そのようなドラマは、ぜひ南の島を舞台にしたいところである。東宝映画でも「キングコングの逆襲」、「ゴジラ・エビラ・モスラ 南海の大決闘」、「ゴジラの息子」、「ゲゾラ・ガニメ・カメーバ 決戦！南海の大怪獣」などがこの系譜にある作品であり（以下に見るように、とりわけ私は「南海の大決闘」を高く評価している）、これらには共通して「単に巨大化した動物」としての怪獣が登場する。冒険SFは常にハードボイルドであり、子供の夢はしばしば実現可能性を模索するのである。そこにキングギドラのような、荒唐無稽な怪物は似合わない。

おそらく、意図的に冒険怪獣活劇として最初に作られた怪獣映画は、一九六六年封切りの「ゴジラ・エビラ・モスラ 南海の大決闘」であろう。その設定は、モスラの出自であるインファント島のそばにある無人島（レッチ島）において、某国の秘密結社「赤イ竹」が密かに核兵器を開発しており、そこで奴隷として働かせるため、インファント島民たちが大勢拉致されてきているという、一風変わったハードボイルド趣向のもので、そこへ漂流してきた日本人がゴジラの力を得、秘密結社を壊滅させ、無事脱出するという結末になっている。島には武装した悪者が跳梁し、海の中には人を食う凶暴な怪獣、エビラ（人を喰う巨大なアメリカザリガニ）がいる。この八方ふさがりの状況を打開するトリックスターがゴジラなのである。ちなみに、この映画公開当時の子供達は、近所の田圃や緑地公園でアメリカザリガニの大きなオスを捕まえるたび、それをエビラに見立ててさんざん遊んだことであったろうと想像する。

これ以前のゴジラ映画においては、平和な日常を揺るがすアクシデントは常に怪獣によって引き起こされてきたが（つまり、基本的にサラリーマン映画の変則技としての怪獣映画であったが）、今回はトラブルの種を作っているのは明瞭に悪意を持った人間であり、その計略が地球の平和を脅かし、対して正義の味方が活躍するという、あたかも「００７シリーズ」のような冒険活劇的、アクションスパイ映画的なお膳立てである。ここでは、ゴジラは使命を帯びた善玉の一人に過ぎない（極端な話、それが鉄人28号でも構わない）。確かに、日本のどこかの市街地を舞台にした怪獣の戦いに比べ、南洋の無人島というのはいかにも低予算な印象があるのだが（それが映画作製の背景にあった可能性はあるが）、重要なのは、当時にして怪獣映画のあり方として、サラリーマン映画の変形としてのリアリズムはすでに充分追求しつくされ、それに続いたハードSFとの融合である「怪獣大戦争」では息切れがし、さらに新しい怪獣映画の可能性の一つとして、当時、冒険劇は試す価値のある道だったのではなかろうか、などとポジティヴに考えてしまう私である。実際、この映画が封切られた一九六六年というのは、ショーン・コネリーによる００７映画の最盛期で、宝田明も「一〇〇発一〇〇中」やTV番組の「平四郎危機一発」で、アクションスターとしての地位を確立していた真っ最中である。「ゴジラの逆襲」以降、「怪獣大戦争」以前の映画を本道としがちな真面目なゴジラ・ファンにとって、その最高峰を「三大怪獣」あたりに求めるのは当然のことなのであろうが、冒険劇として見る限り、「南海の大決闘」は出色の出来であり、個人的にはそっちの方のジャンル映画としてある意味大成功だと言ってはばからないのである。ＤＶＤを入手して以来、どういうわけだか何度も見てしまうのだ。少し悪びれながらも人情に厚い役柄の宝田明がいつになくハマっており（おそらく、このような役が本来の宝田なのであろう）、皆さんもっとこの映画に注目して戴きたいと思うこと限りない。映画の中では、「8時だよ！全員集合」に見るようなドリフ的ギャグもいくつかあり、それがまた嫌味なくドラマを盛り上げ、同様に音楽も伊福部音楽から一変、軽快な六〇年代エレキ調のものに変わった一方で、嵐のあとのどんよりとした雲の下、波飛沫《しぶき》の上がる断崖で陸のゴジラと海のエビラが戦う、一種独特で幻想的な場面もあり、映像的にも決して無視できない作品に仕上がっている（と思う）。

もう一つ注目すべきこととして、ゴジラが正義の味方になったことを宣言するような、印象的なシークエンスや台詞が、この映画の中で数回出てくるのである。その最初は、主人公達が、隠れ家にしていた洞窟の奥で眠っているゴジラを発見し、秘密結社を壊滅させるためにそれを雷で起こそうとする場面。この時、宝田は危険だからとそのアイデアをいったんは却下するが、相棒が、「少なくともゴジラは中立だ。それに、秘密結社の連中はゴジラの存在を知らないが、自分たちはそれを知っている分だけ断然有利なのだ」と指摘、宝田は説得されるのである。この時点ではまだ、ゴジラが見境なく暴れる危険な存在であるとみなされている。それはいつもそうである。しかし、目が覚めてからのゴジラが、結果的に敵のアジト（＝核研究施設）を壊滅させたり、その某国が派遣した戦闘機を撃破したり（そもそもゴジラが戦闘機を破壊することに対して観客が喝采を送った映画など、全ゴジラシリーズの中でも本作のみであろう）、エビラを打ち負かしたり、水野久美演ずるインファント島民の娘、ダヨに一目惚れしたりするうち、正義の味方としての性格が次第に確定的なものになってゆく。最終的に無人島は、核爆弾により消滅してしまうが、モスラにつり下げられて辛くも脱出を果たした主人公達は、ゴジラに向かって「早く逃げろ」と呼びかけ、意を決したゴジラが海に飛び込んで一命を取り留める。

実はこの映画、もともとはキングコングを使って作られる予定であったと聞くが、結果的にそれはかなわず、ゴジラを人間の味方として描くきっかけになってしまったようである。そういえば、人間の娘に好意を寄せたり、海に飛び込む決意を必要とするところなど（ゴジラはそもそも海から上がってきた怪獣なので、もとより躊躇などないはずであり、核爆発に伴う放射能はむしろゴジラの食料だったはず）、本来のゴジラにはない、キングコング的な資質と言うことができるだろう。落雷によって力を得るという設定も、一九六二年の「キングコング対ゴジラ」以来の伝統である。しかしそれでも、この映画にはゴジラの魅力がいっぱい詰まっている。これは、少年の冒険心と、芽生えかけのリビドーと、007的アクションに対する憧れを刺激してやまないばかりか、そこに怪獣というおまけまでついた、この上なく贅沢な作品なのである。「南海……」におけるゴジラは、ドラマを盛り上げる大がかりな仕掛けの一つであると同時に、ゴジラ自身が主人公と立場を同じくする登場人物の一人となっている。

私の記憶が正しければ、この映画の封切り直前、フジテレビの番組、「スター千一夜」にゲストとしてゴジラとモスラが招かれ、彼らが人間の声でそれぞれの役回りとキャラクターを説明しがてら、映画の宣伝を行っていたはずである。つまり、このころすでに、怪獣は明瞭にお茶の間の人気者になっていたのであり、「怪獣大戦争」において、ゴジラが「シェーッ！」のポーズをやって見せた頃から、それは確立していたのである。加えてその前後、同じフジテレビの「ナショナルプライスクイズ・スバリ！当てましょう」というクイズ番組（司会、泉大介。日頃庶民が目にしないような、様々な高額商品が提示され、参加者がその値段を当てる）で、「ゴジラの尻尾」が登壇したことがある。その値段がいくらだったのかは忘れたが、自分の小遣いでは買えない、相当な額であったことだけは印象深く覚えている。解説者の話によると、尻尾の持つ弾力性を表現するための素材や、成形するための手間暇に相当金がかかったのだそうで、それを聞いた泉大介がしきりに感心していた。

こうして自分の記憶をまさぐってみると、一九六〇年代中盤以降、ゴジラは高度経済成長期の日本社会に定着し、芸能人として充分に認知され、放っておいても早晩正義の味方になってしまう素地はすっかり出来上がっていたように思い出される。それでも、ゴジラは人間にとってあくまで脅威であり、いったん出てきたが最後、何をやらかすかわからないという困った存在でもあった（実際、「南海……」においても、ゴジラは、インファント島民を助けに来たモスラに対し、あろうことか熱線を浴びせかけている）。この両義的なゴジラであればこそ、キングギドラのような地球規模の凶悪怪獣を撃退しても、それでゴジラ自体の脅威が削がれることにはならなかったはずなのである。にもかかわらず、キングギドラ敗走後のゴジラ（に加えて、ラドン）がどうなったのか、全く問われないままに映画が終わってしまうことが二度も続き（「三大怪獣」と「怪獣大戦争」）、いい加減ゴジラのキャラクター設定を明確にする必要が、あの頃そろそろ迫っていたのではなかったろうか。登場人物として、それまでのゴジラ映画を牽引してきた主要な俳優代表格の一人、宝田明が、「南海……」の最後の場面においてついに、「考えようによっては、ゴジラは我々の味方だよな」と結論めいたことを言い、皆が深く頷いたその瞬間、ゴジラの性格づけは決定的になった。私はそんな風に想像するのである。

怪獣残酷物語――私を戦慄させた怪獣たち

東宝ゴジラ映画に連れて行ってくれたのが母親であったとすれば、大映の「ガメラ」シリーズに連れて行ってくれたのはどういうわけだかいつも父親だった。それはただの偶然だったに違いない。彼らに違いがわかるわけないし、そんな気の利いた選り好みがあろうはずもない。しかし、この組み合わせは絶妙であった。「ガメラ」シリーズは、母親だったら耐えられなかったであろうほどに残酷で厳しかったのである。それは冗談ではなかったのである。

例えば、東宝映画は一見シリアスに作られているようで、（「サンダ対ガイラ」を除けば）流血シーンのような残酷描写は少ない。「ラドン」で抗夫が水の中でメガヌロンの幼虫に嚙み殺されるのも間接的な描写に留まり、「モスラ」で悪漢、ネルソンが警官に撃ち殺された時も、服に孔が空くだけで、血の一滴も流れない。さらに、最近の映画でも、メカゴジラ機龍の回転ドリルがゴジラの腹に深々と突き刺さっても、乾いた角質鱗の破片が飛び散るだけで一向に流血はない。一体ゴジラの皮膚の角質層は何メートルあるのだと言いたくなるほど……。これほど東宝の怪獣映画は血を嫌う。だからこそ、例外的に「怪獣総進撃」において、キラアク星人に操られた女性隊員の耳から、久保明がその洗脳装置であるイヤリングを引きちぎった時に流れたわずかの血ですら、私を戦慄させるにはもう充分だった。もっとも、米国のスプラッター映画に影響を与えたとされる派手な流血チャンバラのはしりが、大映の「座頭市シリーズ」ではなく、東宝の「椿三十郎」のラストシーンだったというのもまた、もっぱら認められているところではある。が、それを例外とすれば、東宝映画に流血は少ない（結局それは、円谷英二監督の方針だったらしい）。

東宝怪獣映画は基本的に、この映画会社が得意とするサラリーマンものの延長上にあり、それゆえ非日常的な残酷性は似つかわしくない。サラリーマン的日常を侵犯する異形の存在としての怪獣なのである。対して、大映「ガメラ」シリーズにおける怪獣は、座頭市のように流血・残虐の大椀振る舞いを旨とする。それには、ちょっと目を覆いたくなるものが多い。確かに「ガメラ」シリーズは、「ガメラ対バルゴン」を除いて、すべてお子様ランチだったという事実はある。しかしそれでも、残酷描写だけは、手をゆるめていないのだ。

実際、ガメラもそのライバル怪獣もよく傷つき、流血する。その色がまた、青とか、青緑とか、紫とか、いかにも毒々しい。鉄を含んだヘモグロビンとは違い、別の金属原子を酸素結合に用いているとか、そんなご託はどうでもよろしい。印象を和らげるために赤を避けたのかもしれないが、それがかえっておぞましい印象を醸し出していた（あるいは、それが狙いだったのか）。子供が見ていようがいまいがお構いなし。角とか、牙とか、怪獣の吐き出す光線とか、そういったものでしょっちゅう皮が裂け、肉が抉《えぐ》られ、その傷口から「ドバァーッ」、「プシューッ」、「ダラーッ！」と景気よく血が噴き出す。まるでヤクザの出入りである。文字通りの出血大サービスである。かくして、ゴジラの血なんかほとんど見ることがない一方で、ガメラの血が「青緑」だというのは非常によく知られたこと、それは平成にリメイクされたシリーズでも継承された。大映精神は健在なのだ。ガメラはいわば「傷だらけのヒーロー」であり、文字通り身を削って敵と戦う。その点、いくらミサイルを撃ち込んでも平気なゴジラにはない、生物（？）としてのリアリティがある。それで火を噴いて空を飛ぶのだから、見ている方は訳がわからなくなる。

ガメラ映画中の流血シーンとして、印象深いのは次の例。冷凍怪獣バルゴンが、七色の殺人光線で関西地方を蹂躙するので、自衛隊が巨大な鏡を用意し、バルゴンに向けて光線をはね返す。と、それが命中。瞬間、傷口からだらだらと紫色（おいおい）の血が流れ出し、琵琶湖を染める。その傷口は爛れ、おまけにぶよぶよ動いていたように思うが、それは気のせいか……。おぞましい。そして傷は治癒しなければならない。満身創痍のガメラはいつも海底で傷を治し、元気が回復するまで、再び戦うことはできない。マカロニウェスタン的生々しさがここにある。

第二に、「ガメラ」シリーズではよく人が食われる。文字通り、怪獣の口に放り込まれて咀嚼され、怪獣の栄養になる。「進撃の巨人」で定番となったこの生理的恐怖も当時の東宝映画にはあまりなく、ほとんど唯一の例外が、羽田空港で女性を捕らえて咀嚼した「サンダ対ガイラ」のガイラ。しかし大映には多いのだ、これが……。とりわけ、「大人のための怪獣映画」として日本映画史に燦然と異彩を放つ「ガメラ対バルゴン」では、宝石を常食とするバルゴンが、巨大なダイヤを奪って逃亡する悪漢を追いかけ、カメレオンのような長大な「舌」で捕まえ、巨大な口の中に放り込むシーンがある。ハリウッド映画「デューン」において、悪党のハルコネン男爵が巨大なワームの口中に消えるシーンが撮られる二〇年も前のことだ。あまりといえば、あまりな死に方。悪漢が一気に飲み下され、最悪の結末を迎える。「一巻の終わり」という言葉があるが、身動き取れない悪党がバルゴンの口腔内に入った瞬間、大きく尖った歯が何本も生えた巨大なバルゴンの顎が「バッツーン！」と閉じる、その時がまさにそれだ。たとえそれがハリボテであったとしても、役者の演技と演出効果がそれを補って余りある。有無を言わさぬ悲壮さと残酷さと情けなさが、余すところなくここに描写されている。こんな痛快なシーン、近年とんとお目にかからないが、それを原体験で、しかも映画館の大スクリーンで見た八歳の私はほとんどチビりそうになっていたのだから、私はひょっとしたら日本映画史においてかなり貴重な体験をしていたのかもしれない。

たとえ子供向け映画でも容赦はしない。「対バルゴン」に続く「ガメラ対ギャオス」では、子供の見ている前で、ギャオスが一人の新聞記者を摑み上げ、口に放り込んでくちゃくちゃと咀嚼するというひどいシーンがある。このギャオス、人肉が好物で、血の臭いに惹かれる習性があり（走血性？）、その事実が子供の前で平然と語られる。そして、ギャオスの人肉嗜好もまた、平成シリーズでは受け継がれ、渋谷で数人くちゃくちゃとやるのである。しかもご丁寧に、吐き出された異物（遺物）によって、その時誰が食われたかわかるという心憎いまでにお節介な演出。新しいスタッフは、ちゃんとわかっていたのである、ガメラ映画の伝統を。つけ加えておくなら、六〇年代「ガメラ」シリーズにおいて、宇宙怪獣バイラス（ウイルス？）が、部下の頭をポンポンと次々に切り落としていくシーンがあったが、それも残酷シーンの一種と考えることができよう。

敵怪獣の殺し方も酷い。ガメラがいかに正義の味方であっても、いやそれだからこそ、敵には容赦はしない。東宝映画のように、あるいはウルトラマンのように、あっさり、ひっそりと殺すなどということは決してない。実に「じわじわと」確実に殺すのである。それも、敵怪獣が最も苦手とする方法で（そりゃぁ、敵の弱点を突くからそのようなことになるのだが）。例えば、冷凍怪獣バルゴンは水に弱い。琵琶湖にちょっとはまっただけですぐに飛び出してくるくらい水が嫌いで、その様子はさながら猫のよう。ガメラはもとよりカメだから水中はお手のもの、バルゴンを琵琶湖に誘い込み、背中から押さえつけて窒息させる。悶え苦しむバルゴン。背びれが七色に光り、のたうち回る様子が痛々しい。それでもガメラは手をゆるめない。次第にバルゴンが背中から放つ光が弱まってゆく。バルゴンの死が近づく。その様子がまた、延々と銀幕に流れるのである。

ギャオスを殺した時はもっと凄かった。この怪獣は夜行性で、光や熱に弱く、特に火を嫌う。一方でガメラは火の中から生まれたようなもの、腹が減ると火山へ行って炎を食らって生きている。ガメラはギャオスが弱ったところでその足に食らいつき、噴火を始めた火山の火口を目指し、一歩一歩敵を引きずり上げてゆく。「や、やめてくれー！」と、ギャオスの泣き叫ぶ声がいまにも聞こえそうだ。しかしガメラは容赦しない。たとえ子供がガメラに（私自身が心の中で念じたように）、「かわいそうだよぉ、やめてあげてよぉ……」と哀願しても、決してやめることはない。ガメラはそういうヤツなのだ。たとえ火の中で生まれても、心は冷徹無比なのだ。ついに火口の中に姿を消した二匹の怪獣。無論、ガメラは溶岩の中でも平気。噴煙がひときわ勢いよく噴き上がったかと思うと同時に、ギャオスの断末魔が……。

平成ガメラ第二作の終末では、「ガメラの敵には、なりたくないよね」という台詞がある。私も真剣にそう思う。

そういえば、あの「大魔神」シリーズも大映作品で、悪代官は毎回凝りに凝ったやり方で殺されていた。第一作「大魔神」を見に連れて行ってくれたのもやはり父親で（それも当然、「大魔神」は「対バルゴン」と併映であった）、それがまた凄い残酷描写なもので、小学二年生になったばかりの私は思わずチビりそうになった（つまり私は、一日で二回も映画館の中でチビりそうな体験をしていたことになる。こういう体験はもう、二度とないと思う）。世の中が荒《すさ》んで悪が蔓延《はびこ》る時、平和をもたらすために蘇るという石像の魔神。悪代官は村人の反乱を封じようと、バチあたりにも石像の額に大きな杭を打ち込む。ついにその巨大な魔神は蘇り、櫓の上で逃げ惑う代官を片手で鷲掴み、その胸板めがけ、自らの額から抜きとった直径三〇センチはあろうかという巨杭を、ものすごい力で深々と打ち込むのである。「突き刺す」なんていう生やさしいもんじゃないよ。もう、有無を言わさず「叩き込む」といった方が適切な、とんでもないシーンなのである。この世のものとも思われぬ絶叫とともに、凄まじい形相で息絶える悪代官……。どう見てもこれは、小学生の観る映画ではない。が、私は目を見開いて必死で観ていた。

というのが、私の残虐怪獣映画史。そもそもの始まりは、親父に連れて行ってもらった「ガメラ対バルゴン」。毒サソリと底なし沼に囲まれた、ニューギニアの洞窟からやってきた宝石を食らう巨大なカメレオン怪獣、バルゴン！　神戸港に上陸するや、出来たばかりのポートタワーをなぎ倒し、大阪城ごとガメラを氷漬けにし、殺人光線ですべてをなぎ払う。凍りつく大阪城！　つららが下がる通天閣！

琵琶湖を紫の血で染め、人間を丸呑みにする。加えて策略とペテンと裏切り渦巻く人間ドラマ。この映画は、まさにヤコペッティも真っ青の怪獣エクスプロイテーションであり、東宝映画にはない独特の魅力と、残酷さと、そして底知れぬいかがわしさ満載、まさに六〇年代大映怪獣映画は大人のノリで暴走していた。子供なんかにはわからなくても、大人達は熱かった。八歳の私には、ひどい男にそれでもついてく女心がわからなかったし、消沈した主人公の手に自分の手を重ね合わせる、江波杏子の優しさと色気が全く理解できていなかった。それでも残酷さだけは伝わってきた。それだけで充分じゃないか。ガメラと大魔神。たとえ特撮は稚拙でも、その残虐さにおいては、とても平成ガメラの及ぶところではなかったのである。あぁ、恐ろしや、恐ろしや……。

映画に見る生物学的イメージ

「それはぁ……やっぱ、遺伝子のせいかなぁ」――映画「アキラ」より

とある映像会社から先日、新作怪獣映画に使うイメージに関して相談を受けた。私はもともとそういったジャンルの映画には目がなく、一も二もなく乗ったのだが、これがなかなか難しかった。そりゃぁ、培養細胞のイメージとか胚の写真などいくらでも説明でき、ファンの一人として、学術的映像の効果がどのようなものか、客観的に判断する自信もある。そこで、二〇一六年という時代背景に登場する怪獣にはどんなイメージが合うだろうかと散々考えたのだが、その時になってやっと、バイオテクノロジーにまつわる視覚イメージが、一九八〇年代末以来あまり変わっていないことに気がついたのである。

もちろん、科学の現場における過去数十年間の進歩は凄まじい。むしろ、これまでなかったほどの情報の蓄積があったと言ってよく、その頂点をいま目の当たりにしつつあるとさえ思う。しかし、世間一般に広がっているイメージの本質はというと、これが前世紀末からそれほど進歩していないのである。科学的常識がそれほど頻繁に変わらないのだから無理もない。とはいえ、変わる時には変わる。たまたまいま、それが変わりつつある時代に当たっていないというだけのことなのだ。そして、その変化を記

録しているのが、つまりは映画なのだという話なのである。

例えば、一九三〇年代のアメリカ映画、「フランケンシュタイン」では、器官を継ぎ接《は》ぎして作り出した人造人間を蘇生させるために、雷の電気が用いられている。実はこれ、一八一八年に書かれたメアリー・シェリーの原作小説によっており、その少し前に、電気が筋を収縮させるというガルバーニの発見（1771）や、ボルタによって喧伝された「動物電気」の概念（1800）が登場していた。そのため、これらの発見が話の筋立てに影響していたのだ。実際、フランケンシュタインの怪物は雷によって第二の命を得るが、これが映像化された結果として「嵐の夜に禁断の実験を行うマッド・サイエンティスト」というイコンが形成され、以来「雷」は、同様の場面を象徴するメタファーとして定着した。一九八九年の「ゴジラvsビオランテ」において白髪博士がゴジラ細胞と植物細胞を融合させた瞬間に稲妻が光るのも、まさしくその伝統を踏まえてのことであり、この時雷はもはや、生物学理論やテクノロジーの一部ではなくなっている。

フランケンシュタイン的な「生命の操作」は、SF映画において永らく支配的であった。例えば、一九八二年の「ブレードランナー」（リドリー・スコット監督）は、その終焉を証明する貴重な例だとかねがね思っている。というのも、ここでは、「眼球を作る臓器デザイナー」や、「脳の神経回路を作るデザイナー」と同時に、「ジェネティック・デザイナー」も登場するのである（現在なら、「ジェネティック・エンジニア」と言うところだろう。「デザイナー」は別の、より切実な文脈で使われるようになってしまっている）。しかもこのジェネティック・デザイナー、明らかに下働きの技術者でしかない。現在の我々なら、脳の構造も詰まるところはゲノム情報の産物なのであるから、人造人間プロジェクトにおいて最も重要かつ困難な仕事はジェネティック・プログラミングであろうと考える。しかしこの映画では、人造人間製造会社、タイレル・コーポレーションを率いるタイレル社長が「最も複雑な臓器としての脳を作る天才科学者」とされている。この社長はどちらかというと、ワトソン&クリックよりもフランケンシュタイン博士に近いのに……。

かくしてこの映画では、人造人間を作るにあたって臓器と遺伝子がいわば、「生物学的部品」として同一平面上に並んでおり、臓器の個別的作製とその組み立てに加え、どういう必要からか分子遺伝学的プログラムも改変するという、複数の生物研究コンセプトが両立した、訳のわからない方法論が露呈する。要するに、この時点ではDNAはまだ、人々の意識の中で生命現象の最上位に君臨し得ていないのだ。「ゲノムから表現型へ」とか、「ゲノムに書かれた体の設計図」というコンセプトがよくも悪くも社会通念となったのは八〇年代後期以降のこと、無論それ以前から生物学者は、同じ基本図式の中で研究を続けている（話はそんなに簡単じゃないが）。ある意味、エヴォデヴォ（進化発生学）とてその例外ではない。いうなれば、それがバイオテクノロジーという標語を支えている基本的コンセプトであると同時に、社会的にそれが認知されている理解の柱ともなっている。ただ、一九八二年の時点ではそれがまだ充分に完成していなかったことが、この映画を改めてよく観るとわかるのである。

そのわずか四年後、一九八六年の映画「ザ・フライ」（デイヴィッド・クローネンバーグ監督）になると、いよいよ分子遺伝学的バイオテクノロジーのコンセプトが映画全体を貫いているのが確認できる。この時点で、映画は「フランケンシュタイン時代」をついに卒業したのである。この映画は、五〇年代の同名の映画のリメイクであり、オリジナル映画ではハエと人間がごく単純な解剖学的「キメラ」（頭がハエで、体が人間の、確かにフランケンシュタイン的怪物である）になってしまうのだが、リメイク版では、自ら物質転送器の実験台となった物理学者が、一匹のハエと分子遺伝学的レベルで融合してしまい、日に日にハエに変身してゆくのである。ゲノムから細胞、組織、そして解剖学的構築へという、形而上学的生物観が、映画の中で文字通り展開してゆくわけだ。結果、現在の視点から見る限りにおいて生物学的リアリティは確かに向上しており、もはや臓器移植の出てくる幕はなく、DNAの配列としての遺伝子に「ハエという存在」が一〇〇％ハードコーディングされ、それを観客が納得しているのである。

この頃はまさに、ショウジョウバエを用いた分子遺伝学的研究が発生学を席巻し、体を作る遺伝子が次々と解明されていた。「ザ・フライ」はかくして、分子遺伝学的手法によって、形態形成の謎をゲノムから解き明かすという、生物学研究におけるパラダイム革命とその勝利を、これ以上ないくらいに謳歌した作品だったのである。加えて、その後疑似ドキュメンタリーとして作られた映画「ジュラシック・パーク」は、そこに用いられた技術が現役の科学者によって解説され、議論された時点で（検証可能なほどに具体的に明示された時点で）、すでにSFですらなくなっていた。

さて、世紀が改まってもう二〇年にもなろうかという現在、科学の発展とSF映画のイメージが不可分の関係にあることがもはや明白で、研究者もサイエンス・コミュニケーションや社会リテラシーを無視できなくなった。ならば、昨今のSF映画の変遷も気になろうというもの。過去数十年間、生物学者は様々なイメージを社会に広め、それまで見ることのできなかった画像や映像を当たり前のように見せてきた。同時に、映画はそれを実に器用に反映してきたのである。一九七九年に公開された映画「エイリアン」（これも、リドリー・スコット監督）では、「発生途上の怪物の胎児」と称して、ヌケヌケとニワトリ胚を見せていたが、もはやこんなもので観客はだませない。一九六九年の「2001年宇宙の旅」に登場する「スターチャイルド」も、ヒト胎児の写真をいくらでも見ることのできる今日ではもはやSF幻想的イメージを醸す力を持ちえない。バイオテクノロジーのイメージが普遍化し、その実現と進歩が当たり前のように期待される現在、次のイメージを世に問うのは誰なのか。それが映画ではなく、研究者であることだけは間違いがない。

モンスターと自然観

ここはスウェーデンのウプサラ。「ヨーロッパ進化発生学会（EED Meeting）」という学会に来ているのである。最近はいろいろな動物のゲノム情報や発生過程の観察例が増えてきて、この間まで全く知られていなかったような無脊椎動物の発生も深く理解されるようになり、何かこう、目の前で自然の姿がどんどん書き換えられてゆくような、不思議な感覚を覚える。不思議を通り越して、もはや快感である。それが嵩じてこんなエッセイを書こうという気になったのである。というのも……。

ユニコーンとか、ドラゴンとか、ペガサスとか、いわゆる幻想博物学の動物たちは、紛れもなく想像上の産物にすぎないが、海外旅行が気軽にできなかった昔は、幻獣と現実の動物の間にそもそも明確な区別など、どう頑張ってもつけようがなかった。だから、中世の博物学書の中では、幻獣と本物の動物が分け隔てなく並べられていた。それについては我が国を含めた東アジアの本草学でも同様で、『和漢三才図会』では孔雀の隣に鳳凰が記載されていたりする。多くの人にとっては、鳳凰も孔雀も同じぐらい神秘的かつリアルだったのだ。本来、野生動物や海中の生物を見ることは、生身の人間にとって困難極まりないことで、だからこそ想像の中でそれを満足させるために、ジュール・ベルヌは一八七〇年に『海底二万哩』を発表した。であるから、海中の映像を様々なメディアで生き生きと見ることができるようになったいま、ベルヌの作品の中でこの小説が最も読み応えのないものになってしまった。

さて、上に述べた「幻と現実の混同」が遠い過去のもので、二一世紀どころか、二〇世紀にしてすでに、そんな悩みは我々とは無関係になっていたはずだと考えるのなら、それは大間違いと言わねばならない。なぜなら、人間は生まれてから徐々に自らの自然観を構築し、教育や勉学を通じて、科学的に自分を取り巻く世界の仕組みを把握してゆく生き物だからだ。結果、我々は誰でも子供の頃は、中世ヨーロッパ人が悩んだような疑問をいくつも自分で経験することになるのである。ピアジェじゃないが、「人生が歴史を反復する」のである。動物が好きだった私なんか特にそうで、幼稚園の頃にカモノハシをどの分類群に入れるべきか大いに悩んだことをいまでもありありと覚えている（が、さっきまで聞いていた学会発表の内容はもう忘れている）。いや、別に一九世紀の動物学者のように「鳥とすべきか、哺乳類とすべきか」と悩んだわけではない。「水陸両生の動物を両生類と呼ぶ」とどこかで読んだもので、水の中でも陸の上でも生きているカモノハシを、両生類に分類してよいものかと、本気で悩んでいたのである。その時確か、スケッチブックの一ページに「りょうせいるい」とタイトルを書き、そこにとりあえずカエルとオタマジャクシとイモリを描き、さてここにカモノハシを描くべきか、必死で考えていたのである。そんな調子でこの世を整理整頓しようとしていた私であったから、六歳の時に母親と観た「モスラ対ゴジラ」には本当に参ってしまった。ゴジラとは果たして恐竜なのか、それとも、ドラゴンやペガサスと同じ、ファンタジーの住人なのか……。

「ゴジラはタダの怪獣ではないか」と考えたあなたは甘い。いまなら様々なメディアに怪獣（というカテゴリーの想像上の生物）が当たり前のように跳梁しているが、それは「ウルトラマン」が登場した一九六六年以降の話。一九六四年は「怪獣ブーム」以前、想像上の動物といえば、「八岐大蛇」とか、童話の中の「ドラゴン」しかいないような時代なのである。だから、「怪獣」というカテゴリーがまだ十分に確立していない、そのような時に六歳児の前に突如として現れたゴジラは、まさに「分類不可能な動物」だった（多分、「モスラ」に関しては大型のヤママユガか何かだと納得していたのだと思う）。何しろ、手の込んだ特撮が得意な円谷作品である。絵本の中に見るドラゴンなど比べものにならないほどゴジラはリアルで、しかも間違いなく私の知る爬虫類の格好をしていた。家に帰ってからもずっと、私の頭からゴジラは消えてゆかなかった。

こんな調子で、私が「怪獣」というカテゴリーを自らの裡に構築するまでしばらくの間、絵本や銀幕やブラウン管に映し出されるへんてこな動物たちを分類学的に検証しては納得する日々がしばらく続いた。それは、現実の自然から、人間の想像力の産物を弁別してゆく作業でもあったし、さらにそれは、ゴジラが属する空想科学のリアリズムと、ファンタジーの中の無茶苦茶な疑似動物を区別してゆく作業でもあった。つまり、同じ想像上の産物であっても、恐竜や翼竜という科学的事実に出自を持つゴジラやラドンと、科学とは無縁の思想の上にデザインされた鵺《ぬえ》とかドラゴンの間に、決して越えることのできない、確固とした一線を引いていたのだ。いまならそれを「ボディプラン」とか「進化可能性」とか「発生拘束と系統進化」の問題と呼ぶだろうが、それに近い概念を何となく感知していたのだろう。

その種の悩みはいわば、ちゃんとした物理学理論を一応は気にしている「スター・トレック」と、SFのフリしながら、実のところ中身がファンタジーで出来ている「スター・ウォーズ」の違いをそれとなく感知している子供達にも等しく生じているのだろう。いくらワープ航法があるといっても（ヴォイジャーに見るように）一つの銀河系の端から端まで飛ぶのは相当大変だというのが前者の世界であり、一方で後者の世界に住む連中は、ギャラクシー間なんかひとっ飛び、好きな場所に好きな方向に重力場を創り出すのである（デス・スターの構造はそう考えないと理解不可能）。いま、現役の科学少年少女達は、これら二つの映画に共通して「ワープ航法」という単語が使われていることに相当悩むのだろうし（ちょうど私がゴジラやカモノハシの分類学的位置に悩んだように）、それが落ち着かなくて仕方がないのであろうし、それを「何とかしなきゃ」という焦りが、詰まるところ自然観を形成する人間のパトスと同種の心理なのであると思う。自分を取り巻く世界を、整合的にすべて語り尽くさなきゃ気が済まないという気持ちが、結局のところは、科学精神の源じゃあなかろうか。

昭和人間ドラマの魅力

「何？　金色の丸い玉が二つ？」一の谷博士──「ウルトラQ　宇宙からの贈り物」より
「巨大モグラめ、火山地層に衝突したな」一の谷博士──「ウルトラQ　甘い蜜の恐怖」より

小学校に入学してから初めての正月。冬休みが終わって登校したその日の朝、クラスは騒然としていた。正確に言うと、クラスの男子が何やら新しいテレビ番組について興奮気味に話しているのだ。

「きのうのテレビのゴメスはすごかったなー」

「ウルトラキューゆーねんでー」

私には何のことやらさっぱりわからなかったが、どうやら日曜の晩七時に新しい番組が始まったらしい。しかも怪獣が出るという。ランドセルを椅子の背もたれに引っ掛けながら、私は愕然としてしまった。つまり、絶対に見逃してはならない番組の第一回を自分が見逃してしまったらしいということがわかったのだった。私としたことが、これは不覚。しかも、この初回には、豪勢にも二匹の怪獣が出てきたらしく、どうやらそのうちの一匹が要するに「ゴメス」というヤツだということがわかってきた。これが私の人生における、最初の「ウルトラQ体験」である。

その次の日曜日は、それまでの私にとってかつてないほど待ち遠しいものとなった。何しろ怪獣がテ

レビで見られるのだ。それまで、怪獣を見たい時は、映画館に行かねばならなかったし、それは決して毎週というわけにはゆかなかった。そしてついにやって来た次の日曜日、初めて観た「ウルトラQ」に登場した怪獣は、私の好きな爬虫類型怪獣ではなく、ただの巨大な猿であった（第二話「ゴローと五郎」）。それはそれで、不思議な雰囲気のエンディングのドラマではあったが、何となく満たされない気持ちのまま私はさらに次の日曜を待つことになった。

第一話を見逃した私にとって、第三話の「宇宙からの贈り物」こそが、私を驚かせた、実質的に最初のエピソードであった。すなわち、知る人ぞ知るナメクジ怪獣、「ナメゴン」が登場する回であり、そいつは火星人が地球に送り込んだ二つの金色の卵（ウズラの卵大）より現れ出るのであった。巨大ヒーローが登場しない「ウルトラQ」において、怪獣と対峙するのは常に人間である。人間が色々と頓知を効かせて怪獣を何とかするのである。しかし、「ウルトラQ」において真に独創的であったのは、「怪獣が必ずしも退治されないまま、問題が解決しないままにドラマが終焉を迎える」という、何ともすっきりとしないエンディングがしばしばあるということなのであった。

その典型例がこの、「宇宙からの贈り物」であり、主人公の万城目達は、一個目の卵から生まれたナメゴンを首尾よく海に突き落として事なきを得るのだったが（ナメクジ怪獣は塩水に弱いという設定）、実は卵はもう一つ残っており、それは紆余曲折の結果として、レギュラーの江戸川百合子（桜井浩子演ずる新聞記者）が首にかけたネックレスとして収まっている。一の谷研究所の応接室で珈琲を淹れている時、バーナーでその卵が加熱され、あっという間に第二のナメゴンが生まれてしまう。そして、ドラマはそこで唐突に終わってしまうのである。あえてよく言えば、余韻を残したエンディングということになる……。

というわけで、「ウルトラQ」を真剣に見ていた子供達は、まさに突き放された気分で『週刊新潮』のCMのバックに流れる「夕焼け小焼け」を聴きつつ、明日の学校の宿題に取りかからねばならない羽目に陥るのであった。そんな割り切れない気持ちの一方で、おそらく当時の子供達は、そこに「ウルトラQ」独特の、ある種の「奥深さ」を垣間見ていたような気もする。「これはなかなかに小粋なエンディングなのだ」と……。

というわけで、標準的な一話完結のドラマとひと味違うとはいえ、どうやらセンスのある大人が真剣に作っているとおぼしい「ウルトラQ」に、毎回毎回魅力的な怪獣が現れるもので、その頃の子供達は自分が恵まれた時代に生まれたと、かなりしっかりと自覚していたように思う。というのも、当時は何かというと大人が、「オレがお前ぐらいの頃には、戦争があってな……」と説教するのが常であったし、結果、我々は何かにつけ、「自分は目一杯甘やかされている」と自覚せざるをえなかったのである。とはいえ、それで怪獣熱が醒めるはずもない。当時、テレビの人気番組の絵を表紙にしたノートがよく売られていて、「ウルトラQ」に関しても一冊一〇円の小さなノートが、三、四種類は出ていたと思う。その最初の二冊が学校の正門のすぐ前にある駄菓子屋に並んだ時、母親に二〇円ねだって早速両方買ってしまったことを記憶している。

そのノートの裏表紙には、「ウルトラQ」に出場する予定の怪獣が全て描かれており、子供達は「来週はどの怪獣が出るのだろう」と心待ちにしていた。基本的には、シリアスな巨大怪獣モノが多かったように思う。つまり、のちのウルトラマンの原型になるようなエピソードであり、右に紹介したナメゴンはその典型である。が、その他にも、ちょっと子供の手には負えないドラマが挿入されていた。例えば、「甘い蜜の恐怖」では、巨大化したモグラが出てくるのだが、この話はウルトラマンがいたとしても決して解決しない問題を扱っている。つまり、ここでは怪獣はいわば添え物にすぎず、より切実なのはそこに描かれた科学者の生き様なのだ。それはこういう話だ……。

将来を嘱望されたある若い研究員の木村が、ジバチの女王の成長を凄まじく昂進させる「ハニーゼリオン」という驚異のホルモンを精製、その成果を近々学会に公表するばかりになっていた。同時に彼は、研究所長の一人娘とも婚約している。ところが彼には伊丹というライバルがおり、この男は木村の成功に嫉妬するばかりか、所長の娘に横恋慕さえし、ついには自暴自棄となってある嵐の夜、動物飼育室に忍び込み、ハニーゼリオンを一匹のモグラに食わせてしまう。どこかで聞いたような世知辛い話だ。モグラは巨大化、村を破壊し始める。図らずも事件の元凶とされてしまった木村は、地元農民から当然のごとくに突き上げられる。「わしらの農地をめちゃくちゃにして、一体何のための研究か」と……。このドラマには、税金を用いた研究にまつわる社会的責務であるとか、研究室内部のデリケートな人間関係がもたらすミスコンダクトとか、二〇世紀終盤近くになって現実問題としてようやく顕在化することになる研究者の病理が先取りされ、「六〇年代によくぞここまで」と感心させられる。

真犯人の伊丹は、自分の犯した罪を償うべく、巨大モグラの棲み処《か》にダイナマイトを持ち込み、自分の体ごと吹き飛ばそうとする。凄惨である。人間性を喪失し、堕ちてしまった男に対する容赦のない断罪。彼に向けられた唯一の救済は、一の谷博士の「気の毒な男だ」というただ一言……。この、現代にも通ずる人間独自の不幸において、ウルトラマンのような非現実的な巨人に出番はない。ここでは人間の正義が、人間によって定義されている。

大人向けの童話というなら、人口増加への対応として人間のサイズを八分の一にするという無謀な政策とイデオロギーの暴走を扱った「1／8計画」、あらゆるエネルギーを食い尽くす宇宙生物が驕った人間文明を脅かす「バルンガ」、家庭や会社に疲れ切った蒸発志願のサラリーマンを異次元へと誘う「あけてくれ！」、恋人が巨人になるという異常な状況において愛の真価が問われた「変身」などには、社会のひずみ、人間疎外、文明や思想の終焉など、現代を文字通り定義する問題がすでにテーマとして山のように取り上げられていた。

大人向けのドラマというなら、子供を主役に置いた話もそうだ。「ウソだろ」と言われるかもしれないが、現実の子供は、子供の話を嫌う。とりわけ、自分が子供扱いされることには耐えられない。むしろそういう話を喜ぶのは大人であり、そこに描かれた子供はいたずら小僧だろうが、心優しい純真な少年だろうが、極度に理想化され、大人の心象風景を体現する。大人のための童話の中で大人が「童心に返る」のである。浦島太郎の現代版「育てよ！　カメ」、「カネゴンの繭」、「鳥を見た」、「地底超特急西へ」などがこのカテゴリーで、その多くは中川晴之助監督がメガホンをとった。とりわけカネゴンに関してはファンでなくとも知っているだろう。金のことしか頭にない金男くんが、金を食って生きる怪物、

「カネゴン」に変身する。「世の中すべて金、金、金」という、当時の堕落した価値観を揶揄した話だが、確か日本人が「エコノミック・アニマル」などと呼ばれ始めたのは、その少し後のこと。本来大人が演じ、大人が見るドラマである。それを子供にやらせたところに救いがある。

例外的に「地底超特急西へ」は、「ウルトラQ」全編を通じて私の好きな作品の一つで、SF感覚とコメディが融合した傑作であると思う。東京と北九州を時速四五〇キロで走る夢の超特急「イナズマ」は、当然その二年前に開通した新幹線の「ひかり」に続くべき、次世代超特急として設定されている。鳥の飛翔速度になぞらえた「つばめ」が、音速の「こだま」となり、いよいよ光速の「ひかり」となって、それで打ち止めと思いきや、現実社会では物理世界から精神の時代へ移行し、我々の希望、すなわち「のぞみ」が遙か彼方へ飛翔するとされた。が、人心の閉塞した現代において、それが真に適切なネーミングかどうかはわからない。一方、「ウルトラQ」の架空世界では、稲妻が光の上をゆくと想定されているが、何をもって「稲妻の速度」とするのかについては不明である。

いずれにせよ、イナズマが発着する「新東京駅」のデザインは、当時の白黒テレビには超近代的な本物のビルのように映っていた。あの頃、毎月のように近所に新しいビルが建っていったが、それが二一世紀になれば、さぞかし目を見張るような未来都市になるのであろうと、子供達は本気で考えていたのだ。そしてそれが、まさにブラウン管に映っていたのである。さらに、その放映時はもうすぐ春休みというので、私は文字通りうきうきしながらこのエピソードを見ていた。おそらく、技術工学の粋を極めた夢の超特急（番組の中では「最後の超特急」と銘打たれていた）と、有機的な人工生命体「M1号」が出会うことによりトラブルが発生し、生身の人間があたふたするという状況に、SFドラマの真骨頂を見ていたのだと思う。最後のシーン、イタチ少年と一緒に地球の周りを回るM1号が知能を覚醒させ、「私はカモメ、私はカモメ（ヤー・チャイカ）」と喋るのは、一九六三年にソ連の女性宇宙飛行士、ワレンチナ・テレシコワが、ボストーク六号から地球に対して送った自己識別コードとしてあまりにも有名だが、当時、確かにこの台詞をあちこちで聞いた記憶がある。

「育てよ！　カメ」と「鳥を見た」については、自分の子供時代というより、大人たちが自分の息子と重ねてしまう話ではなかっただろうか。そこに登場する少年達は、あまりにも理想化されたやんちゃ坊主であり、自分を投影する以前に、自分の息子にはこうであって欲しいと思われがちなキャラクターなのである。しかし、現実の少年はずっと現実的で、かつ、しぶとい。少なくとも、六〇年代の少年達はしぶとかった。いまでこそ、いい話だと思ってしまうエピソードだが、当時、本物の子供であった私は、実は非常に退屈していたのである。ただ一点、「鳥を見た」において、怪鳥ラルゲユウスを運んできた古代船が九〇〇年前のものであり、それが現代にタイムスリップしてきたらしく、さらにその仮説が歴史記録に残る怪鳥の出現記録と符合するという一の谷博士の推理には、私は子供ながら目一杯戦慄してしまった。のちのNHKにおける少年ドラマシリーズ（だったか）、「タイム・トラベラー」の冒頭に語られる、「世界の怪奇現象」と同じテイストの不気味さがそこにあったと思い出す（ナレーターは確か、「ジェット・ストリーム」の城達也だった。しかし、照明が意図的に逆光にされていたために顔は見えなかった）。超自然現象が、一種の怪奇現象であるということを教えてくれたのもまた、「ウルトラQ」だったのである。

SFのフィルム・ノワール

「知らないったら知らないわ、リリーなんにも知らないわ」リリー――「ウルトラQ　悪魔っ子」より

例えば、家のように大きな火星ナメクジの襲撃を受けるというのはどうだ？　そして、地球のナメクジと同様、それが塩に弱いとしたら？　あるいはまた、セミのような顔をした昆虫型宇宙人の操る、ハゼとウニを足して二で割ったような巨大ロボットが、ぴょんぴょん跳び回りながらダムを破壊し、東京タワーをなぎ倒すというのは？　殺される側にしてみれば冗談ではないが、端から見ると何か滑稽だろう。モノクロのクールなイメージで知られる「ウルトラQ」には、実のところ、一つ間違うと笑ってしまうような、荒唐無稽な話が多い。が、皆、真面目に怖がっている。怖がりながら、へらへらと笑ってしまう……。誰かが適切にも言っていたが、底知れぬ「恐怖」というのは限りなく「笑い」に近い。恐怖とは、それほどに情けない感情なのである。先にも書いたように、確かに「ウルトラQ」にはよくできたホラー映画としての一面もあり、そのジャンルとして成功していると言っていい。

典型的な例を挙げてみる。サーカスのピエロとその幼い娘リリーを扱った「悪魔っ子」では、幽体離脱したリリーの霊が「キャッキャッ」と笑いながら夜な夜な町中を徘徊し、出会う大人たちを恐怖に陥れ、しばしば死なせてしまう。準レギュラーの新聞記者さえ殺されてしまうのだから、この少女は「ウ

ルトラQ」全作品を通じてかなりのインパクトを持ったキャラクターであったと言わねばならない。この少女は、サーカスの出し物として父親から催眠術を応用した幽体離脱を教えられるのだが、いつしか催眠なしには寝つくことができない体になってしまう。しかも彼女は、いなくなった母親が、山の向こうにいまでも生きていると信じている。このような少女のオブセッションが、いつしかその幽体に確固としたアイデンティティを与え、幽体は肉体から次第に独立し始める。その頃増加した死亡事故の数々は、この幽体の単独行動が原因だったのだ。独立の傾向が顕著になるにつれ、朝目覚めたリリーの手や顔に、血がこびりついていることが多くなる。「リリーの霊魂が肉体を滅ぼそうとしている！」と戦慄する一の谷博士。命を落とした犠牲者の所持品が、一つ、また一つと、リリーのおもちゃ箱に増えてゆく。そしてある夜、ついに幽体リリーは、肉体リリーを連れ出し死の旅へと誘う……。

母親を求め、鉄道の上を裸足で歩いて行く二人のリリー。いましも、前方からは蒸気機関車が汽笛を鳴らし近づいてくる。が、リリーの耳にはそれは母親の呼ぶ声としか聞こえない。迫り来る機関車。一の谷博士の超短波ジアテルミー装置が、幽体と肉体を融合させるや、万城目が決死の覚悟で飛び出し、間一髪リリーの命を救う。

全編、暗い場面の中で進行する物語に、見るものの心は不安と恐怖にさいなまれるが、この物語を支えている理論に整合的なものは一つとしてない。人体に流れる生体電気が、肉体と霊魂を結びつけているからといって、電場の陰極と陽極に肉体と霊魂が分離できるというのはいかがなものか……。しかも、幽体が去ったあとの肉体リリーが、動くだけではなく、話し、笑いさえするというのは……？　つまるところこの疑似二元論的な話を支えているのは、一の谷博士の強引な理論というよりむしろ、物語の中心にいるリリーのあどけなさが醸し出すどうしようもない不安感と、全編を覆う、墨を塗ったような暗い映像。そしてその中に浮かび上がるリリーの白くぼんやりとした姿……。安上がりといえば、これ以上安上がりな手法もない二重露光による特殊撮影。だが、そのトリックがこれほどまでに効果的に用いられた例を私は他に知らない。なぜといって、私も充分この話には怖じ気づいたのだから……。例えば、同様な手法で作られたアメリカ映画の「妖怪巨大女（Attack of 50ft Woman）」（1958）を見るといい。これもでたらめな話だが、ホラーというより出来の悪いコメディになってしまっている。

黒のイメージに助けられた、「ウルトラQ」におけるもう一人の道化師といえば、それはおそらく「ケムール人」ということになろうか。二〇二〇年という時間を持つこの異次元の住人は、自らの老いた肉体を取り替えるべく、地球人に目をつける。彼らが分泌したとおぼしい、粘稠《ねんちゅう》な気味の悪い液体に手を触れるたび、一人、また一人と、人間が消えてゆく。この事件で警察が動き出し、「毎日新報」の江戸川由利子は、警視庁の宇田川と調査を始める。ついに姿を現したケムール人。滑稽なほどにひょろ長く、老いた肉体の割には俊足で、ほいほい走るケムール人には全速力で走るパトカーさえ決して追いつくことができない。頭がよいのか悪いのか、巨大化したケムール人は、急に動き出した観覧車に驚き、頭頂部に突き出したジョウロ状の器官から体液を勢いよく噴出させる。死ぬ時も目一杯液を噴出させるので、これは我々にとって不快なだけではなく、おそらく彼らにとってもあまりよい兆候ではないのだろう。左右非対称の頭部には、二か所か三か所に目玉がつき、そしていつも手をぶるぶると揺らしながら人間を威嚇する。

このグロテスクな設定に、ある意味「気品」を与えているのも「闇」である。そしてこの気品は、物語前半に描写される恐怖と妙にマッチしている。昼日中、衆人の目の前で、人間の姿が突然かき消える。あからさまな消失それ自体が、有無を言わさぬ恐怖となって我々を襲う。正体が見えずとも、人間社会に突如襲いかかったその凶悪な意志は、あたかもそれが当然の権利であるかのように人の肉体を奪ってゆく。事件を前に、人間はなすすべもなく、飼育ケージの中のマウスのような不甲斐なさを自覚するしかない。この恐ろしい事件を起こした犯人は、さぞかし恐ろしい姿をしているに違いないと思うだろう。しかし、それはむしろ「老い」に苦しむ未来人の姿であり、そこに、体の自由のきかなくなった人間の極端なカリカチュアが浮かび上がる。

無論、それは極度にデフォルメされている。筋肉や脂肪が限界までそぎ落とされた肉体、妙になまめかしい黒い肌。体液の噴出は言うまでもなく放尿に似、抑制のきかない感情と高い知能、コミュニケーションの不能、そして幼いまでの底知れぬエゴといったような、普通の成熟した社会的人間であれば多かれ少なかれ克服しているはずの、人間自身のネガティヴな内面が強調されていると思えて仕方がない。ならば、あれは確かに「失禁」なのだ。誤解を恐れず、また悪意なくあえて言うなら、これらすべてが暗示するのは、ケムール人が（直喩としてではなく、幾分意味のずらしや反転を伴っているとはいえ）、老化を象徴するという可能性、来るべき高度高齢化社会、若い人間を犠牲にする社会への警鐘という視点である。実際、それはもう始まりつつあるのではないか。ケムール「星人」ではなく、あくまでケムール「人」

だというまさにそのことが、彼らがかつての我々の親たちの明日、そして来たるべき我々自身の姿なのだと言っているように思えるのは、気のせいだろうか。事実、物語の最後に連れ去られる宇田川警部は、登場人物のうち最年長ではなかったか……。あれは、誰もが不可避的に「ケムール化」する法則に従って、とうとう彼の順番が回ってきたというようにも見えなくもない。

こういったことが、ケムール人に感ずる我々の嫌悪感の源泉だという可能性は確かにある。恐怖や嫌悪感は、それが全く「得体のしれない」存在であることに由来するのではない。むしろ、それを我々がすでに見知っているからこそ、恐ろしいのだ。恐怖はすでに我々の中にある。宇田川警部が消えるシーンは、我々子供達の笑いを誘ったが、それから五〇年たったいま、気がついてみれば、あの頃の子供は（本書の読者の何割かと、私自身も含め）、すでに次にケムール化する年齢に達しつつある。そして、ケムール人に隠された意味を、「2020年の挑戦」というタイトルを、真の意味で実感できる最初の世代が、第一次怪獣ブームの最大の享受者たる、昭和三〇年代前半生まれの世代なのである。ケムール人はこれから数年ののち、果たしてどのように語られることになるのであろうか。「ウルトラQ」の価値は、恐怖を異形のモンスターや非日常的な事件の形を通して示し続けたことにこそ見出される。それを支えたのは白黒テレビの中のモノクロの画面であったと言えようか。黒を基調とし、闇の中に人間という存在のアンバランスを描き得た「ウルトラQ」は、まさに日本のフィルム・ノワールと言ってよいのかもしれない。

異界からの侵犯

「ウルトラQ」といえば、当時の秘境冒険物語につきものの異国情緒も満載であった。それもまた魅力の一つである。そして、その「異国」、「異文化」は得てして直接にドラマの中に現れることはない。ただ、登場人物の会話や、話の流れの中に効果的に仄《ほの》めかされ、雰囲気を決定し、物語に没入する我々は、まるでそれを見てきたかのような錯覚さえ覚える。そのタイプの作品が「ウルトラQ」には三ほどつある。

その一つ、「ゴーガの像」は、「アランカ帝国」という伝説の国を一夜にして滅ぼしたという、巨大な巻き貝が現代の東京を蹂躙する話。どういった経緯か、その怪物の幼生は、「ゴーガの像」と呼ばれるアランカの石像に埋め込まれている。単なる宝物としてその石像を手に入れようと暗躍する、岩倉と名乗る謎の紳士。岩倉に率いられた悪の秘密結社に潜入、それを阻止せんとする国際警察から派遣された女捜査官。一種サスペンスタッチのアクションドラマとしてこの話は始まる。成長を始めた怪物ゴーガはついに石像を破り、巨大化を続け、岩倉のビルを内側から破壊し始める……。

「鳥を見た」は、ある漁港に古風なアラビア風の帆船が漂着するところから始まる。主人公の万城目（佐原健二演ずる）たちが乗り込み、一〇世紀頃に書かれたとおぼしい航海日誌と、一羽の白い小鳥をそこに発見。と、突如その船は崩壊し始める。からくも船を脱出した万城目らが一の谷博士のオフィスで記録を調べてみると、およそ千年ごとに謎の巨鳥ラルゲユウスが出現、文明を破壊してはどこへともなく飛び去ってゆくという奇妙な現象が世界各地で繰り返し起こっていたことが明らかになる。では、あの帆船で見た小鳥は時の流れを超えてやってきたのか……。

最後の例は「クモ男爵」。ある夜、万城目らが友人の葉山らとあるパーティーに出席した帰り道に迷い、山の中に発見したある洋館に避難する。底なし沼に囲まれたその屋敷は無人のようだが、暗闇の中に何かがいる気配がする。彼らが不気味な調度や、クモの巣に覆われた西洋の骨董品の間を縫って探索するうち、そこに巨大なクモ、タランチュラが棲み着いているのに遭遇する。万城目は「そういえば……」と、明治期に外国から珍しいクモを連れて帰国したある男爵の話をし始めるのだった。クモにとりつかれたその男爵は、一人娘をクモに殺されたために発狂、自らクモに姿を変じ、いまもどこかに生きているという。では、この洋館はひょっとして……。

六〇年代の日本人にとって、異国、異文化というのは、まだ文明人が踏破していない場所、「秘境」としての現実味を帯びていた。それは政治的にも文化的にも隔絶され、我々が『アラビアンナイト』とか、さもなければ小栗虫太郎の『人外魔境』、冒険家、人見十吉の活躍する、香山滋によるいくつかの小説（人見十吉はひょっとすると実在の探検家にして鳥類学者でもあった蜂須賀正氏をモデルにしているのではないかなどと想像する）を通して徐々にイメージ形成して来たものといってよい。そこにはムー帝国とか、アトランティス大陸とかも含められよう。無論、そういったものは現実世界には存在しない。しかし、そこに現実感があるのは、ドラマの登場人物たちの平凡な日常と異国との関係が、ごく自然に見えるからである。「異界」の住人は、万城目たちが好むと好まざるとに関わらず、その日常に亀裂を入れて侵入してくる。それが裂け目を通して一部しかその姿を見せないことにより、その「異」なる存在が本来属する世界の広がりが現実味を帯びるのである。そして、我々が戦慄するのは、得てしてその異形のもの（怪物）を通して垣間見る、「どこかに実在する異界」の存在なのである。

「ウルトラQ」に限らず、当時の円谷作品はこの異界に通ずる「導き」に常にリアリティを持たせるのが非常に上手かった。ドラマの中心に据えられた怪獣がどんなに非現実的でも、それを受け入れる素地が話の中に出来ている。例えば、昭和二九年の映画「ゴジラ」では（これもまた、香山滋によるSF小説がベースだが）、中生代の恐竜の生き残りとおぼしきその怪物に遭遇する前に、山根博士らが現場で三葉虫を発見する。我々の世界に中生代が侵犯してきた兆候として……。実は、三葉虫は古生代の終わりに、恐竜の誕生を見ずして絶滅するのだが、そのような些末はどうでもよろしい。同じような無理は「空の大怪獣ラドン」にも、さらには昭和三三年の「大怪獣バラン」にも適用されている。とりあえず、登場する動物が古生物図鑑の住人や、幻の動物であればよい。それが疑似科学的なリアリズムをもつことが重要なのである（と思う）。すでに述べたように、こういったお膳立てには、「ウルトラQ」の「変身」を彷彿とさせるところがある。

日常の中に異形のものが姿を現す、そのセンス・オヴ・ワンダーを迫真のものにしているのは、その「ウソ」を媒介するための、「準ウソ」的アイテムの数々。架空の科学兵器も、現実や常識を遙かに越えた超兵器というのではなく、現実の兵器や装置がわずかに改良されたようなものだった。だからこそ、そこに現実世界と架空の世界との「地続き感」が生まれる。「クモ男爵」においても、明治時代にそこへ行った人物を語ることによって、日本とその架空の国が繋がる。「ゴーガの像」と「鳥を見た」では、モンスター自体が最初、ただの巻き貝や小鳥のような小動物として現れ、徐々に話の中心に立ち現れ、我々の現実や常識をいやというほど侵犯するのである。

異変には常に予兆がある。それは最初は愛らしいが、すでにこの世のものではない恐ろしさを内に秘めているのである。あの、火星生まれの軟体動物の卵のように……。

「Q」の終焉

まぁ、皆さん聞いて下さい。その日のことを……。それは、ネットに記された記録によると一九六六年七月一七日であったらしい。私の人生に突如、銀色に輝く身長五〇メートルの巨人が現れ、恐ろしい怪獣達を次々になぎ倒し始めたのであった……などと書くと、いかにも、ウルトラマンとともに訪れた「第一次怪獣ブーム幕開け」の実体験を語っているように聞こえようが、これはいくつかの点であまり正確ではない。当時のことを思い出してみると、そんな瞬間はなかったように思うのだ。

まず第一に、怪獣を相手にする巨大ヒーローの出現は、「マグマ大使」（手塚治虫原作、『少年画報』連載）の実写放映がほんのわずか先であり、ウィキペディアによるとそれは「ウルトラマン」放映開始と同じ年の七月四日であったらしい。「マグマ大使」の第一回は、私はちゃんとこの目で見ることができた。初回のオープニングから、「アロン」という名のよく出来た怪獣が登場していたが、これは別の番組で登場した怪獣の使い回しか、作り直しであったような気がする（と、思っていたら案の定、それはかつて「怪獣アゴン」であったもので、このドラマは私の記憶の底に永らくこびりつき、断片的なイメージが時々浮上するという、何だかインパクトがあったのかなかったのかよくわからない、不思議な体験をさせてくれたドラマであった）。

第二に、「ウルトラマン」第一回の一週間前には、子供達に予告もなく（という感じだった）「ウルトラマン前夜祭」なるものが放送され、次週から始まる番組に出演する怪獣とヒーローを紹介していた（有名な話だが、この番組は「ウルトラQ」の二八話、「あけてくれ」が、子供にあまりに難解だというので、急遽放映を見合わせ、かわりに予告として差し替えられたものだったという）。私は妹と一緒に二階の畳部屋に寝っ転がって観ていたのだが、それはどこか公会堂でのイベントの中継放送という感じで、私にしてみればむしろ「ウルトラQ」が終わってしまったという、予期せぬ現実だけが突きつけられたも同然であった。子供というのは意外と保守的で、毎週見ていたものが終わってしまうことには耐えられないのだ。

第三に、私の記憶からする限り、怪獣ブームは「ウルトラマン」以前からすでに徐々に始まっており、どれか特定の番組の開始とともに爆発したという感じがしない。少なくとも、すでに世の中に広まっていた怪獣の流行にあやかって、TV版「マグマ大使」が意図的に怪獣との攻防戦を主軸においていたことが、誰の目にも明らかだった（同様の傾向は、本来怪獣の話とは言えない「悪魔くん」、「仮面の忍者赤影」、「ジャイアント・ロボ」などの実写ドラマ化においても言えることであり、これに続く様々なマンガ作品のTVドラマ化やアニメ化の方法論となっていったように思う）。というのも、私は『少年画報』に連載していたマグマ大使を毎月読んで、本来はあまり怪獣の出てこないその話をあらかじめ知っていたのである（ちなみに当時、少年向けの漫画雑誌はどれもこぞって怪獣をネタにしていたが、『少年画報』は付録の多さで群を抜いていた。私と『少年画報』の出会いは、その雑誌を待合室に置いてあったバイオリン教室においてであった）。

当時の状況に関しては、確かに怪獣を中心に子供の世の中が動いていたように語られることが多いのだが、実は怪獣の本当のライバルとして、「サンダーバード」、「原潜シービュー号」、「タイム・トンネル」、「宇宙家族ロビンソン」など、英米の特撮ドラマが結構幅を効かせていたのである。加えて、様々な趣向のアニメ番組（当時は「テレビマンガ」、あるいは単に「マンガ」と言われた）も次々に作られていた。かくして昭和三〇年代生まれの子供達は、非常に忙しかったのである。

とはいえ、確かにウルトラマンは凄かった。それだけは認めないわけにはゆかない。ただ、それが徐々に明らかになっていったということなのだ。おそらく、東宝でゴジラを撮った円谷プロが作り上げたことが大きく作用していたのであろうが、多くのヒーローがだぶついた着ぐるみを着て、巨大感を欠いていたのとは異なり、ウルトラマンは体型が細く、おそらくウェットスーツのような素材で作られたらしいスーツがぴっちりしており、また動きにも巨大感があった。この体型や動きは、かつて「ウルトラQ」においてケムール人や海底原人ラゴンに見たものと同質であり、それもそのはず、同一のスーツアクター、古谷敏が中に入っていたから当然といえば当然なのだが、その一方で、大胸筋だけは凄まじく膨らみ、いかにも「只者ではない、尋常ではない」という風格を漂わせていた（ちなみに、初期のウルトラマンに見るこのような異質さは、以降のシリーズのヒーローには全く感じられず、彼らはひたすら人間的になってゆく）。

この華奢《きゃしゃ》な巨人が、実はとんでもないパワーを持っているということを象徴するのが、例の「スペシウム光線」なのだろうが、私はそれより、巨体の持ち主である怪獣ネロンガを持ち上げた時に、ビックリしてしまった。つまり、コイツは宇宙人だから、細くてもやたら強いのだ（ひょっとすると、エヴァンゲリオンの体型の起源はこの初代ウルトラマンではなかろうか）。たぶん、筋肉や骨格が、地球人とは別の素材で出来ているのに違いない。それが私にとって明らかになるのが、第三話の「科特隊出動せよ」であり、この頃から次第にこの巨人に対して、そして科学特捜隊に対して憧れや親しみを感じるようになってゆくのである。そして、怪獣が五種類も出てくる豪華な第八話、「怪獣無法地帯」が放映される頃には、私はこの番組にそこそこ夢中になっていたような気がする。しかし、それはただ、自分が一時的に幼児化していただけではなかっただろうか。というのも、私は「ウルトラQ」の第一話を見逃した時のような無念を、「ウルトラマン」について感じたことがないのである。

なぜそんなことがわかるのかというと、実は私は、あのバルタン星人が初めてブラウン管に映った、第二話の「侵略者を撃て」を、リアルタイムではちゃんと見ていない。「ウルトラQ」の初回のように見逃しているのだ。ウィキペディアによると、ウルトラマン第二話は、夏休みが始まったばかりの七月二四日放映であったらしい。が、当時小学二年生であった私はその日、両親と親戚と一緒に泊まりがけで海水浴に来ていて、ちょうどバルタン星人が巨大化するところだけを、ホテルのロビーに据えつけてあったカラーテレビ(当時はまだ少なかった)でちらりと観ただけなのである。そのホテルというのがまた、幼い私にはえらく豪勢な、グランドホテルのように思えていたのだが、いま、改めて記憶をまさぐってみると、当時どこにでもあった、ヘルスセンターのような場所であったという気がしてならない。いずれにせよ、確かにその回のウルトラマンでの戦いは、迫力のあるものではあった。が、それでテレビに釘づけになるようなことはなかった。むしろその時の私は、さっき海岸で採集してきた海産無脊椎動物が気になっていたか、翌朝カブトムシを捕りに行く計画でうきうきしていたはずなのである。

というようなわけで、一九六六年は私にとって人生最高の夏休みを経験した年であったのだが、あくまでウルトラマンはそこに彩りを与える程度に止まっている。おそらく、私にとっては「ウルトラQ」こそが自分の望んでいたドラマであり、中でも「ガラモンの逆襲」や「宇宙からの贈り物」をもって理想とするハードSF仕立てのドラマが、自分の目の前の世界を変えてくれるような、そんな超現実的な体験に心酔していたのだ。例えば、「ガラダマ」の後半において、一の谷博士の前で万城目がつぶやく「地球侵略……」という台詞はどうだ。それにリアリティを持たせていたのはドラマの持っていた本格的で非童話的なSF性であり、そこにはウルトラホーク一号が格納庫から発射台へ移動し、発進する大がかりなギミックは全く必要なかったのである。

ウルトラマンにではなく、「ウルトラQ」に軍配を上げる発言はよく聞くし、当時も聞いた。案の定、そういった意見は私と同世代の人達に多い。ウルトラマンの登場が世間であまりに革命的だったもので忘れられているのだが、当時、背伸びをして大人の嗜好を自らに取り込もうとしていた子供達（小学生低学年）は、それほどウルトラマンの登場を歓迎していなかったし、熱狂的でもなかったのである。そのように考えてみると、私を本当の意味で虜にしたのが、「鉄人28号」（TVアニメ版、一九六三年一〇月～一九六六年五月）であったことを改めて思い出す。「ウルトラQ」は一九六六年一月から七月に放映されていたので、「ウルトラQ」と「鉄人」が同時にテレビ放映されていた期間が一九六六年の最初の五か月にあったことがわかる。ウルトラマンは、「鉄人」と「ウルトラQ」がブラウン管から去った後に現れたのである。これはかなり大きな変化である。

「ウルトラQ」というSFドラマに本来必要であったのは、異形の怪獣やロボットだけであり、それ以外の要素は本質的に必要とされてはいなかった。一方、「ウルトラマン」シリーズには、怪獣だけではなく、異星人の巨人と、加えて近未来的な、人間による怪獣殲滅チーム、そして超科学兵器が揃っており、それが世界を定義している。このようなリッチなドラマも決して嫌いではない（その理由は後に述べる）が、しかし、この構造は、よく見ると童話のそれを思わせる。それが、「ウルトラQ」のようには惚れ込めない理由なのだろうと思う。「お姫様」がリアルであるためには、王子様やお城や召使いや側近、兵隊に加え、金銀財宝その他を用意し、国や時代背景を含めた状況ごとお姫様に合わせてしまうしかなくなる（非現実であるところの「お姫様」が存在するための「受け皿」が必要となる）。このような童話世界の質が現実味を持たず、決して日常の延長上に設定できないように、「ウルトラマン」にも、初期のゴジラ映画ほどの現実味はないのである。

こうしてみると、昨年の「シン・ゴジラ」がなぜ疑似体験ドラマとして成立し、多くの大人に受け入れられたのかがよくわかる。「シン・ゴジラ」は「ウルトラマン」より、むしろ（私や私のオヤジも喜んで観ていた）「ウルトラQ」的な世界の話なのだ。しかし一方で、八四年以降の平成ゴジラやミレニアムゴジラは童話的であり、たとえウルトラマンがいなくても、それに類した受け皿がゴジラのためにあるような世界なのである。彼ら歴代ゴジラには、常にライバルとして超科学兵器のメーサー車や、スーパーX各種や、三式機龍や、ディメンション・タイドが用意され、それを動かすのは現実には存在しない「Gフォース」や、「Gグラスパー」や、「機龍隊」や、「特生自衛隊」や、はたまた超能力少女なのである。彼らは、ゴジラが存在することを容認された世界におけるゴジラの取り巻き達であり、そのためにゴジラのいる世界観を「童話化」させているのである。「これが、私の観たかったゴジラだ」とは、しばしばこの「童話化」やお膳立ての様式に対するこだわりについて言うのであり、それは単なる新しいゴジラの着ぐるみに対する評価ではない。その様式を最も意図的に再定義したのは、一九八九年の「ゴジラvsビオランテ」（東宝、大森一樹監督）においてではなかっただろうか。超能力少女が初めてゴジラ映画に登場したのも、この映画である。

では、六〇年代歴代ゴジラはどうであったか。おそらく、本来「ウルトラQ」的SFであったゴジラや特撮映画が最初に童話化の兆しを見せたのは「怪獣大戦争」ではなかったか。その世界では、ゴジラやキングギドラをまとめて面倒見るために、宇宙人や秘密兵器が登場した。そして、それがさらに強調され、私もそろそろついて行けなくなったのが「怪獣総進撃」と「緯度0大作戦」であったと思う。対して、「地球防衛軍」や、「妖星ゴラス」、「宇宙怪獣ドゴラ」、「宇宙大戦争」などの映画がむしろ「ウルトラQ」的に見えるのは、怪獣や宇宙人に対し、人間が慌てて新技術の開発に着手するからに他ならない（この「プロジェクトX」的要素もまた、「シン・ゴジラ」との共通点である）。ここでいう「童話化」は、ゴジラが正義の味方になったかどうかとはさしあたって関係がない。平成ゴジラとミレニアムゴジラの多くは目一杯童話的であったが、これらに登場するゴジラが正義の味方になった試しはない。かくして、再びここで微妙な映画に見えてくるのが「ゴジラ・エビラ・モスラ 南海の大決闘」なのである。これは童話的であっても、少年の手に届きそうなぎりぎりの童話なのである。何しろそれは、冒険活劇なのだから……。

ま

や

ら・わ

主要映画索引

ディニクティスDinichthys▶061
ディメトロドン Dimetrodon▶038, 066-7
ディモルフォドンDimorphodon▶203
ティラノザウルスTyrannosaurus▶029, 039
テンレック▶151
トビトカゲDraco▶187-8
ドラゴン▶007, 099-100, 213, 243-5
トリケラトプスTriceratops▶145

な

ナナホシテントウCoccinella septempunctata▶181
ナミテントウHarmonia axyridis▶181
ナメゴン▶248, 250
ニシキオオツバメガChrysiridia rhipheus▶172-3
ニューネッシー▶041
ニワトリGallus gallus▶045, 079-80, 092, 242
鵺▶078, 245
ヌタウナギ▶060, 086-7
ネズミ▶201
ノドサウルスNodosaurus▶147, 151-2

は

ハイクイクティスHaikouichthys▶072
バイラス▶234
爬虫類▶007, 020, 022, 026, 030, 032-3, 036-9, 041, 046, 052-3, 058, 064, 067, 073, 081-2, 185, 187-8, 190-1, 195, 201, 244-5, 248
バトラ▶175, 180
婆羅陀魏▶186
バラノポーダVaranopoda▶185, 189-92
バラン▶064, 168, 185-91, 192, 194, 199, 206
ハリネズミ▶151
ハリモグラ▶022, 151
バルゴン▶223, 233-6
バルタン星人▶008, 266
バルンガ▶251
ビオランテ▶030, 043-4
ヒトHomo sapiens▶027, 045-6, 049-50, 056-7, 079-80, 088, 133, 242
ヒトリガArctia caja phaeosoma▶167-8
ヒプシロフォドンHypsilophodon▶145
ヒュドラ▶120, 156
ヒヨケザルDermoptera▶186
プテラノドンPteranodon▶053, 199-200, 202-8, 289
プテロダクティルスPterodactylus▶200-1, 203, 206
プラナリア▶065, 154
プロプテロサウルスPropterosaurus▶190-1, 206
ブロントザウルスBrontosaurus▶069
ペガサス▶120, 188, 243-4
北京原人▶220
ヘレナモルフォMorpho rhetenor helena▶193-4
ベレムナイトBelemnites▶008
鳳凰▶099, 243
哺乳類▶022, 024, 026-30, 032-4, 036-9, 046, 048, 056-8, 060, 062-3, 065-6, 068, 073-7, 084, 088, 091, 120, 150-1, 186, 201, 204, 244, 284
ポラカントゥスPolacanthus/科▶147, 151-2

グリホン▶285
ケツァルコアトルス*Quetzalcoatlus*▶202, 206, 290
ケムール人▶008, 256-8, 265
剣竜(類)▶033, 066
硬骨魚▶028, 083-4, 088, 090-1, 093, 095
コウモリ▶200-1, 203-5, 207
コエルロサウラヴス*Coerulosauravus*▶188
ゴーガ▶259, 262
ゴジラ▶006-7, 009-11, 021-2, 024, 026, 028-39, 042-4, 048-50, 052-8, 060, 062-82, 084-98, 100-1, 103, 142, 144, 148-9, 154, 156-7, 160, 169, 171, 173, 180, 183-4, 192, 196-8, 212-5, 217-8, 221, 224-33, 239, 244-6, 265, 268-9, 287-8, 290-1
呉爾羅▶026
ゴジラザウルス*Gojirasaurus*▶029, 038-9, 075
ゴメス▶028, 038, 058, 247
ゴメテウス*Gometheus japonicus*▶028, 058
ゴロザウルス▶053-4

さ

サラマンドラ▶007
三式機龍▶026,　268
三葉虫/トリローバイトTrilobites▶008, 022, 025, 029, 037, 192, 261
始祖鳥*Archaeopteryx*▶189, 201
シデムシ▶208
ジバチ▶250
ジャノメチョウSatyrinae▶194
シャロビプテリクス*Sharovipteryx*▶188
獣脚類▶029-30, 033, 036, 054, 066, 070, 075, 120, 189-90
主竜類▶032-3, 062, 068-9, 077, 083, 135, 145, 189, 191-2
ジョウザンヒトリ*Pericallia matronula sachalinensis*▶167-8
ショウジョウバエ▶167, 177, 241
シロオビドクガ*Numenes disparilis albofascia*▶167-8
真骨魚(類)▶044, 087, 089, 173
シンジュサン*Samia cynthia pryeri*▶167
スイコバネガ Eriocraniidae▶170
スケリドサウルス*Scelidosaurus*▶148, 151-2
スズメガ▶159, 179-80
スティラコサウルス*Styracosaurus*▶152
ステゴザウルス*Stegosaurus*▶066, 148, 153
スピノサウルス*Spinosaurus*▶066
セイムリア*Seymouria*▶083
ゾウ▶150
双弓類▶030, 032-3, 035, 083, 186-9

た

大魔神▶236-7
タテハチョウ▶164-5
タランチュラ▶260
単弓類▶026, 029, 032-3, 035, 038, 066, 074-5, 077
ダンクルオステウス*Dunkleosteus*▶061
鳥脚類▶033, 039
チョウザメ*Acipenser*▶083
鳥盤類▶029, 033, 066, 145-7, 150, 152
鳥類▶030, 032-3, 036-8, 057, 062, 071, 135, 145-6, 154, 189-90, 201, 204, 260
土蜘蛛▶197, 288

か

主要生物名索引

作品名中表記は省略

主要人名索引

あ

か

さ

た・な

413.
・Swinton, W. E.（1970）*The Dinosaurs*. George Allen & Urwin Ltd., London; 邦訳――W・E・スウィントン『恐竜 - その発生と絶滅』小畠 郁生 訳（1972）築地書館。
・竹内博 編『増補版・東宝特撮怪獣映画大鑑』（1999）朝日ソノラマ。
・田中友幸 監修『東宝特撮映画全史』（1983）東宝株式会社。
・田野辺尚人 編『モスラ映画大全』（2011）洋泉社。
・Thompson, D. W.（1917）*On Growth and Form*. Cambridge Univ. Press.
・土屋 健『生物ミステリー・全10巻』（2013-2016）技術評論社。
・Wellnhofer, P.（1991）*The Illustrated Encyclopedia of Pterosaurus*. Crescent.
・Wiedersheim, R.（1909）*Vergleichende Anatomie der Wirbeltiere. für Studierende bearbeitet*. Verlag von Gustav Fischer, Jena.
・Williston, S. W.（1925）*The Osteology of the Reptiles*. Harvard Univ. Press.

- Hirasawa, T., Nagashima, H., & Kuratani, S. (2013) The endoskeletal origin of the turtle carapace. *Nat. Commun.* 4, 2107.
- Hudspeth, E. (2013) *The Resurrectionist - The Lost Work of Dr. Spencer Black*. Quirk Production, Inc.
  邦訳――E・ハズペス『異形再生』松尾恭子 訳（2014）原書房。
- 入江直樹『胎児期に刻まれた進化の痕跡（遺伝子から探る生物進化 2）』（2016）慶應義塾大学出版会。
- 香山滋『香山滋全集・第七巻 ――怪獣ゴジラ』（1994）三一書房。
- Keibel, F. & Mall, F. P.（1910）*Manual of Human Embryology*. JB Lippincott Company.
- Kingsley, J. S.（1912）*Comparative anatomy of vertebrates.* P. Blakiston's son & co.
- Kirby, W. F.（1903）*The Butterflies and Moths of Europe*. Cassell & Co., London.
- Kollmann（1898）Lehrbuch der Entwickelungsgeschichte des Menschen. Jena, Gustav Fischer.
- 倉谷 滋『個体発生は進化をくりかえすのか』岩波科学ライブラリー 108（2005）岩波書店。
- 倉谷 滋『形態学 ――形づくりにみる動物進化のシナリオ』サイエンスパレット（2015）丸善出版。
- 倉谷 滋『分節幻想 ―― 動物のボディプランの起源をめぐる科学思想史』（2016）工作舎。
- 倉谷 滋『新版・動物進化形態学』（2017）東京大学出版会。
- Le Guyader, H.（1998）*Étienne Geoffroy Saint-Hilaire（1772–1884）: Un naturaliste visionnaire.* Belin, Paris.
- 町山智浩 編『映画秘宝・あなたの知らない怪獣㊙大百科』（1997）洋泉社。
- Marsh, O. C.（1881）Principal characters of American Jurassic Dinosaurs, IV. *Am. J. Sci.* 122, 167-170.
- 中島林彦（2016）「シン・ゴジラの科学」『日経サイエンス』（2016/12）pp. 40-59, 日本経済新聞出版社。
- Newman, E.（1843）Note on the pterodactyle tribe considered as marsupial bats. *Zoologist* 1, 129-131.
- Nijhout, H. F.（1991）*The development and evolution of butterfly wing patterns.* Smithsonian series in comparative evolutionary biology（USA）.
- Norman, D.（1985）*The Illustrated Encyclopedia of Dinosaurs.* Hodder & Stoughton. 邦訳――D・ノーマン『恐竜（動物大百科）』濱田隆士 訳（1988）平凡社。
- 小野俊太郎『モスラの精神史』（2007）講談社現代新書。
- Owen, R.（1849）*On the Nature of Limbs*. London, John Van Voorst.
- Owen, R.（1866）*On the Anatomy of Vertebrates. Vol. 1-3*, Longmans, Green & Co.
- Rovin, J.（1989）*The Encyclopedia of Monsters.* Facts on File, Inc., New York; 邦訳――ジェフ・ロヴィン『怪物の事典』鶴田文 訳（1999）青土社。
- Schwanwitsch, B. N.（1924）On the Groundplan of Wing-pattern in Nymphalids and certain other Families of the Rhopaloeerous Lepidoptera. *Proc. Zool. Soc. London* 94, 509-528.
- Shimizu, T., Bae, Y. K., & Hibi, M.（2006）Cdx-Hox code controls competence for responding to Fgfs and retinoic acid in zebrafish neural tissue. *Development* 133, 4709-4719.
- シン・ゴジラ【映画パンフレット】（2016）東宝株式会社。
- Süffert, F.（1927）Zur vergleichende Analyse der Schmetterlingszeichnung. *Biol. Zentralblatt* 47, 385-

参考図書・文献

・Brown, B.（1909）The ankylosauridea, a new family of armored dinosaurs from the upper cretaceous. *Bulletin of the American Museum of Natural History* 24, 187-201.

・Caillois, R.（1960）*Méduse et Cie*. Editions Gallimard. 邦訳――R・カイヨワ『メドゥーサと仲間たち』中原好文 訳（1988）思索社。

・Carpenter, K.（1997）A giant coelophysoid（Ceratosauria）theropod from the Upper Triassic of New Mexico, USA. *Neues Jahrbuch für Geologie und Paläontologie Abhandlungen* 205（2）, 189-208.

・Cebrià, F., Kobayashi, C., Umesono, Y., Nakazawa, M., Mineta, K., Ikeo, K., ... & Alvarado, A. S.（2002）*nou-darake*, a novel gene related to FGF receptors is involved in restricting brain tissues to the head region of planarians. Nature, 419（6907）, 620-624.

・Colbert, E. H.（1969）*Evolution of the Vertebrates*. John Wiley & Sons. 邦訳――E・H・コルバート『新版・脊椎動物の進化（上・下）』田隅本生 訳（1978）築地書館。

・Cuvier, B. G.（1827）*Essay on the Theory of the Earth*. William Blackwood, Edinburgh; & T. Cadeli, Strand, London.

・Dean, B.（1895）*Fishes, living and fossil*. Macmillan, New York.

・Drouin J.-M.（2014）*Philosophie de l'insecte*. Science ouverte. 邦訳――ジャン=マルク・ドルーアン『昆虫の哲学』辻由美 訳（2014）みすず書房。

・Eaton, G. F.（1910）Osteology of *Pteranodon*. Connecticut Acad. Arts and Sciences, Mem.

・Garman（1885）Chlamydoselachus anguineus, Garm. — A living species of cladodont shark. *Bull. Mus. Comp.* Zool. Harvard 12, 1-36.

・Gegenbaur, C.（1898）*Vergleichende Anatomie der Wirbeltihiere mit Berücksichtung der Wirbellosen*. Wilhelm Engelmann.

・Geoffroy Saint-Hilaire, E.（1818）*Philosophie Anatomique*（*tome premiere*）.（cited in Le Guyader, 1998）.

・Grbic, M., Nagy, L. M., Carroll, S. B., & Strand, M.（1996）Polyembryonic development: insect pattern formation in a cellularized environment. *Development*, 122, 795-804.

・Gregory, W. K.（1929）*Our Face from Fish to Man*. G P. Putnam's sons.

・Gregory, W. K., & Camp, C. L.（1918）. Studies in comparative myology and osteology（No. 3）. *Bulletin of the American Museum of Natural History* 38, 447-563.

・Hall, B. K.（1998）*Evolutionary Developmental Biology, 2nd Ed.*, London: Chapman & Hall. 邦訳――ブライアン・K・ホール『進化発生学――ボディプランと動物の起源』倉谷滋 訳（2001）工作舎。

・Haeckel, E.（1874）*Anthropogenie oder Entwickelungsgeschichte des Menschen. Keimes- und Stammesgeschichte*. Wilhelm Engelmann.

・Harter, J.（ed.）（1991）*Images of Medicine*. Bonanza Books, New York.

・Harvey, J. A., Corley, L. S., & Strand, M. R.（2000）Competition induces adaptive shifts in caste ratios of a polyembryonic wasp. *Nature*, 406, 183-186.

・Heintz, A.（1932）The structure of *dinichthys:* A contribution to our knowledge of the arthrodira. In: *Bashford Dean Memorial Volume: Archaic Fishes*, pp. 111-241.

・Henke, K.（1936）Versuch einer vergleichenden Morphologie des Flügelmusters der Saturniden auf entwicklungsphysiologischer Grundlage. *Nova Acta Leopoldina* 4（18）, 1-137.

・平井修次郎『原色千種昆虫図譜』（1933）三省堂。

付録

私の怪獣映画ベスト30（邦画のみ）

1……怪獣大戦争（1965 東宝）
2……キングコング対ゴジラ（1962 東宝）
3……シン・ゴジラ（2016 東宝）
4……大怪獣決闘 ガメラ対バルゴン（1966 大映）
5……ゴジラ×モスラ×メカゴジラ 東京ＳＯＳ（2003 東宝）
6……ゴジラ×メガギラス Ｇ消滅作戦（2000 東宝）
7……ゴジラの逆襲（1955 東宝）
8……モスラ（1961 東宝）
9……宇宙大戦争（1959 東宝）
10……空の大怪獣ラドン（1956 東宝）
11……フランケンシュタインの怪獣 サンダ対ガイラ（1966 東宝）
12……地球防衛軍（1957 東宝）
13……怪竜大決戦（1966 東映）

14……里見八犬伝（1983 東映）
15……海底軍艦（1963 東宝）
16……モスラ対ゴジラ（1964 東宝）
17……ガメラ 大怪獣空中決戦（1995 大映）
18……三大怪獣地球最大の決戦（1964 東宝）
19……ゴジラ×メカゴジラ（2002 東宝）
20……ゴジラ（1954 東宝）
21……ガメラ2 レギオン襲来（1996 大映）
22……妖星ゴラス（1962 東宝）
23……ゴジラ・エビラ・モスラ南海の大決闘（1966 東宝）
24……ゴジラ FINAL WARS（2004 東宝）
25……ゴジラ vs キングギドラ（1991 東宝）
26……大怪獣空中戦 ガメラ対ギャオス（1967 大映）
27……ゴジラ vs ビオランテ（1989 東宝）
28……緯度0大作戦（1969 東宝）
29……大巨獣ガッパ（1967 日活）
30……フランケンシュタイン対地底怪獣（1965 東宝）

このリストは、単に私が「どれだけ好きか」という基準「だけで」選んだ国産特撮映画の「ベスト30」である。それ以上でなければ以下でもないし、他意もない。したがって、極めて個人的でいい加減なものである。

そもそも私には、「いい映画かどうか」というのがどういう意味か、よくわからないのである。いや、何となく人の言いたいことはわかるのだが、例えば、人間の尊厳や愛を深くえぐった「マタンゴ」がいくら内容の濃い映画であったとしても、「キングコング対ゴジラ」のようには何度も観たくならない。そういうわけで、私の尺度においては、残念だが「マタンゴ」の負けなのである（同じ理由で、「日本沈没」もリストに入っていないし、「ゴジラ・ミニラ・ガバラ オール怪獣大進撃」もよい映画なのはわかっていても、あまり観ない）。要するに、「マタンゴ」は大事な映画ではあるのだが、それはわかっているのだが、どうせ南の島に行くなら、「キングコング対ゴジラ」とか「ゴジラの息子」とかのような経験をしたほうが楽しいに決まっているのである。同様に、「ゴジラ」（1954）も重い映画なので何度も観る気にはならない一方、「ゴジラ・エビラ・モスラ南海の大決闘」とか「ゴジラ×モスラ×メカゴジラ 東京SOS」は思わず何度も観てしまう。どうやら私的には、「何度も観たくなる映画」が「よい映画」として認識されているらしい。

ついでに少しコメントすると、「ガメラ対バルゴン」は、空前絶後の「アダルト怪獣映画」

である。こんな映画はちょっと他にない（「マタンゴ」も大人向けだが、典型的な怪獣映画ではない）。かくして、やっぱり何度も観てしまう。これは、徹底した大人の「えげつない」視点でもって、大人の話として作られたとんでもない作品で、そういう意味では「シン・ゴジラ」と少し似ているかもしれない。が、「大人の」という意味が少し違う。とにかく図らずも大映の大英断となったこの作品は、一種の「日本の宝」だと私は思っているし（六〇年代の神戸港を再現していることも忘れてはいけない）、ほとんどありえない江波杏子の起用も素晴らしい。「宇宙大戦争」が上位に食い込んでいるのは、音楽とヒロイン安西郷子の存在が大きい。同様に水野久美が宇宙人になった「怪獣大戦争」は、子供時代の私にとって「欲しいものが全部詰め込まれた最高の映画」であった。「日本の宝」というなら、時代冒険活劇を本格的に特撮映画化した「里見八犬伝」ならびに「怪竜大決戦」も貴重な作品で、なぜこのような映画がもっと作られないのか残念に思うこと限りない。

総じて「vsシリーズ」には厳しいが、全般的に中途半端なのだから仕方がない。とはいえ、「ゴジラvsキングギドラ」は、サイボーグ・ギドラを見るだけでも充分価値がある（実際、それで点が甘い）。あれほど素晴らしい発明は怪獣映画史上かつてなく、新宿での対決シーンを越える映像も滅多にない。あれこそ、ハリウッドが決して真似できない、センス溢れる素晴らしい映像というべきか。来客へのおもてなしとしてよく観る映画の一つ。同じように血湧き肉躍るシーンには、「怪竜大決戦」における児雷也と大蛇丸の対決、「ゴジラ×モスラ×メ

カゴジラ　東京ＳＯＳ」におけるモスラ追撃、「里見八犬伝」における長刀美女軍団と犬塚信乃の死闘などが忘れがたい。加えて、「緯度０大作戦」は滅茶苦茶な内容だが、個人的にはわりと好きな映画。とりわけ、巨大化したグリホンが黒鮫号を襲う際、まるで本物のライオンを思わせる迫力ある動きが堪能できる（一瞬だけど）。中に入っていた中島春雄氏は、余程ネコ科動物の動きを研究したに違いない。特撮が造型や撮影だけのものではないと、改めて納得できる作品。「大巨獣ガッパ」は、日活唯一の怪獣映画にしてはよくできているというとに加え、怪獣が熱海温泉街に上陸するという発想のすばらしさに脱帽。また、母ガッパが子供に大ダコをもってくるという細かい気配りが嬉しい。さらに、着ぐるみに人が入ったまま（おまけに親子同時に）ワイヤー操演するというのも、改めて考えれば信じられない芸当であったと言うべきか。

ちなみに、次点の一〇作品は以下のように続く。

31……マタンゴ（1963 東宝）
32……電送人間（1960 東宝）
33……大怪獣バラン（1958 東宝）
34……ガス人間第一号（1960 東宝）

35……宇宙大怪獣ドゴラ（1964 東宝）

36……ゴジラ（1984 東宝）

37……キングコングの逆襲（1967 東宝）

38……ゴジラ・モスラ・キングギドラ 大怪獣総攻撃（2001 東宝）

39……ガメラ3邪神〈イリス〉覚醒（1999 大映）

40……怪獣島の決戦 ゴジラの息子（1967 東宝）

いい歳して怪獣の本なんか書いてしまった。明らかに架空の存在である「怪獣（モンスター）」を、それなりの科学（しかも、進化形態学と比較発生学）で扱ったら、一体どうなるか。本物の科学理論をひっさげて、「そんなことがあるわけがない」というのは簡単。しかし、それを言ったら負けである。何でも聞くところによると、あの「スター・トレック」の作製には、ちゃんとした物理学者がオブザーバーとしてついていて、そこそこまっとうな理論を番組に盛り込んでくれているらしい。ワープ航法が原理的に不可能であると証明されてもなお、本物の物理学者が真面目に、「スター・トレック世界」に味つけをしているのである。ならば、形態学者も怪獣に味つけをしなければ、というのがそもそもの動機。あの「シン・ゴジラ」のテーマは、「現実対虚構」であったという。ならば、現実の科学も、虚構としてのゴジラを相手にしなければ……。当然本書は、恐竜とゴジラを真剣に比べるようなコアなファンに向けて書かれている。同時に、怪獣を肴に脊椎動物の比較形態学に触れてみるという使い方もある。こと怪獣以外の部分に関しては、間違いのないように注意を払ったつもりである。

ファンなればこそ、本書で述べられていることと異なった意見を持つ読者も多いだろう。とりわけ、過去のゴジラが「恐竜よりも哺乳類により近い」という結論に異議を唱える向きは多いに違いない（実は、山根博士のオリジナルの説明が同じ結論だったのだが……）。そこはそれ、多くある仮説の一つに過ぎないと思って戴ければ幸い、手持ちのデータから結論を導く上で、最も矛盾を少なくするにはどのシナリオが最も無理がないか、という原理に従ったまでのこと。その出自が何であれ、ゴジラはゴジラである。

日本人（の一部）は昔から虚構としての怪獣を愛してきた。昔の日本人（の一部）の心の中に、大蟇や、土蜘蛛や、龍が棲息し、互いに戦っていたように、現代人（の一部）の心の中ではモスラとゴジラが、時にはウルトラマンが戦っているのである。しかも、芹沢大介博士のような科学者が常に怪獣世界には存在してきた。というわけで、怪獣を説明する科学理論がなくてはならない。そこで私は本書執筆に当たり、先ず、「それはありえない、ウソっぱちだ」を禁句にするルールを自分に課した（白状すれば、宇宙怪獣という設定はなんでもありで、しかも比較対象も何もないので考察のしようがなく、扱わなかったのである。それは今後の課題としておく）。怪獣を愛する形態学者としては、科学的に整合性のある何らかの仮説として、説明原理を引き出さねばならない。それによって、人々の怪獣愛を証明し、サポートしなければならない。強いて言えばそれは、博物学や世界観、自然観と、怪獣の棲息する精神性というか、童話の世界というか、その間の擦り合わせを模索するような試みなのである。

空想の世界を楽しむには、その世界がそれなりの現実感を伴っている必要がある。ファンタジーなら多少の無理も許せるだろうが、ＳＦとなると人間の実際の自然観とある程度の整合性を持っていないとマズい。空想科学ドラマの空想とは、それ自体一種のＶＲであり、科学は、人間の自然観を正確なものにし、その限界を定めることに一役買っているわけだ。「スター・トレック」に物理学の専門家が必要とされる所以である。ならば、怪獣について科学的整合性を見出そうとする行為も、笑い飛ばすべきで

はないのである。例えば……、

怪獣についてよく言われることに、「スケール問題」と呼ばれるものがある。つまり、身長が二倍になると表面積は四倍になり、体重は八倍になるという、あの法則のことである。したがって、怪獣という巨大なものが実在したなら、その生物は代謝によって生産される熱を放散させるのに難儀するであろうし、そもそも骨を太くしただけでは体重が支えられず、すぐに骨折してしまうであろうと皮肉たっぷりに指摘される。確かにその通りである。これと同じ問題は、実は「ノミが人間ぐらいの大きさになったら、一〇〇メートルジャンプできる」とか、「アリは、自分の体重の何倍もある餌を、顎にくわえて運ぶことができる。人間なら、凄い力持ちだ」という物言いにも等しく適用できる。それについては、最近出版された『昆虫の哲学』（ジャン＝マルク・ドルーアン著、みすず書房）という好著に皮肉たっぷりに解説されているので、ぜひ参照されたい。とにかく、私はこのスケール問題で怪獣を不可能だと言ってしまうことが、もっともつまらないと常々考えている。そもそも現実には起こらないフィクションを、何とかして映像化するのが映画なのである。ならば怪獣映画こそ、最も作らなければならないものの一つだろう。なら、科学者だってたまにはつき合わなければ……。

「科学的におかしい」、「科学的にありえない」とはどういうことか。それはちょっと傲慢ではなかろうか。つまり、すでに自分の知っている知識体系で、この世の全てが説明可能だと信じているのでなければ、そのようなことは本来言えない。むしろ逆に、自然が見せる不可解さを解明することで科学はここまで進歩してきたのである。本文に述べたように、開長七メートルのプテラノドンが「おそらく空を飛ぶ脊椎動物としては限界サイズ」と思われていた矢先、開長一二メートルのケツァルコアトルスが発見された。極端に長い頸を持つカミナリリュウの仲間が、どのように呼吸できたのかもまだちゃんとわかっていない。頸が長ければ、気管もそれだけ長く、あまり度を超すと肺自体の容量を超えてしまうであろうし、そのうえ水中に身を沈め、首だけ水面に出し、水圧に打ち勝つだけの吸引力で呼吸するなどということが果たして可能だったのか。こんな話は、動物学や古生物学の世界にはいくらでもある。それを説明して初めて科学は進歩する。そして、科学者は人の目から鱗を剥ぎ落とすことに使命を感じる。では、怪獣が現れたら何とする。体高一〇〇メートル、体重数万トンの怪獣を目の当たりにし、訳知り顔で「これは科学的におかしい」というのはどうか……。それは単に、映画をつまらなくしようと自ら頑張るようなものではないのか。空想の世界では、目の前でそれが起こっているのだから、そこに安住するためにはそれなりの仮説を立て、説明を試みなければならない。スクリーン上の疑似自然にゴジラが存在できることをある程度説明しないと、物語それ自体が自重で崩壊するのである。疑似科学理論は、映画リアリズムの一部なのだ。

例えば、東宝映画や円谷プロの「ウルトラQ」では、「重力が核子の振動によって生ずる」という、当時実際にあった学説（棄却されてしまったが）に基づき、「物質を絶対〇度に冷やすことによって無重力状態」になる場面を二度ほど描いている（「宇宙大戦争」（1959）、「ペギラが来た！（ウルトラQ）」）。それがウソであるとわかっていても、「ひょっとしたら本当にそうであったかもしれない」という疑似科学精神が、映画に迫真のリアリティを醸している。「スター・トレック」の世界も、巨大な宇宙船が溶接やボルトだけで建造されているのではなく、船体を維持するために、どんな機構かわからないが、それ相応のエネルギーを使っているという設定。それによって「構造的統合性（structural integrity）」、つまり、エンタープライズ号のように不定形でやたらとモーメントの大きそうな船形が保たれ、さらに、船内の大気圧と真空の宇宙を遮断しているのは、もはや硬質硝子やアクリル板などという伝統的素材ではなく、遮蔽フィールド（力場）なのである。あぁ、これでやっと、安心してクリンゴンと戦える。ならば、核エネルギー使い放題のゴジラが、有機分子の物性に頼る以外に何か特別な仕掛けを獲得していても、映画を支える疑似生物学理論としておかしくはなかろう。ゴジラにしてみれば、そのぐらいやらなきゃ代謝の採算が合わないだろうし（体温が上がりすぎてかなわんだろうし）、自衛隊だって仕事のしがいがないってモンだ。そして気がついてみたら、スケール問題（残念ながら、これは私の専門外である）以外にも問題があるわあるわ……。まぁ、そんなわけで、映画によって与えられる空想の時間を充実させようと頑張ってみたら、これだけ勉強する羽目になったというわけである。が、それによって読者の人生が充実すれば、私としては言うことはない。

生物は、常に人間の常識や予想を超えた方法で進化してきた。だからこそ驚異なのであり、人は博物館へ足を運び、常識を越えたサイズの化石を目の当たりにし、生物の本当の可能性に触れようとするのだし、研究を続ける価値がある。怪獣映画はいわば、その感激や驚異の延長上に成立するものなのだ。

というわけで、「怪獣を形態学的、進化発生学的に読み解く」などという、無謀にして未曾有のプロジェクトを引き受けてしまったのである。何とか形にはしてみたが、それはまるで、次から次へとお題を貫い続けるようなもの、専門以外のことまでかなり突っ込んで調べる羽目になった。そして、自分ではわかっているつもりになっていたことが、実は全くわかっておらず、いまの問題意識で調べ始めると、駆け出しの頃には気がつかなかった、膨大な進化形態学の世界がすでに広がっていたことに改めて気がつかされたのである。

例えば、獣弓類のキノグナートゥスにまつわる形態学。古生物学の教科書で一通り勉強し、駆け出しの頃はそれで充分だと思っていた。しかし、一九世紀末から二〇世紀初頭にかけての比較形態学者が、この動物を理解するため、実に微に入り細を穿った解剖学的考察をすでに試みていたことを今回初めて知った。そのような専門的な論文をコピーしたところで、「腕神経叢《わんしんけいそう》」という単語すら知らなかった学生時代には皆目わからなかっただろうが、あれからいろいろと経験を積んだいまなら何とか読める。「ひょっとしたら、自分はこっちの方面の研究者になっていたかもしれない」などと考えながら、妙な喜びに浸っていたのである。

いうまでもなく、本書を独力で書くことは不可能だった。研究室の小柳知子さん、人間行動学者の細馬宏通博士、比較骨学者の小籔大輔博士、比較神経学者の村上安則博士、昆虫学者の深津武馬博士、進化発生学の入江直樹博士、解剖発生学者の重谷安代博士、発生生物学者の猪股秀彦博士、同じく森下喜弘博士、ならびに、古生物学の研鑽を積んだ研究員の平沢達矢博士には、今回はかなりお世話になった。とりわけ平沢博士は、執筆に関係しそうないくつかの論文を提示してくれ、しかも私の記述の中の間違いも正してくれた。この場を借りて深くお礼申し上げる。また、執筆期間を通じ、読者の立場から客観的に多くのヒントと勇気を下さった神戸市北野にある六甲昆虫館の店長、長山好孝氏には感謝の言葉もない。そして最後になったが、執筆期間を通して激励戴いた工作舎の米澤敬さんにも深くお礼申し上げる。

二〇一六年晩秋　神戸にて

著者

著者紹介

倉谷 滋・くらたにしげる

一九五八年、大阪府出身。京都大学大学院博士課程修了、理学博士。米国ジョージア大学、ベイラー医科大学への留学の後、熊本大学医学助教授、岡山大学理学部教授を経て、現在、理化学研究所主任研究員。主な研究テーマは、「脊椎動物頭部の起源と進化」、「カメの甲をもたらした発生プログラムの進化」、「脊椎動物筋骨格系の進化」など。

主な編著書に『神経堤細胞—脊椎動物のボディプランを支えるもの』（共著）東京大学出版会（1997）、『かたちの進化の設計図』岩波書店（1997）、『発生と進化』（共著）岩波書店（2004）、『個体発生は進化をくりかえすのか』岩波書店（2005）、『動物の形態進化のメカニズム』（共編）培風館（2007）、『岩波 生物学辞典 第5版』（共編）岩波書店（2013）、『形態学 形づくりにみる動物進化のシナリオ』丸善出版（2015）、『分節幻想』工作舎（2016）、『新版・動物進化形態学』（2017）東京大学出版会、訳書にB・K・ホール『進化発生学—ボディプランと動物の起源』工作舎（2001）などがある。

ゴジラ幻《げん》論《ろん》——日本産怪獣類の一般と個別の博物誌
Historiae Monstrum

発行日　二〇一七年二月二〇日
著者　倉谷　滋
編集　米澤　敬
エディトリアル・デザイン　松田行正＋杉本聖士
印刷・製本　株式会社精興社
発行者　十川治江
発行　工作舎　editorial corporation for human becoming
〒169-0072　東京都新宿区大久保2-4-12　新宿ラムダックスビル12F
phone：03-5155-8940　fax：03-5155-8941
www.kousakusha.co.jp　saturn@kousakusha.co.jp
ISBN978-4-87502-482-8